युवा : ब्रह्मांड का प्रतिबिम्ब

OrangeBooks Publication

Smriti Nagar, Bhilai, Chhattisgarh - 490020

Website: **www.orangebooks.in**

First Edition, 2020

ISBN: 978-93-90169-14-6

Price: Rs.285.00

Printed in India

युवा:
ब्रह्मांड का प्रतिबिंब

पंकज जगन्नाथ जायसवाल

OrangeBooks Publication
www.orangebooks.in

अनुवादक

-प्राणेन्द्र नाथ मिश्र

बी.ई.(मैकेनिकल), एमबीए; एयर इंडिया, सेवा निवृत्त मुख्य प्रबंधक (इंजी.)

विभिन्न पत्र-पत्रिकाओं तथा अखबारों में कविताओं का प्रकाशन,

चार काव्य पुस्तकें- "अपने आस पास", "तुम से", मिलिंद प्रकाशन; हैदराबाद से तथा

"मृत्यु-दर्शन", नोशन एवं प्रेस; "महा प्रलाप", राजमंगल पब्लिशर्स से प्रकाशित ।

अंग्रेज़ी से हिन्दी में अनुवादित कुछ लेख तथा उपन्यास- "नए देवता" तथा

पुस्तकें- "अनुपस्थित पिता" एवं "द मिलियन डॉलर पावरफुल पर्सनालिटी" प्रकाशित ।

स्थान: कोलकाता

ईमेल: pnmmnp@gmail.com

आभार

भगवान श्रीगणेश के चरणों को नमन करते हुए, सर्वप्रथम मै उनका धन्यवाद करता हूँ, जिनकी अनुकम्पा से मैं इस पुस्तक को लिखने का प्रयास कर सका।

मैं उन सभी आध्यात्मिक गुरुओं का ऋणी हूँ, जिनसे ज्ञान कोष और क्षमता का प्रसाद पाकर, सामाजिक उत्थान के लिए मुझमे कुछ सामर्थ्य बन सका।

अपने दिवंगत पिता श्री जगन्नाथ वी जयसवाल के सदैव स्नेहिल आशीर्वाद का, मैं चिर आभारी हूँ।

अपनी पत्नी, श्रीमती प्रियंका को मैं हार्दिक धन्यवाद देना चाहता हूँ, जिन्होंने मुझे, इस पुस्तक को लिखने के लिए प्रोत्साहित किया तथा इसके हिन्दी संस्करण का पुनरावलोकन किया। अपनी पुत्री, कृत्तिका को मैं विशेष धन्यवाद देना चाहूँगा, जिन्होंने अपनी सलाह और समीक्षा देकर, पुस्तक को एक रूप देने में सहयोग किया।

मैं, श्री प्राणेन्द्र नाथ मिश्र, (लेखक तथा रिटायर्ड गवर्नमेंट ऑफिसर) के प्रति हार्दिक कृतज्ञता प्रकट करता हूँ, जिन्होंने इस पुस्तक का हिंदी में अनुवाद कर के मेरी मदद की।

अपने छात्रों और मित्रों के प्रति मैं, हार्दिक आभार व्यक्त करता हूँ, जिन्होंने मुझ पर सदा विश्वास किया और समय समय पर मुझे प्रोत्साहित करते रहे।

ऑरेंजबुक पब्लिशर्स के प्रति मेरा विशेष धन्यवाद है, जिनकी टीम ने कविड-१९ के लॉक डाउन समग में भी, समग देते हुए पुस्तक को मूर्त रूप देने का प्रयास किया।

मैं उन सभी महानुभावों के प्रति अपना आभार प्रकट करता हूँ, जिनसे मुझे हमेशा कुछ न कुछ सकारात्मक सीखने को मिला। उनकी हर सीख, मेरे लिए एक पाठ रही है।

भगवान श्रीगणेश की कृपा से, आप सब सुखी और संपन्न रहें !

अनुक्रमणिका

भूमिका

सभी प्राणियों में मानव जाति ही एक ऐसा प्राणी है, जिसे कुछ अनुपम नैसर्गिक उपहार मिले हैं । और वो उपहार हैं – असीम बुद्धि, अपरिमित सोचने की शक्ति या प्रज्ञा तथा सीमाहीन स्मृति या याददाश्त । इसके साथ अहम और अहंकार भी मानव जाति को उपहार में मिले हैं । इन सारे उपहारों का उद्देश्य, जीवन को सुखी, समृद्ध और सफल बनाना है । सुख और सफलता से हम जीवन में शान्ति और खुशी भर सकें, यह सभी की मंशा रहती है ।

लेकिन इतनी संपदा होते हुए भी, हमें कोई यह नहीं सिखलाता कि किस तरह, प्रभावी ढंग से बुद्धि का उपयोग करें, स्मरण शक्ति की क्षमता का प्रयोग करें और अहंकार पर लगाम लगाएं ।

अंत में, बिना उचित सीख के, हम अपनी ज़िंदगी को, इतनी संपदाओं के होने के बावजूद, परेशानियों में डाल देते हैं फिर उभर नहीं पाते । अपने लक्ष्य पर पहुँच नहीं पाते ।

पूरी दुनिया में, आज का युवा, असंगत हो गया है, अस्पष्ट है, कन्फ्यूज्ड है, तनावग्रस्त है, दबाव में है और अवसादित होकर नशे की दवाइयां ले रहा है । ड्रग एडिक्ट हो रहा है ताकि कुछ क्षणों के लिए दिमाग शिथिल हो जाए, निष्क्रिय हो जाए । वह दिशाहीन हो गया है, विध्वंसकारी हो गया है, परेशान हो गया है और नकारात्मकता से भर गया है । समाज के कई तबकों में, आप ने यह बात ज़रूर गौर किया होगा कि युवा वर्ग असहिष्णु हो गया है । कहीं न कहीं गे लक्षण उसमे पाए जा रहे हैं । मैं यह नहीं कह रहा कि ये सारे लक्षण, सारे युवा वर्ग में हैं लेकिन आज के युवा समाज का व्यवहार, इनमे से एक या कई लक्षणों से ग्रसित है ।

तो क्या आज का युवा खराब है ...???? जन्म से ही खराब लक्षण लेकर बड़ा हुआ है...??? उसमे अच्छी ज़िंदगी जीने की, खुश रहने की, अर्थपूर्ण जीने की क्षमता नहीं है ????

तो इसका जवाब है.....नहीं, ऐसा नहीं है !!!!

आइए, इस समस्या की जड़ खोजें और देखें कि आज के युवा के व्यक्तित्व में ऐसी विषम परिस्थितियाँ क्यों है !! हमारी शिक्षण पद्धति की संरचना इस तरह है कि हम निम्न बातों पर ध्यान नहीं दे रहे हैं :-

- दबाव, चुनौतियाँ और समस्याएं हमारी ज़िंदगी का हिस्सा हैं – बिना बेचैन हुए, इनसे कैसे निपटा जाए

- प्रतिकूल परिस्थितियों में आए दबाव और समस्याओं को कैसे सम्भाला जाए

- बड़े बड़े लक्ष्य पाने के लिए अपने मन मस्तिष्क को किस तरह तैयार किया जाए

- सफलता पाने पर, मन में आए अहंकार और घमंड को किस तरह रोका जाए

- अनचाहे विचारों, नकारात्मक सोच और कडवे अनुभव को दिमाग से कैसे हटाया जाए

- शरीर को स्वस्थ कैसे रखा जाए

- बाहरी वातावरण को किस तरह साफ़ सुथरा और प्रदूषण रहित रखा जाए

- अपने मन की भावनाओं और संवेदनाओं को तरह तरह परिस्थितियों में किस तरह प्रकाशित किया जाए

- पहले और आज के ज़माने में कैसे लोग महान बने और किन किन प्रतिकूल परिस्थितियों का उन्होंने सामना किया – इसकी जानकारी

- किस तरह एक अच्छा लीडर बना जाए जो प्रतिबद्ध हो, ऊर्जावान हो, सकारात्मक प्रवृत्ति हो और लोगों को संगठित करने की शक्ति हो

- देश, समाज और वातावरण के प्रति प्रेम तथा कटिबद्धता की प्रवृति जो पर्यावरण समर्पित हो (जैविक तथा अजैविक, biotic एंड abiotic)

- जीवन क्या है और जीवन का उद्देश्य क्या है – इसकी विवेचना

युवा वर्ग और स्टूडेंट्स के साथ बातचीत कर के तथा उनकी प्रतिक्रियाएं जान कर, एक काउंसलर (सलाहकार) के रूप में मैंने यह पाया कि आज कल के युवा वर्ग में बहुत ऊर्जा तथा शक्ति है। उनकी क्षमता बहुत कुछ कर सकने की है, लेकिन किसी अनजाने कारणों से हमारी शिक्षा पद्धति, हमारा समाज, हमारे माता-पिता तथा हमारे शिक्षकों ने, इन मूलभूत विशेषताओं को भूलकर, अन्य विषयों को प्राथमिकताएं दे दी हैं। इस वजह से किशोर और किशोरियों के बढ़ते कदम, चुनौतियां और समस्याएं देखकर दुविधा में पड़ जाते हैं तथा चिंतित और तनावग्रस्त हो जाते हैं।

मैं इन नकारात्मक विशेषताओं तक ही नहीं बल्कि नकारात्मकता के जड़ों तक पहुँच कर, समाज, माता-पिता, शिक्षक के समक्ष उन कारणों को रखना चाहता हूँ, ताकि वे सब एकजुट होकर नई पीढ़ी को साहसी, आत्मविश्वासी और चुनौतियों से लड़ने वाला योद्धा बना सकें । मेरा यह व्यक्तिगत अनुभव रहा है कि नई पीढ़ी, अच्छे सुझावों को सकारात्मक तरीके से लेती है और अमल भी करती है । मेरा यह सौभाग्य रहा है कि मैंने, इस तरह के कई युवाओं को, जो तनाव, एग्जाम फोबिया, ड्रग एडिक्शन, तथा आत्महत्या जैसे अवसादों से ग्रसित थे, काउंसल कर के नई दिशा दिखायी है; और आज वे सब खुशगवार होकर, एक साधारण जीवन जी रहे हैं ...

शिक्षा और मन (मस्तिष्क)

> "शिक्षा, दुनिया का सबसे शक्तिशाली अस्त्र है, जिससे सारी दुनिया बदली जा सकती है।"
>
> - नेल्सन मंडेला

यूएसए की एक यूनिवर्सिटी ने, सफल व्यक्तियों के बारे में, जो तरह तरह के क्षेत्रों से जुड़े हुए थे, एक गहन सर्वे किया, कि आखिर उनकी सफलताओं के पीछे क्या तथ्य जुड़े हुए हैं। सर्वे के परिणाम, बड़े आश्चर्य जनक निकले – शैक्षणिक संस्थानों से निकले, डॉक्टर, इंजिनियर, वकील, विज्ञान छात्र, चार्टर्ड अकाउंटेंट और एमबीए के सफल व्यक्तियों की संख्या सिर्फ १३% है। पढ़ाई में इतनी मेहनत करने वाले और प्रतियोगिताओं के लिए पढ़ाई में डूबे रहने वाले विद्यार्थी अगर १३ % ही हैं, तो यह एक निराशाजनक बात है। तो फिर बाक़ी ८७% कौन से लोग हैं ? अगर ध्यान से विचार किया जाये तो उत्तर मिलता है कि वे लोग, **जो "लाइफ मैनेजमेंट या जीवन प्रबंधन" को समझते हैं**। जीवन प्रबंधन, न तो स्कूल में पढ़ाया जाता है और न ही घर में।

अब बात उठती है कि "जीवन प्रबंधन" है क्या? जीवन प्रबंधन, यानि ज़िंदगी को ठीक से चलाना। अगर और खुल कर कहा जाये तो जीवन की हर स्थिति और परिस्थिति के अनुसार जीना। ये परिस्थितियाँ, हमारे जीवन की उतार-चढ़ाव हो सकती हैं, तनाव का समय हो सकता है, गुस्से और डर के माहौल हो सकते हैं – या यों कहें कि हर वह स्थिति हो सकती है, जो हमारे चलते फिरते जीवन को किसी मुश्किल घड़ी में ले आता है। इन कठिन परिस्थितियों को समझ बूझ कर, दिमाग को संतुलित कर के संभालना ही "जीवन प्रबंधन" है। दुर्भाग्य की बात है कि इन परिस्थितियों को संभालने की शिक्षा, न हमे स्कूल में सिखायी जाती है और न ही घर में।

घर हो स्कूल, सबकी नज़रें और सबका जोर, परीक्षाओं में, बच्चे के अच्छे ग्रेड और अच्छे नंबर लाने पर ही लगा रहता है। पूरी शिक्षा, अच्छे नंबर लाने में ही निकल जाती है। हम ज़िंदगी के दूसरे पहलुओं का ख़याल ही नहीं करते, जैसे कि मस्तिष्क या दिमाग का नियंत्रण कैसे करे, अच्छे चरित्र का निर्माण किस तरह हो, समाज, देश की ओर हमारी क्या जिम्मेदारियां हैं, सोच में सकारात्मकता किस तरह लायी जाए और जीवन की विषम परिस्थितियों में किस तरह धीरज से काम लिया जाए। अंततः इसका नतीजा क्या होता है ? यही होता है कि बहुत से लोग सफलता को पचा नहीं पाते या विफलताओं में व्याकुल हो जाते हैं और खुद को संभाल नहीं पाते। असफलताओं की स्थिति में तनाव ग्रस्त हो जाते हैं....अवसादित हो जाते हैं....आशाविहीन हो जाते हैं....

"माइंड मैनेजमेंट" या "मस्तिष्क प्रबंधन", जटिल विषय है। मस्तिष्क से अधिक महत्वपूर्ण है मन। मन, मस्तिष्क का सॉफ्टवेयर है। मस्तिष्क दीखता है, मन नहीं। हम जब मस्तिष्क प्रबंधन की बात करते हैं, तब मन उसके साथ जुड़ा होता है। हमारी सोच, हमारे विचार, हमारी संवेदनाएं, डर, खुशी, अवसाद, विषाद, हर्ष, करुना आदि मन की स्थितियां हैं। अतः माइंड मैनेजमेंट के लिए मन और मस्तिष्क प्रबंधन भी कहा जा सकता है। हम जब सफल होते हैं, हमारा दिमाग सातवें आसमान पर चढ़ जाता है। "अहम् या EGO", जिसे हम अहंकार भी कहते हैं, हमें घेर लेता है। हम अपनों से खुद को अलग देखने लगते हैं और कभी कभी तो अपनों से दूर चले जाते हैं। आप ने अनुभव किया होगा कि "सफलता और आलोचना साथ साथ चलते हैं।" आप जितना सफल होते हैं, लोग आप की उतनी ही आलोचना करते हैं। समाज के कई लोग, आप को नीचा दिखाने की सोचते हैं, अपमानित करना चाहते हैं, आप के चरित्र पर कीचड़ उछालने की कोशिश करते हैं..... अगर आप का दिमाग या मन, दृढ नही है तो ऐसी नकारात्मक प्रतिक्रियाओं से टूट सकता है, और सफलता की राह से आप बिखर सकते हैं। ऐसे में ज़रूरत पड़ती है कि सकारात्मक और आलोचनात्मक प्रतिक्रियाओं को हम किस तरह संभालें ?? इसे हम अगले अध्यायों में चर्चित करेंगे।

> *"सफलता जीवन का अंतिम अध्याय नहीं है और असफलता जीवन का अंत नहीं। जीवन में साहस ही काम आता है।"*
>
> *आगे बढ़ने की राह, आप के मन की दृढ़ता तय करती है। कमजोर मन, रोकता है; किसी उद्देश्य को पाने के लिए आप की ऊर्जा को दिशा नहीं दिखाता। लेकिन दृढ मन, कठिन परिस्थितियों में भी अपने उद्देश्य को पाने के लिए नई नई दिशाएँ खोजता रहता है।*

बचपन से ही हमारे दिमाग में यह बात बैठा दी जाती है कि चुनौतियां, कठिनाइयां, समस्याएं आदि जीवन में रोड़े अटकाती हैं, अतः इनसे बच कर चलो। हमारे दिमाग में यह भी बिठा दिया जाता है कि सिर्फ पढ़ाई कर के, अच्छे नंबर (मार्क्स) पाकर ही आगे बढ़ा जा सकता है, अतः अच्छे नंबर पाने के लिए मेहनत करते रहो। इसमें कोई शक नहीं कि पढ़ाई, हमारे लिए बहुत आवश्यक है, लेकिन सिर्फ पढ़ाई कर लेने से, आने वाले जीवन की सारी कठिनाइयां समस्याएं और चुनौतियां नहीं आएगी, यह एक हास्यास्पद बात है।

जहां जीवन है, वहीं मृत्यु है। जहां खुशी है, वहीं दुःख है। एक साँस आती है तो एक सांस जाती भी है। अतएव, बच्चों को शुरू से ही समझाना ज़रूरी है कि ज़िंदगी में अच्छइयां भी हैं, बुराइयां भी; सही भी है, गलत भी, सुख भी है, दुःख भी; सकारात्मकता भी है, नकारात्मकता भी; सफलता भी है, विफलता भी; अवसर भी हैं, कठिनाइयां भी; शांति भी है, कोलाहल भी। सब कुछ एक दूसरे का पूरक है। हमारी सोच में यही समस्या है कि हम अपने दिमाग में यह बात घर कर लेते हैं कि जीवन का एक हिस्सा अच्छा है और खराब स्थितियों से भागा जा सकता है। यह सोच, हमें कमज़ोर बनाती है और हमारे भीतर की मानसिक शक्ति को सुला देती है। एक गलत आभास देकर हम बचपन से ही अपने भीतर छिपी हुई दृढ़ता को कमज़ोर बना कर रख देते हैं। हम अपनी उस मानसिक शक्ति को एक तरह से तरह सुला देते हैं जो हमें ताकतनर बनाती है, अनुभवी बनाती है, हमें सृजनशील बनाती है, हमें नई राह, नई दिशा दिखाती है और हमें यह निर्देश देती है कि हम अपनी ज़िंदगी का प्रबंधन किस कुशलता से करें?

ज़िंदगी में उतार-चढ़ाव बहुत ज़रूरी है, क्योंकि ईसीजी (ECG) की रिपोर्ट यदि सपाट लाइन हो, तो जीवन का अंत दिखाती है

– श्री रतन टाटा

अनिश्चित मेढक

एक बार एक मेढक, पानी से भरे एक गर्म बर्तन में गिर गया। बर्तन का पानी गर्म हो रहा था। मेढक ने बाहर आने की कोशिश नहीं की और अन्दर ही रहा। उस समय मेढक कूद कर बाहर निकल सकता था, शायद थोड़ी दिक्कत होती या कुछ चोट आती। लेकिन वह नहीं निकला। तापमान बढ़ता रहा। मेढक, अंदर के तापमान के बराबर, अपने शरीर का तापमान बढ़ाता रहा। धीरे धीरे पानी उबलने के कगार पर आ गया, तब मेढक अपना तापमान और नही बढ़ा सका। परेशान होकर उसने बर्तन से बाहर निकलने की कोशिश की लेकिन सब कुछ बहुत गर्म होने की वजह से बाहर नही कूद सका। पानी उबलते उबलते वह सह न सका और मर गया।

सोचिए, क्या कारण था कि मेढक निकलने की कोशिश कर के भी मर गया, जब कि उसमें कूद कर बाहर निकलने की क्षमता थी। अब आप इसमें उबलते पानी का दोष मानते हैं, या मेढक की लापरवाही का ?

कहानी की सीख:

ज़िंदगी में कभी कभी ऐसी घटनाएं भी होती हैं जो हमारे अनुकूल नहीं हैं। लेकिन हमारी परिस्थिति कैसी भी हो, हमें तुरंत निर्णय लेना चाहिए ताकि आने वाली और भी गंभीर परिस्थिति को टाला जा सके। कहानी का मेढक, अनिश्चित, अनिर्णायक और जिद्दी था। असहज परिस्थिति को भांप कर भी वह वहीं पडा रहा और तब तक रहा जब तक बचने की कोई संभावना नहीं रही।

अतः, परिस्थिति की सहजता और असहज ता को समझ कर काम करना और तुरंत निर्णय लेना बहुत ज़रूरी है। ऐसा न हो कि कठिनाई की गंभीरता भांपने में देर हो जाय!!!

समस्याओं और चुनौतियों से जूझना और सजग रहकर सही निर्णय लेने से आने वाली विषम परिस्थितियों से बचा जा सकता है।

मजबूत मन, सावधान भी रहता है और निर्णायक भी:

बच्चे को उनकी समस्याए सुलझाने का अवसर दीजिए। उन्हें कठिनाइयां समझने दीजिए। मतलब यह है कि बच्चे को कठिनाइयाँ समझने का अवसर दीजिए, उनके धीरज और गंभीरता को बढ़ने दीजिए। अगर आप उनकी समस्याएं तुरंत स्वयं हल कर देते हैं तो वे धीरज और गंभीरता का पाठ नहीं सीख पाएंगे। हमें यह अनुभव

होता है या ऐसा लगता है कि अच्छे दिन कम होते हैं लेकिन कठिन दिन लम्बे लगते हैं। कभी कभी तो हम यह कह उठते हैं कि ये दिन काटे नहीं कट रहे हैं। एक एक पल पहाड़ जैसा बड़ा लगने लगता है। ऐसा क्यों होता है ? यह इसलिए होता है कि हम खराब दिनों को स्वीकारते नहीं। अपने मानसिक स्तर पर हम उसे हटाते रहते हैं। यही अस्वीकृति, हमें हर समय उसी के बारे में सोचने पर मजबूर करती है तथा यह आभास देती है कि कठिन दिन या ख़राब दिन बहुत लम्बे हो रहे हैं। लेकिन ऐसा नहीं है। अगर हम यह सोच बंद कर दें तो ख़राब दिन भी साधारण तरीके से कट जाते हैं।

कमज़ोर मन की पहचान:

1. कम समय के सुख में विश्वास रखना (क्षणिक सुख में आनंद)
2. मेहनत में यकीन नहीं करना।
3. शॉर्ट कट से ही काम करने की कोशिश करना, चाहे यह रास्ता गलत ही क्यों न हो लेकिन उससे ही मन को खुश करना
4. काम को टालने की कोशिश करना, आलसपन दिखाना (टालमटोल करना)
5. किसी काम/प्रोजेक्ट/ जॉब में प्रतिबद्ध नही होना (non committed)
6. अपनी लापरवाही को दूसरों पर मढ़ना
7. बहाने बनाना, शिकायतें करने की आदत होना
8. किसी ऊँचे उद्देश्य की तरफ नहीं बढ़ना, कम समय में ही अपने उद्देश्यों को बदलते रहना और बाहर निकलने की चेष्टा करना
9. क्षणिक सुख या कम समय के सुख में विश्वास करना जैसे कि शारीरिक या सेक्सुअल आकर्षण या ड्रग्स की आदतें होना
10. महत्वपूर्ण ध्येय में अनुशासन हीन होना
11. बहुत आसानी से किसी दूसरी बात की तरफ ध्यान बना लेना, ध्यान न लगना
12. फालतू कामों में अपना समय गंवाना जैसे कि वीडियो गेम आदि
13. नकारात्मकता की ओर ध्यान अधिक केन्द्रित करना।
14. कठिन परिस्थितियों से बचना जैसे कि टेस्ट पेपर आदि से भागना।
15. आत्मविश्वास और प्रोत्साहन की कमी होना।
16. नकार दिए जाने का भय होना। (रिजेक्शन का डर)
17. लम्बे समय बाद, अवसादित (depressed) होना या आत्महत्या की बातें करना या सोचना।
18. अतिसंवेदनशील होना।

कमजोर मन को दृढ शक्ति वाला मन बनाना आसान नहीं है लेकिन, नामुमकिन भी नहीं है । आने वाले अध्यायों में हम, मजबूत मन बनाने के बारे में चर्चा करेंगे, और यह भी देखेंगे कि तमाम प्रतिष्ठित व्यक्तियों ने मजबूत और दृढ इच्छाशक्ति से किस तरह अपार सफलता हासिल की है ।

मजबूत मन वाले व्यक्तियों की पहचान:

1. हमेशा योजनाबद्ध (planned) तरीके से काम करते हैं, चाहे कुछ दिनों के लक्ष्य हों या लम्बे दिनों के लक्ष्य ।

2. चुनौतियों को हमेशा स्वीकारते हैं और डटकर मुकाबला करते है ।

3. कठिन दिनों में, ये अच्छे अवसरों की तलाश में रहते हैं ।

4. विफलताओं से वह सीख लेते हैं और इस अनुभवे के सहारे आगे बढ़ते हैं ।

5. उनका ध्यान केन्द्रित रहता है और आत्म विश्वास से भरे होते हैं ।

6. नए नए राहों की तलाश करते हैं एवं रचनात्मक विचार के होते हैं ।

7. नकारात्मकता की बजाय, सकारात्मक विचारों पर अधिक ध्यान देते हैं ।

8. अनुशासित और आशावादी वातावरण बनाए रखने वाले ।

9. पढने की आदत रखने वाले, हमेशा नई जानकारी लेने वाले तथा अपनी कुशलता बढाने वाले ।

10. दूसरों की देखभाल और मिल जुल कर साझा करने वाले ।

11. नैतिकता को ध्यान में रखने वाले ।

12. समूह में काम करने पर विश्वास करने वाले ।

13. समाज और देश की सेवा में विश्वास रखने वाले ।

14. किसी काम की अगुवाई करने वाले, नेतृत्व की विशेषता ।

15. काम/ शौक/ प्रोजेक्ट में काम करने के लिए ये लालायित रहते हैं ।

16. कल्पनाओं में नहीं जीते बल्कि वर्तमान में विश्वास रखते हैं ।

17. भावनाओं से संतुलित रहते हैं ।

हर व्यक्ति, इन खूबियों के साथ पहचान पाकर, खुशी महसूस करेगा ।

मानसिक रूप से मजबूत कैसे बनें ?

- पहली असफलता पर हार मत मानिए

- जो चीज़ें आप के नियंत्रण से बाहर हों, उन पर फालतू समय और ऊर्जा न गंवाएं

- पुरानी बातों को भूल जाइए

- दूसरों की बातों पर भावुकता में मत बह जाइए

एक व्यक्ति जिस रास्ते से जा रहा था, वहां पर हाथियों का कैंप था। उन्होंने देखा कि हाथियों को पिंजरों में नहीं रखा गया है और न ही उन्हें चैन से बाँधा गया है।

सिर्फ एक साधारण रस्सी उनके पैरों से बंधी है और उसी के सहारे उन्हें भागने से रोका गया है।

उस व्यक्ति ने हाथियों की तरफ देखा, उनकी ताकत का अंदाजा लगाया और सोचने लगा कि ये इतने ताकतवर होने के बावजूद, इन रस्सियों को तोड़कर भाग क्यों नहीं जाते ? यह तो ये आसानी से कर सकते थे, फिर करते क्यों नहीं ?

कौतूहलवश, वह जवाब जानने के लिए, नजदीक में खड़े ट्रेनर के पास गया और पूछा कि ये हाथी इतनी ताकत रखते हुए भी, रस्सियाँ तोड़ कर भाग क्यों नही जाते ?

ट्रेनर ने जवाब दिया –

"जब ये हाथी बहुत छोटे होते हैं तब हम ऐसी ही रस्सियों से इन्हें बाँध कर रखते हैं। उस उम्र में यह रस्सी, इन्हें बाँधने के लिए पर्याप्त रहती है। जैसे जैसे ये बड़े होते हैं, इनके दिमाग में यह घर कर जाता है कि वह यह रस्सी तोड़ नहीं पाएंगे। उनकी मानसिकता, उस रस्सी की ही गुलाम हो जाती है और ये बड़े होकर भी यही यकीन करते हैं कि रस्सी तोड़ नहीं पाएंगे। अतः तोड़ने की कभी कोशिश ही नहीं करते।"

हाथियों का रस्सी न तोड़ पाना, उनकी मानसिकता में था, ताकत में नहीं। उन्हें विश्वास ही नहीं था कि समय और उम्र के साथ उनकी ताकत बढ़ गयी है और इसलिये, जैसे थे, वैसे ही बंधे रहे।

कहानी से सीख:

दुनिया आप को कितना भी बांध कर रखे, आप अपनी ताकत पहचानिए और यह विश्वास रखिए कि जो आप पाना चाहते हैं, ज़रूर पा सकते हैं। यह आत्म विश्वास, कि आप भी सफल हो सकते हैं, आप को लक्ष्य तक पहुँचने का एक महत्वपूर्ण कदम है।

सफलता, ऊंचाई से नहीं नापी जाती, बल्कि आप ने कितनी कठिनाइयों का सामना किया है, वे सारे कठिन कदम आप की सफलता बयान करते हैं।

"मेहनत से पढ़िए, चाहे आप को असंभव ही क्यों न लगता हो, चाहे कितना भी समय लग जाए, चाहे आप को रात भर जागना पड़े। सिर्फ इतना याद रखिए कि सफलता के अहसास का पल, दुनिया का सबसे कीमती पल है।"

पालनपोषण- की विधियां

> *"अपने बच्चों को प्रोत्साहित करिए और समर्थन दीजिए, क्योंकि बच्चे वैसा ही बनते हैं जैसा आप बनाना चाहते है ।"*

माता-पिता का बच्चों के प्रति प्यार, प्रतिदान नहीं चाहता । वे अपने बच्चों को हर वह जो चीज़ देना चाहते हैं जो बच्चा चाहता है, चाहे वह उनकी पहुँच से परे ही क्यों न हो । बच्चे से बिना किसी आशा की अपेक्षा किए हुए, वे उनके लिए कड़ी मेहनत करते हैं । वे भविष्य में, अपने बच्चों को एक अच्छा नागरिक, सफल, स्वस्थ तथा नैतिक व्यक्ति देखना चाहते हैं ...

लेकिन सभी के साथ ऐसा नहीं होता है । क्यों ।..?? क्या कारण है ..?? आइए देखते हैं..

घर, बच्चों का दर्पण है और माता पिता प्रतिबिंब । बच्चे घर में जो देखते सुनते हैं, वही करते हैं । आप उनकी अच्छी प्रतिछाया बनिए ।

कुछ तथ्य –

1. माता-पिता बच्चों से वह आशाएं रखते हैं जो वे खुद अपने जीवन में पूरा नहीं कर सके; चाहे बच्चों में उन आशाओं को पूरा करने की क्षमता हो या न हो ।

2. माता-पिता बच्चों को, पड़ोसी के या रिश्तेदारों के बच्चों से हर क्षेत्र में, बेहतर देखना चाहते हैं । वे यह नहीं समझते कि हर बच्चा अलग और अपने क्षेत्र में अनूठा होता है । अपने बच्चे के अनूठेपन की अनदेखी कर देते हैं ।

3. कुछ माता-पिता तो अपनी विचारधारा, अपनी सोच और अपनी अवधारणायें, जो उन्होंने अपने अनुभव से पायी है, बच्चों में भी ठूंस देना चाहते हैं ।

4. कुछ माता-पिता अपने बच्चों की क्षमता को आंक नहीं पाते । या तो उसका अधिक मूल्यांकन करते हैं या कम ।

5. कई माता-पिता, इन्टरनेट और सोशल मीडिया से प्रभावित होकर; बच्चों को उसी दिशा में धकेलने की कोशिश करते हैं ।

6. आर्थिक, स्वास्थ्य तथा अन्य समस्याएं ।

7. कई माता-पिता, अपने बच्चों की बागडोर अपने हाथ में ही रखकर, उनकी स्वतंत्रता छीन लेते हैं ।

8. निरक्षता और सामाजिक रूप से पिछड़ापन भी, बच्चों के उचित विकास में बाधा डालता है ।

तो फिर...! माता-पिताओं को क्या करना चाहिए ?

● बच्चों से आशा करना खराब बात नहीं है लेकिन, यह बड़े दुःख की बात है कि बच्चा जब गर्भ में रहता है तभी से, माता-पिता उससे आशा करना शुरू कर देते हैं । बच्चे के जन्म के दो से छः वर्ष तक का समय बहुत ही निर्णायक समय होता है । उसके जन्म से लेकर इस समय तक, उसके जीवन की बुनियाद तैयार करिए । यह समय, बच्चे के दिमाग की बढ़ोत्तरी का, उसकी प्रज्ञा (intelligence) के विकास का और उसके आगे बढ़ने के मूल्य को आकार देने का है ।

● बचपन के दौरान, बच्चा, अपने माता-पिता, संबंधी, परिवेश और दोस्तों के बीच रह कर, उन्हें समझ क,र अपनी धारणाएं तथा अवधारणाएं बनाना शुरू करता है, सोचने की शक्ति और तरीके में फैलाव करता है । उनको, कोई भी रचनात्मक काम दीजिए, जिसे वे खुशी से करना चाहें, उसमे लगे रहें और उनका मन भी बहले । कुछ तार्किक खेल (logical reasoning) खेलों में उन्हें मशगूल करिए । उनके इस बढ़ते बचपन के चरण में, उन्हें प्रकृति तथा बड़ों का आदर करना सिखाइए, मिल बाँट कर खेलना और खाना सिखाइए तथा नैतिक बातें बताइए और कहानियों के जरिए अच्छी सीख दीजिए ।

आप जितना बताते हैं, बच्चे उससे कहीं ज़्यादा आप जो करते हैं, उससे सीखते हैं ।

● खोजों से पता चला है कि दिन भर हम बच्चों को कुछ न कुछ बताते या सिखाते हैं, उन बातों में नकारात्मकता ज़्यादा होती है । इस तरह तो हम उनके दिमाग को निराशा से भर देते हैं और आशा करते हैं कि वे हमारी बातें माने और, हमें जीवन में आशावादी परिणाम दें !!!

नकारात्मक अवधारणायें, आशावादी विचार नही देते । किसी बात या घटना को यदि हम गलत या खराब मानते हैं फिर भी, बच्चे को समझाते समय हमें आशावादी ढंग से ही समझाना चाहिए । आशावादिता, हमारे दिमाग में न सिर्फ सकारात्मकता भरती

है बल्कि आस पास के लोगों में और सगे सम्बन्धियों के बीच भी, एक नई ऊर्जा का आदान प्रदान करती है।

सकारात्मक सोच और आशावादी पूर्वाग्रह, चमत्कार कर सकते हैं, असंभव को संभव बना सकते हैं। इसलिए यह बहुत महत्वपूर्ण है कि बच्चों में शुरुआत से ही आशावादी विचारधाराएँ विकसित की जाएँ।

लीग से हटकर सोचना (आशावादी सोच)

सैकड़ों वर्षों पहले की बात है, ब्रिटेन के एक छोटे से कस्बे में एक छोटा व्यापारी रहता था। अपने व्यापार के लिए उसने एक ऋण देने वाले सेठ से धन उधार लिया। सेठ एक बदसूरत और धूर्त व्यक्ति था। उसकी नज़र, व्यापारी के जवान बेटी पर थी।

पूरा ऋण चुकाने के लिए, सेठ ने व्यापारी से एक सौदे की पेशकश की। उस सौदे में सेठ के साथ, व्यापारी के बेटी की शादी की बात छुपी थी। ऋण के लगातार बढ़ते ब्याज से बचने के लिए, बेमन ही सही, व्यापारी ने उसकी बात मान ली।

धूर्त सेठ ने कहा कि वह एक थैले के भीतर दो पत्थर के टुकड़ों को रखेगा, एक सफ़ेद और एक काला।

बेटी को उस थैले से कोई एक पत्थर निकालना पड़ेगा। यदि सफ़ेद पत्थर हाथ में आया, तो व्यापारी का पूरा ऋण माफ़ कर दिया जाएगा और उस पर कोई ज़िम्मेदारी नहीं रहेगी। लेकिन अगर काला पत्थर हाथ में आया तो, व्यापारी का सारा ऋण माफ़ हो जाएगा, लेकिन उसे अपनी बेटी की शादी, सेठ से करनी पड़ेगी। काले सफ़ेद पत्थरों से भरे, सेठ के बगीचे में, सेठ दो पत्थर उठा कर थैले में भर रहा था, तभी व्यापारी के बेटी की नज़र उस पर पड़ी। उसने देखा कि सेठ दो काले पत्थर ही थैले में डाल रहा है, कोई सफ़ेद पत्थर नहीं।

उसके बाद उसने, बेटी से आकर कोई एक पत्थर, थैले से निकालने के लिए कहा।

अब बेटी के पास सिर्फ तीन विकल्प थे:

- थैले से पत्थर निकालने के लिए 'ना' कर देती।
- थैले से दोनों पत्थर निकाल कर, सेठ की धूर्तता का पर्दाफाश कर देती।

- यह जान कर भी कि दोनों पत्थर एक रंग के हैं, वह एक पत्थर निकालती और शादी कर के अपने पिता को ऋण-मुक्त करवा देती |

लेकिन उसने क्या किया !!!! उसने एक पत्थर निकाला और उसे ज़मीन पर पड़े पत्थरों के बीच ऐसे गिरा दिया जैसे कि वह 'हाथ से छूट गया' हो । गिरा हुआ पत्थर काले सफ़ेद पत्थरों में मिल गया । फिर उसने सेठ से कहा, "ओह! मैं भी कितनी लापरवाह निकली ! खैर ! कोई बात नही । अगर आप अब थैले के भीतर देखें कि किस रंग का पत्थर बचा है, तो पता चल जाएगा कि किस रंग का गिर गया है ।"

सेठ हक्का बक्का रह गया । उसे मालूम था कि थैले के भीतर काले रंग का पत्थर ही है । अगर वह कुछ कहता है तो उसकी चोरी पकड़ी जाएगी । अतः वह चुपचाप बात मान लेता है और गिरे हुए पत्थर को सफेद कहकर, बिना शादी किए, व्यापारी का ऋण माफ़ कर देता है ।

कहानी से सीख:

हर कठिन परिस्थिति से निकलने का कोई न कोई रास्ता ज़रूर होता है । बस, लीक से हटकर सोचने की बात है ।

- किसी बात की आलोचना करना अच्छा होता है लेकिन किस तरह से आलोचना की जा रही है, यह बात मायने रखती है । रचनात्मक आलोचनाएँ सबसे अच्छी होती है, इसमें बच्चे की भावनाएँ भी नहीं दुखतीं और और उसे सीख भी मिल जाती है । जब कि, निराशाजनक आलोचना, बच्चे के कोमल मन में चोट पहुंचाती है और उसके मानसिक विकास में हानिकारक होती है, संबंधों में दूरत्व लाती है, मन विध्वंसक बनाती है और जिद्दी बनने की प्रवृत्ति पैदा करती है । बच्चों को, उनके दोस्तों के सामने या रिश्तेदारों के बीच, कभी भी न डांटें और न ही आलोचना करें । इससे उनकी भावनाएं आहत होती हैं । अगर उन्होंने किसी समारोह या समूह में कोई गलती कर भी दी है, और आप को उसे डांटना ज़रूरी है, तो उसे वहां नही, बल्कि अकेले में डांटें और समझाएं। उसे यह भी बताएं कि उसके मान सम्मान की वजह से, लोगों के बीच में उसे डांटा नही गया है । उसके मान सम्मान की बात उसमे एक सकारात्मक भावना पैदा करेगी और भविष्य में अपनी इज़्ज़त की रक्षा करने के लिए वह वैसी गलती नहीं करेगा ।

- बच्चों की छोटी छोटी गलतियों के लिए कड़े दंड मत दीजिए । इससे उनमे विध्वंसक प्रवृत्ति पैदा होती है । उनके दिमाग में छोटी छोटी गलतियाँ भी दंड

देने के लायक बन जाती हैं । छोटी छोटी बातों को भी वह दंड के लायक समझने लगते हैं और अपने समूह में असहनीय हो जाते हैं । उनके साथ, किसी भी परिस्थिति को शांत और सरल ढंग से हल करिए । आप के उत्तेजित, परेशान और तनावपूर्ण होने से, आप को देखकर, उनके दिमाग में ये पूर्वाग्रह बन जाते हैं और बड़े होकर वे भी उसी तरह बर्ताव करने लगते हैं । माता-पिता की क्रियाएं, प्रतिक्रियाएं और किसी परिस्थिति को संभालने का तरीका, नैसर्गिक रूप से, बच्चों के भीतर, आप को देख देख कर आ जाता है । बच्चे, अपने आस पास के वातावरण से सीखते हैं, माँ-बाप से सीखते हैं, टीचर्स से सीखते हैं, रिश्तेदारों से सीखते हैं, अतः आप अपना व्यवहार संतुलित रखिए, सावधान रहिए, सजग रहिए ।

> *"अगर आप रचनात्मक आलोचना स्वीकार नहीं करते, तो आप एक इन्सान बन कर बढ़ना नहीं चाहते"*

> *"अगर आप की आलोचना नहीं होती है, इसका मतलब है कि आप घिसा पिटा काम ही कर रहे हैं, लीक से हट कर नहीं"*

> *"आलोचना और प्रशंसा, दोनों स्वीकार करिए । फूल खिलने के लिए, धूप और बारिश, दोनों की ज़रूरत होती है ।"*

मूर्ख बन्दर (विद्यार्थियों के लिए एक कहानी)

जाड़े की खामोश और सर्द रात थी । मौसम में कड़कड़ाती ठंडक थी । बंदरों का एक समूह एक पेड़ पर बैठा था । सारे बन्दर ठण्ड के मारे, शाखाओं से चिपके हुए थे । उनमे से एक बंदर ने कहा, "काश ! कहीं थोड़ी आग मिल जाती, तो हम ताप लेते । थोड़ी सी गरमी मिल जाती ।

थोड़ी ही देर में एक बन्दर ने कुछ जुगनुओं को देखा । उसने सोचा कि शायद यह आग का टुकड़ा है और उसे पकड़ लिया । जुगनू को पकड़ कर, सूखे पत्तों के बीच रख कर, वह उसमे फूंक मारने लगा, ताकि पत्ते जल उठें । उसकी देखादेखी कुछ और बंदरों ने भी फूंक मारना शुरू किया ।

इसी बीच एक गौरैया उस पेड़ पर आई । पेड़ पर उसका घोसला था । घोसले में जाने से पहले उसकी नज़र बंदरों की इस हरकत पर पड़ी । उसे हँसी आ गयी और बोली "अरे मूर्ख बंदरों ! वह एक जुगनू है, सचमुच की आग नहीं । मेरे ख्याल से तुम सभी को किसी गुफा में जाकर शरण ले लेनी चाहिए ।"

बंदरों ने गौरैया की नहीं सुनी और चेष्टा करते रहे ।

कुछ समय बाद जब सारे हार गए और आग नहीं जली, बात उनकी समझ में आई। उन्होंने जुगनू को छोड़ दिया और पास ही के एक गुफा में चले गए।

कहानी से सीख:

यद्यपि, किसी विषय में लगातार लगे रहना, एक अच्छे विद्यार्थी की बहुत प्रभावी विशेषता होती है, फिर भी दुनिया में हर रोज़ नई चीज़ समझने और सीखने की जरूरत है। कहानी में बंदरों ने लगातार मेहनत की, लेकिन उन्होंने शुरू शुरू में नई चीज़ समझने और सीखने से इनकार कर दिया। अपने से बड़े लोगों की बात सुननी चाहिए। उनके जीवन का अनुभव अधिक होता है।

- बच्चे को आप का सारा समय नहीं चाहिए, उन्हें बस कुछ ख़ास पल चाहिए जो १०० सिर्फ उनके लिए हों। यह समय, पूरा का पूरा उनको ही दीजिए चाहे कम समय ही क्यों न हो। उनके साथ बातें करिए, उनके साथ खेलिए, हसिए, मुस्कुराइए, मजाक करिए, मौज मस्ती कीजिए और उनके साथ उनके समय में डूब जाइए। उनकी तारीफ़ कीजिए, उन्हें ख़ास महसूस करने दीजिए और प्रोत्साहित होने दीजिए। उन्हें शांत, स्निग्ध और रहस्यमयी तरीके से, पढ़ाई/ कार्यक्रम और खेलों में शामिल होकर, खुश रहना सिखाइए और उनका आत्म-विश्वास बढ़ाइए।

बच्चे को यह समझने दीजिए कि आप उसकी ज़िंदगी का महत्वपूर्ण हिस्सा हैं।

उन्हें शारीरिक, मानसिक और सामाजिक स्वास्थ्य का महत्त्व समझने दीजिए। अपने साथ छोटी मोटी एक्सरसाइज (व्यायाम) जैसे वाक (टहलना), योग, ध्यान, आसन, प्राणायाम आदि में शामिल करिए। इससे शरीर पर होने वाले सकारात्मक बदलाव को, वह समझ पाएंगे और अपने स्वास्थ्य के प्रति जागरूक रहेंगे। इससे स्वतः उनका मन दृढ होगा, ध्यान केन्द्रित कर सकेंगे और शरीर की प्रतिरोधक क्षमता बढ़ेगी।

"आप या तो १००% दीजिए, या बिल्कुल मत दीजिए"

"अगर बच्चे की आधी प्रगति से आप खुश हैं, तो ठीक है ! आधा समय ही दीजिए।"

- बच्चों को जीवन के दोनों पहलुओं, भौतिक और आध्यामिक पर, केन्द्रित होने दीजिए, जिससे वे इन दोनों के बीच का संतुलित जीवन बना सकें। सिर्फ भौतिकवादी बनने से उनमे केवल क्षणिक सुख की महत्ता बढ़ जाएगी। कम उम्र में ही काम पिपासा, पैसा कमाने की होड़ बढ़ेगी और पैसे की इतनी लालसा,

कि अनैतिक तरीके से भी आय करने के उपाय खोजेंगे। इससे वे मानसिक रूप से हमेशा बेचैन रहेंगे।

- आध्यामिकता, जीवन के हर पहलू को शांत और सरल ढंग से हल करने की क्षमता देता है। भौतिकता के सुख को समाज कल्याण तथा अपने लिए शान्ति का मार्ग प्रशस्त करता है। अध्यात्मिक वातावरण में भौतिक वस्तुओं के प्राप्ति का मज़ा सुख, और शान्ति देता है तथा इससे न सिर्फ उम्र बढ़ती है बल्कि मानसिक रूप से व्यक्ति संतुलित भी होता है। इस तरह से कमाया पैसा, सच्चा सुख देता है।

- बच्चे के क्षमता की तुलना, कभी भी उसके भाई बहन, रिश्तेदारों या क्लास में किसी दूसरे छात्र के साथ न करें। तुलना करना ठीक नहीं है। यह बच्चे के दिमाग में नकारात्मक दबाव पैदा करता है और वह निराशा की प्रवृत्ति की तरफ झुकने लगते हैं। तुलना, बच्चे के मन में घृणा और ईर्ष्या पैदा करती है। इससे उसकी प्रतिभा बढ़ने के बजाय, उसकी क्षमता और विश्वास में कमी आने लगती है। बच्चा, अपने माँ-बाप को अपने दुश्मन सा देखने लगता है जिससे उसमे माँ-बाप की बात सुनने और उनके साथ सहयोग करने की इच्छा कम हो जाती है।

- अगर आप तुलना करना ही चाहते हैं तो उसके अपने प्रदर्शन से करें। पहले अच्छा किया था या अब अच्छा कर रहा है, इसको बोलें। उसकी उन्नति पर उसकी सराहना करें और उसे बेहतर प्रदर्शन के लिए प्रेरित करें। अगर उसका प्रदर्शन ठीक नहीं है तो उसके साथ बैठ कर दिक्कतों को पूछें तथा किस तरह बेहतर बनाया जा सके इसकी योजना बनाएं, कार्यान्वित करें। उसकी क्षमता में बढ़ोत्तरी कैसी हो रही है, इसकी समय समय पर जांच करें। इससे, बच्चे और माँ-बाप दोनों के लिए आगे का रास्ता सुगम होगा।

- अच्छे दोस्ती के बारे में उन्हें जानकारी दें। उनके दोस्तों पर भी नज़र रखें। दोस्त अच्छे होने पर बच्चों के चरित्र और परिवेश में अच्छे प्रभाव होते हैं। लेकिन दोस्तों की संगत अगर अच्छी नहीं है तो बच्चे गलत रास्ते पर भी चले जाते हैं। अगर सब कुछ ठीक होने के बावजूद, बच्चे के प्रदर्शन में कमी आ रही है, या धीरे धीरे उसका प्रदर्शन अच्छे से खराब की तरफ जा रहा है, तब उसके दोस्ती और दोस्तों के बारे में खबर लें। संगत में बच्चे बहुत जल्दी खराब होते हैं। अगर जल्दी ध्यान नही दिया गया तो कुसंगति में पड़ कर बच्चे नशीली दवाओं का भी शिकार हो सकते हैं।

- नए माहौल में नए दोस्तों की संगत अच्छी लगती है। दोस्ती ऊपर भी उठाती है, नीचे भी गिराती है। किशोरावस्था में, बच्चों का मन बहुत कोमल रहता है और बहुत भटकता भी है। इस समय इनके दोस्तों की संगत एवं उनके साथ मिल कर हो रहे प्लान आदि के बारे में थोड़ी बहुत जानकारी लेना माँ-बाप के लिए आगे की योजनाओं को कारगर बनाता है। अच्छे दोस्तों के लिए बच्चों को प्रोत्साहित करिए, उनके सहायक बनिए और सहायता के लिए उन्हें उत्साहित करिए।

- बच्चों की हर मांग को तुरंत पूरा मत करिए। अगर आप उनकी हर मांग तुरंत पूरी कर देते हैं तो उनके मन में एक धारणा बन जाती है कि जो भी मांगेंगे, बिना कोशिश और मेहनत के मिल जाएगा। इससे उनमे, आलस्य, जिद्दीपन और निर्थक कुछ भी पाने की आदतें विकसित होने लगेंगी। वे माता-पिता की मेहनत का मोल नहीं समझ पाएंगे। अगर आप उनकी हर मांग को पूरा करते रहे और बाद में किसी कारणवश आगे की मांग पूरी नहीं कर पा रहे हैं तो वे, पहले की बातें भूल जाएंगे और आप को ही उनकी मांग पूरी न करने के लिए दोषी समझेंगे। वह यह भी समझेंगे कि आप उन्हें प्यार नहीं करते तथा इस तरह धीरे धीरे उनके अंदर, अरुचिकर भावनाएं पैदा होने लगेंगी। वह विद्रोही भी बन सकते हैं या भयंकर जिद कर सकते हैं। वह ऐसा समझने लगते हैं कि उनके माता-पिता उन्हें प्यार नहीं करते।

- उन्हें पैसा, समय और बड़ों के सम्मान की कीमत समझने दीजिए। उन्हें यह पता होने दीजिए कि बिना मेहनत के कुछ नहीं मिलता। जीवन में कुछ भी पाने के लिए, मेहनत, कोशिश और समय की ज़रूरत होती है।

- कुछ माँ-बाप, अपनी धन दौलत, सम्पत्ति आदि को बच्चों के सामने ज़ाहिर कर देते हैं। वह बच्चों को यह बताते हैं कि उनके भविष्य के लिए, उन्होंने कितना रूपया, पैसा, सोना चांदी ज़मीन जायदाद आदि रखा हुआ है। इससे बच्चे के मन में एक बात घर कर जाती है कि उसका भविष्य तो सुरक्षित है और उसे जीवन में कुछ मेहनत आदि करने की ज़रूरत भी नहीं।

- यह धारणा बच्चों को आलसी, फिजूलखर्ची और अकर्मण्यता की ओर ले जाती है। वे आरामतलबी में चले जाते हैं, मेहनत की जरूरत नहीं समझते और कोशिश भी नहीं करते। इससे उनके भीतर का आत्मविश्वास कमज़ोर हो जाता है। हर आराम की चीज़ जब बिना मेहनत के मिल जाती है तब काम की क्या ज़रूरत ? यह प्रवृत्ति उनके मन में बैठ जाती है। वे गलत संगत में पड़ जाते हैं, शराब नशा, ड्रग और व्यभिचार की तरफ उनका झुकाव होने लगता है। उनके

दोस्त भी उनका फ़ायदा उठाते हैं और इसी तरह की गलत संगत में उन्हें घुमाते रहते हैं। लेकिन इसके दूरगामी परिणाम, भयंकर होते हैं। आगे चलकर, बड़ा होने पर बच्चा, जब अपने को अकेला पाता है तब उसके अंदर की क्षमता खो चुकी होती है, आत्मविश्वास शून्य हो जता है तब वह सोचने की तथा निर्णय लेने की क्षमताओं में निर्बल हो जाता है। हार कर वह, अवसादित हो जाता है और तरह तरह के निराशाबादी विचारों से घिरा रहता है। यही नहीं, ऐसे बच्चे अगर अपनी संपत्ति को संभाल भी लें, तो माता-पिता को बाद में बोझ समझने लगते हैं और उन्हें वृद्धाश्रम में भेज देते हैं।

- एक और विश्लेषण के अनुसार, माँ या बाप किसी एक के संरक्षण में पला बच्चा, उतना अच्छा नहीं कर पाता जितना माँ और बाप दोनों के साथ पला बचा कर पाता है। मैं यह नहीं कह रहा कि अकेले माँ या बाप के साथ पला बच्चा गलत हो जाता है। कभी कभी कई परिस्थितियों की वजह से, जैसे कि माँ या बाप में किसी एक की मृत्यु या तलाक़ आदि की वजह से उस एक के साथ ही रहना पड़ सकता है लेकिन ऐसे में, उसे बचपन के समय, अपने दोस्तों या किसी और जाने अनजाने लोगों को जवाब देने में हीन भावना महसूस होती है। वह जब जगह देखता है कि बाक़ी बच्चों के दोनों माँ बाप साथ हैं, उसका कोमल मन विह्वल हो जाता है। बाप का प्यार और माँ का दुलार, अकेले माँ या बाप नहीं दे सकते। इससे वह अवसादित होता है।

- सिर्फ़ माँ गा सिर्फ़ पिता, बच्चे के पालन पोषण में बचपन की सारी भावनाएं समाहित नहीं कर सकते। हमारा समाज भी ऐसे अकेले परिवार को अच्छी नज़रों से नहीं देखता। कभी कभी माँ और बाप के बीच की तकरार, उनके सम्बन्ध विच्छेद का कारण बनती है। हम सब मनुष्य हैं और हम सबमे 'अहम्' है। यह अहम् हमारे व्यक्तित्व का अटूट हिस्सा है। लेकिन हममे बुद्धि और 'प्रज्ञा' भी है। हममें विवेक भी है। हममे धैर्य भी है, हममे क्षमा भी है। जब हमारा अहम्, दूसरे के अहम् से टकराता है, तब विवाद पैदा होता है। उस समय हमारा विवेक अगर स्थिति संभाल ले, तो सम्बन्ध विच्छेद की स्थितियां रुक सकती है। सम्बन्ध तोड़ना हल नहीं है और वह भी तब, जब घर में बच्चे हों !!!! सोचिए, उनके कोमल जीवन पर तब कितना असर पड़ता होगा, जब वह उन व्यक्तियों को आपस में झगड़ते, मार पीट करते या अलग अलग रहते देखते होंगे, जिन्हें वह सबसे ज़्यादा प्यार करते हैं, जिनके सहारे अभी वह अपने को सुरक्षित समझते हैं। बच्चे होने के बाद, माँ-बाप की ज़िंदगी उनके लिए हो जाती है, क्योंकि बच्चों को वह लाये हैं; बच्चे अपने से नहीं आए। अतः उनकी मानसिक, शारीरिक और आत्मिक सुरक्षा का उत्तरदायित्व, सिर्फ और

सिर्फ माँ-बाप पर है। कम से कम तब तक के लिए, जब तक बच्चे बड़े न हो जाएँ।

▌ *"गिरना कोई बात नहीं, लेकिन गिर कर उठ जाना, बड़ी बात है"*

प्यार की चुम्मियाँ

एक बार तीन साल की एक छोटी बच्ची, सोने के गहने रखने के कागजों के बण्डल को नष्ट कर रही थी। उसके पिता ने इसके लिए उसे बहुत डांटा-फटकारा। पैसों की तंगी चल रही थी। एक छोटे बॉक्स को कवर चढाने के लिए, बेटी को वह कागज़ इस्तेमाल करते देख, पिता बहुत गुस्सा गया। बच्ची ने बॉक्स को अच्छी तरह कवर किया और क्रिसमस पेड़ के नीचे रख दिया।

पिता के गुस्से से बेपरवाह, वह बच्ची सुबह उठकर उस बॉक्स को ले आई और पिता को उपहारमें देते हुए कहा, "यह आप के लिए है डैडी!"

पिता अपनी तीव्र प्रतिक्रिया पर मन ही मन लज्जित तो हुआ, लेकिन उसका गुस्सा अभी भी कम नही हुआ था। बॉक्स को खाली देख कर वह बेटी पर चिल्लाया, "तुम्हें पता नहीं ? उपहार में बॉक्स के भीतर भी कुछ दिया जाता है।"

बच्ची ने करुण दृष्टि से पिता को देखा और रोते हुए बोली, " ओह डैडी ! यह खाली नहीं है। मैंने फूंक फूंक कर बहुत सी प्यार की चुम्मियां तुम्हारे लिए भरी हैं। वह सब तुम्हारे लिए हैं डैडी !"

पिता लज्जित होकर निढाल हो गया। उसने बेटी के गले में बाहें डाल कर उसे खूब प्यार किया और उससे माफी मांगी।

दुर्भाग्यवश, कुछ दिनों बाद एक दुर्घटना में, बच्ची की मृत्यु हो गयी।

पिता ने उस सुनहरे कागज़ से लिपटे बॉक्स को अपने सिरहाने बरसों तक रखा। और जब कभी वह जीवन में किसी बात पर हतोत्साहित होता, उस बॉक्स से एक चुम्मी निकालने का प्रयास दिखाता और अपने मन को सांत्वना देता।

उस अदृश्य प्यार ने फिर उसे जीवन भर सांत्वना दी और वह उसी के सहारे जीवित रहा।

कहानी से सीख:

दुनिया में प्यार से बढकर कीमती कुछ भी नहीं है।

युवा : ब्रह्मांड का प्रतिबिम्ब

शिक्षण प्रणाली

बहुत से तथ्य ऐसे भी हैं जो सिर्फ माँ-बाप पर ही नहीं, टीचर्स पर भी लागू होते है। समाज और देश के विकास में टीचर्स का विशेष महत्त्व है। टीचर्स हमारे समाज के रीढ़ की हड्डी हैं। बच्चों की सफलता और समाज की दृढ़ता में टीचर्स का ५०% योगदान होता है। बच्चों के भविष्य का आधा हिस्सा, टीचर्स के हाथ में रहता है और वह भी तब, जब बच्चों का मस्तिष्क विकसित हो रहा होता है। इस विकसित होते हुए मस्तिष्क पर पूरे जीवन का आधार रहता है। अतः, टीचर्स के ऊपर किसी भी बच्चे का और अंततः समाज और देश का भविष्य रहता है।

टीचर्स की बच्चों के प्रति जिम्मेदारियाँ:

- अपनापन और उत्तरदायित्व, दोनों आपस में जुड़े हुए हैं। किसी चीज़ के प्रति अगर आप में अपनापन है तो सौ प्रतिशत आप उस चीज़ की ज़िम्म्मेदारी लेंगे। अतः टीचर्स के लिए पहली प्राथमिकता यही होगी कि पढ़ाने के प्रति वे अपनापन महसूस करें। इसे सिर्फ एक पेशा या रोज़गार का ज़रिया समझने से अपनापन नहीं आता। अगर वे समझते हैं कि स्कूल और छात्र उनके परिवार का हिस्सा हैं, तो स्नेह और अपनापन स्वयं आने लगेगा। दिल से कही बातें दिल तक पहुंचती हैं। टीचर्स भी बच्चों के अंतर्मन तक पहुँच पाएंगे और बच्चे भी एक पारिवारिक वातावरण पाकर, उनकी बातें ग्राह्य करेंगे तथा खुले मन से अपनी जिज्ञासा रखेंगे। दुर्भाग्यवश, पिछले कुछ दशकों में अपनापन कमज़ोर होता गया है। टीचर्स, सिर्फ कुछ मेधावी बच्चों की तरफ ख़ास ख्याल रखते हैं, ताकि वे और बेहतर कर सकें। इससे साधारण बच्चे पिछड़ने लगते हैं और उनमे हीन भावना भी पैदा हो जाती है। टीचर्स को यह सोच बदलनी पड़ेगी। इस विषय से सम्बंधित "प्राचीन गुरुकुल पद्धति" के बारे में आगे हम विस्तार से चर्चा करेंगे।

- "प्रश्न करने के लिए, प्रोत्साहन की कला", सबसे महत्वपूर्ण बात है। बच्चों के द्वारा पूछे गए प्रश्नों को दबाना नहीं चाहिए बल्कि टीचर को चाहिए कि बच्चों को प्रश्नों के लिए उत्साहित करें और प्रश्न पूछने पर उनकी प्रशंसा करें। इससे वे अधिक रचनातमक, प्रगतिशील बनते हैं; उनमे सीखने की क्षमता का विकास होता है और उनका आत्म विश्वास बढ़ता है। प्रश्न पूछने को दबा देने से या

निरुत्साहित करने से, बच्चों में यह सोच पैदा होती है कि शायद टीचर की नज़र में वह अच्छे नहीं हैं, उनका प्रश्न पूछना मूर्खता है। उनमे अलगाव की भावना आ जाती है, उनकी मौलिकता थम जाती है और वैचारिक तथा तार्किक शक्ति का पूर्णतया विकास नहीं हो पाता।

मेरा अनुभव है कि प्रश्न, सिर्फ छात्रों का उत्तर नहीं देते बल्कि टीचर का ज्ञान बढ़ाने में भी सहायक होते हैं। बच्चों में वैचारिकता और तर्क बुद्धि का विकास होने दें, जो उनके "रट्टाफिकेशन" से बहुत बेहतर है। अगर बच्चों को कम अंक मिलते हैं, फिर भी उनकी तारीफ़ करें और उनकी सहायता करके, अगले इम्तहान में बेहतर अंक और बेहतर ग्रेड लाने में सहायता करें।

> *"सिखाने की कला, एक ऐसा खजाना है, जिसे आप से कोई छीन नहीं सकता"*

> *"आप जो कर रहे हैं उसका आनंद लीजिए, ताकि इसके परिणाम बेहतर बनें।।"*

"सफलता कोई आकस्मिक घटना नहीं है। यह कड़ी मेहनत, दृढ़ता, सीख, पढ़ाई, बलिदान और सबसे अधिक आप का इसके प्रति प्यार का परिणाम है।"

– पेले

- किसी भी स्कूल या टीचर का ध्येय, सिर्फ पाठ्यक्रम समाप्त करना, नहीं होना चाहिए, बल्कि छात्रों के पूर्ण विकास में योगदान होना चाहिए। समय सारिणी में हर हफ्ते, कम से कम एक घंटा के लिए बच्चों के साथ इन विषयों पर जानकारी तथा क्रिया प्रतिक्रिया अवश्य करनी चाहिए जैसे कि – अर्थशास्त्र, राजनीति, सामाजिक समस्याएं, मनोविज्ञान, दर्शन, वीर और विशिष्ट व्यक्ति, मनोरंजन, स्वास्थ्य, भोजन की आदतें, आध्यात्मिकता एवं प्रौद्योगिक बिकास। इससे उनके मन पसंद विषय को चुनकर, उन्हें आगे बढ़ने में मदद भी मिलेगी।

- बाकी विषय की तरह, खेल कूद, योग प्राणायाम तथा ध्यान भी महत्त्व पूर्ण हैं क्योंकि ये शारीरिक तथा मानसिक क्षमता को सुदृढ़ करते हैं। अतः शैक्षिक विषयों के साथ इन विषय पर भी ध्यान देने की ज़रूरत है।

- जिन गतिविधियों में/कार्यकलापों में/प्रोजेक्ट में बच्चों को घबड़ाहट होती है या भय लगता है, उनमें उनको रखिए, मानसिक तौर पर उनके साथ रहिए, उन्हें हौसला दीजिए और अगर वह बहुत अच्छा नहीं भी कर पा रहे हैं तो भी, "ठीक है", कहकर, उनका हौसला बढ़ाइए। इससे उनके अंदर की घबड़ाहट और भय का भाव छूट सकेगा।

> *"सफलता से अधिक, असफलता से सीख मिलती है । इससे रुकिए नहीं ।*
> *असफलता, चरित्र बनाती है ।"*

- **आपदा प्रबंधन (Disaster Management):** विनाशकारी स्थितियां, बिना बताये, अकस्मात् आती हैं । ऐसी आकस्मिक मुसीबतों में, बिना घबडाए, धैर्य रख कर परिस्थिति को संभालना होता है और इसके लिए ट्रेनिंग की ज़रूरत होती है । स्कूल को यह दायित्व लेना चाहिए कि ऐसी परिस्थितियों को संभालने के लिए समय समय पर उचित ट्रेनिंग दें ताकि बच्चों में आपदा के समय हाहाकार की स्थिति पैदा न हो । दक्ष लोगों की देख रेख में और उचित सावधानियों के साथ, बच्चों को साहसी और कुछ जोखिम भरे कार्यकलापों में भाग लेना चाहिए । इससे उनकी मानसिक दृढ़ता बढ़ेगी और कठिन तथा आपातकालीन परिस्थितियों के लिए वे तैयार रहेंगे ।

टीचर्स के लिए कुछ बिंदु:

1. अपनापन
2. नेतृत्व
3. खुली सोच (Open Minded)
4. बोलने के साथ साथ, सुनने पर भी ध्यान
5. बिना संकोच, प्रश्न पूछने के लिए उत्साहित करना
6. हर बच्चे की विशेषताओं और कौशल को पहचान कर प्रकट करना
7. जो बच्चा जैसा है, उसी तरह स्वीकारना और उन्हें विकसित करना

8. बिना पक्षपात के, बच्चों में स्पर्धात्मक वातावरण (competitive atmosphere) बनाना

9. ज्ञान और स्नेह बांटना तथा देखभाल करना

10. शिक्षा देने के प्रति समर्पित होना

प्राचीन गुरुकुल प्रणाली

भारत को कभी "सोने की चिड़िया" कहा जाता था । ब्रिटिशर्स जब भारत आए तब, मकाउले को विचार आया कि अगर भारत में लंबा शासन करना है और यहाँ का आर्थिक और सामजिक शोषण करना है तो पहला आक्रमण, यहाँ की शिक्षा पद्धति और प्रणाली पर करना होगा । उसने सफलतापूर्वक इंग्लिश प्रणाली यहाँ लागू करवा दी और भारत की जड़ें हिल गयीं ।

गुरुकुल प्रणाली क्या है ?

भारतीय महाद्वीप में, ईसा से ५००० वर्ष पूर्व से चली आ रही यह, आवासीय विद्यालय की प्रणाली है । वैदिक समय में यह प्रणाली प्रचलित हुई जिसमे विद्यार्थियों को तरह तरह विषयों का ज्ञान देने के अलावा, एक अनुशासित और सभ्य जीवन जीने की शिक्षा भी दी जाती थी । गुरुकुल, मूलतः टीचर या आचार्य का आश्रम (घर) हुआ करता था, और शिष्य (छात्र) उस आश्रम में तब तक रहते थे, जब तक उनकी शिक्षा पूरी नहीं हो जाती थी । सभी शिष्यों के साथ एक सा व्यवहार होता था चाहे वह राजकुल से हों या दास कुल से । गुरु और शिष्य (Teachers and students) एक ही प्रांगण में रहते थे । गुरु और शिष्य के बीच का रिश्ता इतना पवित्र होता था कि छात्रों से कोई पैसा नहीं लिया जाता था । हाँ, शिक्षा पूरी होने पर शिष्य, आदर स्वरुप भेंट, गुरु दक्षिणा के रूप में, अवश्य देते थे । यह दक्षिणा, धन-संपत्ति या किसी कार्य को पूरा करने का वचन देकर, दी जाती थी ।

आधुनिक समय में गुरुकुल प्रणाली का महत्त्व:-

गुरुकुल, आधुनिक शिक्षा में नहीं हैं । गुरुकुल का ध्येय, विद्यार्थियों को प्राकृतिक परिवेश में एक साथ रखकर, आपसी सौहार्द, मानवता, प्रेम और अनुशासन के साथ ज्ञान बांटना था । भाषा, विज्ञान और गणित मुख्य विषय होते थे और इन विषयों में, गुरु-शिक्षा, स्व-अध्ययन के बाद चर्चाएँ तथा प्रतियोगिताएं भी होती थीं । सिर्फ यही नहीं, इनके अलावा, कला, संगीत, शिल्प आदि के विषयों को भी साथ में रख कर, उनकी प्रज्ञा (Intelligence) और सूक्ष्म वैचारिक क्षमता का विकास किया जाता था। योग, ध्यान और मंत्रोच्चारण के द्वारा, मानसिक शान्ति और सकारात्मक ऊर्जा प्रसारित होती थी जिससे वह हर तरह स्वस्थ रहते थे । अपना काम खुद ही करना पड़ता था, ताकि हर तरह के काम में कुशलता पायी जा सके । इस तरह की दिनचर्या

से उनका सम्पूर्ण व्यक्तित्व विकास होता था जिसमे आत्म विश्वास, अनुशासन, बुद्धिमत्ता और विचार विकसित होते थे, जो आने वाले आज के समय में बहुत ज़रूरी हैं ।

आधुनिक शिक्षा प्रणाली के दोष:-

यह दुर्भाग्य की बात है कि आज, वह अवधारणा, शून्य हो चुकी है और मकाउले द्वारा सन १८३५ में लागू की गयी शिक्षा प्रणाली, सिर्फ असहज प्रतियोगितात्मक (competitive) क्षेत्र बन कर रह गयी । मानसिक प्रबंधन, प्रज्ञा, स्मृति, स्वाभिमान, आत्म-मंथन, नैतिकता और व्यवहारिक ज्ञान जैसी महत्वपूर्ण बातें आधुनिक शिक्षा में नहीं हैं । विद्यालय, पैसों के मंदिर बन कर रह गए हैं और समग्र रूप से छात्र समुदाय को ज्ञान बाँटने की परम्परा समाप्त होती जा रही है । बच्चों को शारीरिक व्याम और खेल कूद के लिए समय नही मिलता तथा व्यवहारिक ज्ञान, जिसे उन्हें अपने जीवन में बहुत ज़रूरत है, पर कोई ट्रेनिंग नहीं दी जाती ।

क्या भारत में गुरुकुल प्रणाली को वापस लाना चाहिए ?

बहुत से लोगों का यह विचार हो सकता है कि गुरुकुल प्रणाली, प्राचीन काल की है और इसका कोई वैज्ञानिक आधार नहीं है । फिर भी, बहुत से शिक्षाविदों का कहना है कि गुरुकुल प्रणाली के अंतर्गत, बहुत सी ऐसी विशेषताएं हैं, जिन्हें आधुनिक शिक्षा पद्धति में शामिल किया जा सकता है । उनमें से कुछ मुख्य विशेषताएं निम्न हैं जो यह भी दर्शाती हैं कि गुरुकुल प्रणाली में इनकी महत्ता क्या थी –

- ## आधुनिक मूलभूत संरचना

शिक्षा से सुदृढ़ ज्ञान तभी पाया जा सकता है जब व्यवहारिक ज्ञान पर ध्यान केन्द्रित किया जाए । परन्तु दुःख की बात यह है कि हमारी आधुनिक शिक्षा, सिर्फ किताबी जानकारी पर ही आधारित है जो कि बच्चों के दिमाग में ठूँस दी जाती है । यह पर्याप्त नहीं है । गुरुकुल पद्धति, प्रायोगिक ज्ञान पर भी जोर देती रही है जो कि जीवन के हर भाग में ज़रूरी है । आजकल के समय में इसे पाठ्य पुस्तकों के साथ पाठ्यक्रमेत्तर (extracurricular) क्रियाकलापों को जोड़ कर पढ़ाया जा सकता है जिससे छात्रों में सजगता तथा आध्यात्मिक चेतना का विकास हो सके ।

- ## सम्पूर्ण शिक्षा

आज की शिक्षा का अंकन, श्रेणीबद्ध (rank based) है जो छात्रों के बीच, समूह मित्रों में कई वर्ग पैदा कर देता है । एक ही कक्षा के विद्यार्थियों के बीच की खाई तब और बढ़ने लगती है जब अभिभावक भी बच्चों की रैंकिंग, परीक्षा में पाए अंकों के

आधार पर करने लगते हैं । गुरुकुल विधि के अनुसार, बच्चों का आकलन उनके अलग अलग उस क्षेत्र को लेकर किया जा सकता है जिसमे बच्चे को अधिक अभिरुचि या दिलचस्पी हो । ऐसा करने से बच्चे अपनी रूचि के अनुसार वाले क्षेत्र में अनोखी प्रगति कर सकेंगे । इससे बच्चों के बीच बढ़ती अनावश्यक प्रतिस्पर्धा से बचाव होगा और उनमे हीन भावना कम हो जाएगी तथा वे अवसादित होने से बचेंगे ।

● छात्रों और टीचर्स के बीच सम्बन्ध

आज के समय, टीचर्स और छात्रों के बीच मित्रता और आदर के सम्बंद्ध की ज़रूरत है । बच्चों की मानसिक उम्र, बढ़ती अवस्था में होती है और वे मानसिक रूप से सुरक्षित होना चाहते हैं । इस तरह के सम्बन्ध से छात्र सुरक्षित महसूस करेंगे और टीचर्स के प्रति विश्वास पैदा होगा । बड़े होकर वे स्वयं टीचर्स के रास्ते पर चलेंगे और वैसा ही माहौल अपने आस पास तैयार करेंगे । गुरुकुल में यह पद्धति थी और इसे मन में रख कर बच्चों को शिल्प आदि कार्यकलापों से, ट्रेनिंग वर्कशॉप के जरिए टीचर्स और छात्रों के सम्बन्ध को मजबूत किया जा सकता है ।

● व्यक्तित्व विकास

वैदिक शिक्षा के समय, बच्चे का व्यक्तित्व विकास, आत्मबोध (self realization) और स्वाभिमान (self respect) के द्वारा किया जाता था । यानि अपनी आत्मिक सत्ता का पहचान करा कर होता था । अभ्यास के द्वारा न्यायिक ज्ञान पाया जा सकता है । शारीरिक मानसिक तथा भावनात्मक अभिक्रियाओं द्वारा प्रतिदिन अभ्यास कर के, छात्र अपने व्यक्तित्व का विकास हर क्षेत्र में कर सकते हैं ।

● चरित्र निर्माण

प्राचीन भारत के लोग सिर्फ, बुद्धि विकास पर ही विश्वास नहीं करते थे । नैतिक विकास भी उनके लिए उतना ही महत्वपूर्ण था । बिना नैतिकता का ज्ञान, महत्वहीन माना जाता था । साधारण जीवन जीने की कला से उनके चरित्र का निर्माण में सहायता मिलती थी । पढाई के दौरान, विद्यार्थी ब्रह्माचारी (celibate) का जीवन जीते थे । कड़ी समय सारिणी के अनुसार उनकी दिनचर्याएं चलती थीं । सुख आराम और विलासिता, बेकार मानी जाती थी । सादा भोजन, अच्छा व्यवहार और ऊंचे आदर्शों पर जोर दिया जाता था । शिक्षक उन्हें, न सिर्फ पढ़ाते थे बल्कि, उनके व्यवहार पर भी नज़र रखते थे ।

• नागरिक तथा सामजिक कर्तव्यों का पालन

समाज के प्रति, विद्यार्थियों की ज़िम्मेदारियाँ, स्पष्ट थीं। गुरुकुल में सभी, बिना ऊंच नीच के रहते थे और सभी मिलकर सारे काम करते थे। उनकी दिनचर्या में अपनी अपनी जगह की सफाई शामिल थी, ताकि रहने का स्थान साफ़ सुथरा रहे। आश्रम के बाहर भी उनके कर्त्तव्य महत्वपूर्ण थे। उन्हें अच्छे पति या पत्नी बनने कीई शिक्षा तथा अच्छे माता पिता बनने की शिक्षा भी दी जाती थी। उन्हें कहा जाता था कि उनकी धन संपत्ति सिर्फ उनके लिए नहीं अपितु, समाज के अच्छे कार्यों के लिए भी प्रयोग में आनी चाहिए। उन्हें यह ज्ञान भी दिया जाता था कि वह जिस पेशे या व्यवसाय में काम करें, उसके नैतिक मूल्यों का ध्यान रखें जिससे समाज को कोई नुकसान न हो।

• प्रायोगिक शिक्षा

वैदिक शिक्षा सिर्फ किताबों में नहीं उलझी रहती थी। बच्चों को व्यावहारिक और क्रियाशील ज्ञान जैसे कि शिल्प, चित्र कला; गायन, वादन, खेल आदि पसंद आते, उनमे उत्तरोत्तर कुशलता बढ़ाई जाती थी। शारीरिक श्रमदान और किसी विषय पर छुट्टियों में व्यावसायिक विषय पर (वोकेशनल ट्रेनिंग) विशेषता प्राप्त करने की ट्रेनिंग भी दी जाती थी। व्यावसायिक विषयों में कढ़ाई बुनाई, मिट्टी के बर्तन आदि बनाना तथा और भी पेशेवर ट्रेनिंग दी जाती थी।

• संस्कृति का संरक्षण और प्रसार

वेद, भारत के आदि ग्रन्थ हैं या यों कहें कि मानव जाति को सुखी और शांत जीवन जीने के लिए, ब्रह्म वाणी है। प्राचीन समय में सांस्कृतिक और साहित्यिक परम्पराओं को संरक्षित करना आवश्यक होता था। शिक्षा एक परम्परा थी जो एक पीढ़ी से दूसरी पीढ़ी तक पहुंचायी जाती थी। इसीलिए छात्रों को बताया जाता था कि यह संस्कृति और विद्या धरोहर इसे और इसके लिए उन्हें ईश्वर का, गुरुजनों का तथा पूर्वजों का ऋणी होना चाहिए। ईश्वर का ऋण, पूजा और अर्घ्य देकर, गुरुओं का ऋण शिक्षा प्राप्त करके तथा पूर्वजों का ऋण, बच्चों को बड़ा करके तथा उन्हें शिक्षित करके चुकाया जाता था। इस तरह संस्कृति और शिक्षा का संरक्षण किया जाता था।

• ज्ञानोदय प्राप्त करना

यद्यपि, विद्यार्थी बनने का ध्येय, बालक/बालिका को समाज का सजग सदस्य बनाना होता था, लेकिन इसमें आध्यात्मिक तत्व भी शामिल था। प्रार्थनायें तथा रीति रिवाज़ का पालन, दिनचर्या एवं महत्वपूर्ण अवसरों पर जैसे कि विवाह, जन्म, मृत्यु आदि के

समय, किया जाता था । हर विद्यार्थी को इन रीति रिवाजो से यह अहसास होता था कि भौतिक जगत के अलावा आध्यात्मिक जगत भी है । इस तरह शरीर और आत्मा के बीच का बंधन रखा जाता था ।

● शिक्षा प्राप्ति की क्रिया विधि

योग्यता और प्रवेश

शिक्षा मानवा अधिकार था । इसे पाने की योग्यता के लिए कोई भेदभाव नहीं था । यहाँ तक कि महिला और पुरुष वर्ग भी शिक्षा के समान अधिकारी थे । प्राचीन समय की बहुत सी विदुषी महिलाओं और ऋषिकाओं के रिकार्ड्स पाए जाते हैं । कुछ ऐसे प्रमाण भी हैं कि शूद्र वर्ण के लोगों को शिक्षा का अधिकार नहीं था । शिक्षक, ब्राह्मण वर्ण से होते थे लेकिन विद्यार्थी ब्राहमण, क्षत्रिय, वैश्य वर्णों से हो सकते थे ।

यज्ञोपवीत संस्कार हो जाने के बाद ही उन्हें गुरुकुल भेजा जाता था । यज्ञोपवित संस्कार ८ से १२ वर्ष के बीच में हो जता था । गुरुकुल की पढाई, प्रायः १२ वर्षों तक होती थी ।

पाठ्यक्रम

वेद ज्ञान – ऋग्वेद, यजुर्वेद, सामवेद और अथर्वेद- ये चार वेद हैं । इन्हें, संहिता, मंत्र या ईश्वरीय आराधना में वर्गीकृत किया गया है ।

अरण्यक और ब्रह्मन – अरण्यक में रीति रिवाज़, संस्कार तथा यज्ञ के बारे में लेख हैं और ब्रह्मन में रीति रिवाजों पर समीक्षा की गयी है ।

उपनिषद् – इन ग्रंथों में ध्यान, दर्शन तथा आध्यात्मिक विषयों के बारे में चर्चा की गयी है ।

वेदांग – इसे छः विषयों में बांटा गया है; स्वर विज्ञान, कर्म-काण्ड ज्ञान, व्याकरण, टीका-टिप्पणी या समीक्षा (व्याख्या विज्ञान) तथा ज्योतिषशास्त्र

● शिक्षा विधि

स्मरण करना – वेद जैसे पवित्र ग्रंथों को हृदयंगम कर लेना (याद कर लेना), इस विधि की मुख्य विशेषता है । टीचर (गुरु) और शिष्य द्वारा याद करना, दुहराना तथा बोलना महत्वपूर्ण था ।

अंतर्दर्शन – इसके तीन चरण है । पहले चरण में गुरु द्वारा कही गयी बात को सुनना है जिसे श्रवण कहते हैं । दूसरे चरण का नाम मनन है । मनन में सुनी हुई बात को स्वयं

समझना है। तीसरा चरण निदिध्यासन या ध्यान (मैडिटेशन), कहलाता है। ध्यान के जरिए, अंतर्दृष्टि से सत्य को पहचाना जा सकता है।

सूक्ष्म विश्लेषण – इसमें छात्रों को किसी विषय पर सूक्ष्म रूप से स्वतंत्र विचार विश्लेषण करना रहता है। छात्र के विचार, टीचर के विचारों से विपरीत भी हो सकते हैं। तर्क और चर्चा से टीचर के विचार बदले भी जा सकते हैं।

प्रायोगिक शिक्षा – इस तरह की शिक्षा में विषय का प्रायोगिक ज्ञान दिया जाता था। व्यवसाय, अस्त्र शस्त्र विद्या, चिकित्सा विज्ञान आदि में छात्रों को इन पेशे में उतरने से पहले ही पर्याप्त कुशलता बढ़ जाती थी।

परिचर्चा गोष्ठी – इसमें छात्र समूह में बैठ कर किसी विषय को चुन कर बहस और चर्चा करते थे। अपने विचारों को विश्लेषित करके अकाट्य विचार देने की चेष्ट। करते थे। वैचारिक शक्ति बढ़ाने का यह अनुपम तरीका है।

● उच्च शिक्षा

मूल शिक्षा पाने के बाद कुछ विद्यार्थी अपने अपने पेशे या व्यवसाय में लग जाते थे, लेकिन कुछ उच्च शिक्षा पाने के लिए, आगे पढ़ते थे। उच्च शिक्षा संस्था, परिषद् के नाम से जाना जाता था। विद्यार्थी वहां रहकर, विषय विश्लेषण करते, तर्क वितर्क करते, विषय मूलक प्रवचन सुनते तथा मनन करते थे। इन संगोष्ठियों की व्यवस्था तीन ब्राह्मणों द्वारा की जाती थी, जो धीरे धीरे बढ़ कर २१ ब्राहमणों की हो जाती थी। ब्राह्मण अध्यात्म और दर्शन शास्त्र की शिक्षा लेते थे। आज के समय में इस स्तर की तुलना कॉलेज से की जा सकती है।

बड़े बड़े विद्वान्, जीवन भर अध्ययन करते थे। उनका यह अध्ययन, सम्मेलनों में शामिल होकर होता था जहां विषयों पर सिर्फ तर्क वितर्क नहीं, बल्कि शास्त्रार्थ से होता था। कहीं कहीं तो ये शास्त्रार्थ राजा, महाराजा की अध्यक्षता में होता था जो विद्वानों को आमंत्रित करते थे और उन्हें प्रचुर दान देते थे।

● वैदिक शिक्षा के लिए आधुनिक प्रयास

व्यक्तिगत प्रयास

भारत के लोगों ने वैदिक शिक्षा की विशेषताओं को, पुनः देश में लाने का प्रयास किया है। देश में, कुछ निजी क्षेत्र के लोगों ने धन राशि लगाकर, गुरुकुल विद्यालय खोले हैं। इनको संयम धार्मिक और आध्यात्मिक संस्थाएं चलाती हैं। छात्रों को गुरुकुल आवास में रखा जाता है। आध्यात्म और परम्परागत विषयों का पूरा ध्यान

रखा जाता है । खाने और रहने का प्रबंध बिल्कुल साधारण रहता है जैसा कि वैदिक गुरुकुल रहता था । आधुनिक शिक्षा के बोझ से परेशान होकर माता-पिता या अभिभावक, इन गुरुकुल स्कूलों में बच्चों का दाखिला दिलवाते हैं ।

अंततः गुरुकुल शिक्षा पद्धति का मुख्य उद्देश्य, व्यक्ति के जीवन को इस तरह तैयार करना है कि वह अपना जीवन संतुलित होकर जी सके । मानसिक बीमारियों का शिकार न हो तथा अध्यात्म के जरिए अपने इन्द्रियों पर नियंत्रण करके, मानसिक सुख पा सके । मानसिक संतुलन और शारीरिक क्षमता के बारे में बच्चों को शुरू से ही बताना चाहिए ताकि वे अपने काम, भोजन व्यायाम आदि का सही प्रयोग कर सकें और सुखी तथा संतुष्ट जीवन जी सकें ।

अगर देखा जाए तो हमें शिक्षा प्रणाली को कुछ इस तरह बनाना चाहिए, जिसमे प्राचीन और आधुनिक, दोनों तरह का मेल हो । मानसिक शान्ति और संतुलन तथा शारीरिक क्षमताओं पर जोर देने की बहुत ज़रूरत है । माता पिता और अभिभावकों को चाहिए कि सरकार से ऐसे स्कूल और खोलने की मांग करें ।

प्रेम या काम पिपासा

> *"प्रेम में दूसरा महत्वपूर्ण होता है और काम पिपासा में आप खुद"*
> *– ओशो*

किशोरावस्था के समय से ही बालक और बालिका एक दूसरे की ओर आकर्षित होते हैं । दूसरे लिंग की तरफ आकर्षण, स्वाभाविक है । हार्मोन के बदलने से शरीर में भी बदलाव आते हैं और आकर्षण का कारण बनते हैं । लेकिन यह आकर्षण अगर अपनी सीमा लांघ जाए तब युवा वर्ग के लिए विध्वंसक हो जाता है । **स्वामी विवेकानंद ने कहा था, "ज़रूरत से ज़्यादा कोई भी चीज़, ज़हर बन जाती है"** । आइए देखें यह काम पिपासा, हमारे दिमाग को किस तरह पथभ्रष्ट करती है ।

एक किशोर को जब घर पर प्यार और स्नेह नहीं मिलता, उसका दिमाग प्यार खोजता है । वह अकेला महसूस करता है । अगर किशोर मानसिक रूप से दृढ़ नहीं है तो वह भटकने लगता है । उसका आकर्षण अन्य लोगों में, विशेषकर, दूसरे लिंग के लोगों की तरफ बढ़ने लगता है । प्यार और स्नेह की मानसिक चाह को, शरीर के बदलते हार्मोन पकड़ लेते हैं और उसकी काम पिपासा जागने लगती है । वह "पोर्न साईट" और दूसरे अश्लील चित्र या लेखों की तरफ झुकने लगते हैं । दिमाग का खालीपन, कामुकता के विचारों में डूब जाता है और वे भूख मिटाने की इच्छा में भूख बढ़ाने लगते हैं । उनकी समझ में यह प्यार है, लेकिन यह शारीरिक भूख मिटा कर उनकी तृष्णा कुछ समय के लिए समाप्त कर देता है, बस । यही भूख बार बार जागती है और अंततः वे अपने जीवन के लक्ष्य से भटक जाते हैं ।

❙ *"शारीरिक प्यार में लोग प्रेम नहीं देखते, साथी का शरीर देखते हैं ।"*

प्रेम की महत्ता यदि शरीर के आकर्षण तक ही हो, तो एक ही शरीर से लोग ऊबने लगते हैं । बातों बातों में तकरार होने लगती है । प्यार के इस भावना में होते हुए भी, एक दूसरे के मिजाज़ से धीरे धीरे दूर होने लगते हैं ।

प्रेम एक पवित्र बंधन है । कोई भी व्यक्ति सम्पूर्ण आदर्श नहीं होता, खामियां रहती हैं; लेकिन ये खामियां इश्क के नशे में पहले दिखाई नहीं देतीं । जब धीरे धीरे मानसिक

और शारीरिक पिपासा एक ही व्यक्ति से मिटने लगती है, मन दूसरे शरीर की तरफ खिंचता है। पहला साथी खराब लगने लगता है और बंधन टूटने लगते हैं। वैसे भी, बाज़ार में तमाम गर्भ निरोधक उपकरण मिलने लगे हैं अतः एक व्यक्ति के साथ धीरे धीरे शारीरिक संसर्ग करते करते, आकर्षण खत्म होने लगता है। नतीजा यह होता है कि युवा अलग अलग होने लगते हैं। कोई अगर बहुत भावुक हुआ तो आत्महत्या तक करने की सोचने लगता है। कुछ तो आत्महत्या कर भी लेते हैं। सिर्फ उनका ही जीवन नहीं, उनके पूरे परिवार का जीवन नष्ट हो जाता है। सोचिए, उन माँ-बाप के बारे में, जो बच्चों को पाल पोसकर बड़ा करते हैं और बाद में अपने ही कन्धों पर बच्चे की अर्थी उठाते हैं !

आत्महत्या के विचार और इस पर विजय के बारे में हम आगे लिखेंगे।

युवा वर्ग से मेरा यह आग्रह है कि अपने मन को सुदृढ़ और मजबूत बनाएं। इसे भटकने न दें। गया हुआ समय, वापस नहीं आता। स्कूल के दिन, दुबारा वापस नहीं मिलेंगे, लेकिन सही रास्ते से भटक जाने पर पूरा जीवन खाई कि तरफ बढ़ने लगता है। जिस सेक्स और काम के बारे में युवा वर्ग, किशोरावस्था से ही सोचने लगते हैं और अपनी शिक्षा पर असर डालते हैं उन्हें यह सोचना चाहिए, कि सेक्स के लिए पूरा जीवन पडा है लेकिन शिक्षा के लिए नहीं। शादी ब्याह, परिवार बनाने के लिए होते हैं और वहां सेक्स पर कोई बंधन नहीं लेकिन एक बार शिक्षा का कीमती समय अगर व्यर्थ निकल गया तो इस जीवन में वापस नहीं आएगा। आप जीवन में जो बनना चाहते हैं वह आवेश, इस शारीरिक भूख के चक्कर में पिछड़ जाएगा और आप जीवन में एक सफल व्यक्ति नहीं बन पाएंगे।

"जीवन और समय, बहुत कीमती है; इसे उन चीजों पर नष्ट मत करिए, जिन्हें आप आसानी से पा सकते हैं।"

आध्यात्मिकता: जीवन का महत्वपूर्ण आयाम

> *"आध्यात्मिकता का ध्येय, आप के लिए वह सुख लाना है, जिसे कोई छीन नही सकता"*
>
> *– श्री श्री रवि शंकर*

आध्यात्मिकता का परिचय-

एक प्रसिद्ध नेयुरोलोजिस्ट, डॉ पॉल नुस्सबौम ने अपनी पुस्तक "सेव योर ब्रेन" कहां है कि " हमारा मस्तिष्क प्रेरणा, प्रोत्साहन पाकर उत्तेजित होना चाहता है और यह प्रोत्साहन एक नियत गति तथा ताल में माँगता है । किन्तु, ज़िंदगी की भाग-दौड़ एवं तनाव के बीच, मस्तिष्क की कार्य क्षमता कम होने लगती है । उस समय मस्तिष्क को ठहराव और शान्ति की ज़रूरत होती है ताकि यह पुनः कुशलता से काम कर सके । इसी ठहराव और शान्ति को "आध्यात्मिकता" कहा जाता है ।"

हममे से बहुतों ने, इस आध्यात्मिकता को अपने अपने तरीके से खोजा है । यद्यपि यह ज़रूरत (आध्यात्मिकता की सबकी अलग अलग परिभाषाएं हैं) हर एक की अलग अलग है, लेकिन यह सम्पूर्ण रूप से आत्मा से जुड़ी हुई है । क्योंकि प्रत्येक व्यक्ति के लिए, आध्यात्मिकता का मतलब, जीवन का ध्येय और दिशा है ।

लोग अध्यात्म की तरफ आकर्षित होते हैं और अपने अपने कारणों से इसकी खोज में निकलते हैं किन्तु साधारणता इसके कुछ कारण हैं -

आध्यात्मिक आयाम के प्रति कौतूहल: जीवन के कुछ रहस्यमयी प्रश्नों का उत्तर खोजने के लिए, जैसे कि जीवन का उद्देश्य क्या है, हम कहाँ से आए हैं और मरने के बाद कहाँ जाते हैं ? आदि ।

जीवन में कठिन समस्या के समय: जीवन जब कठिनाइयों से भर जाता है और उन्हें दूर करने का कोई उपाय नहीं रहता, तब मनुष्य किसी रहस्यमयी शक्ति का सहरा लेना

चाहता है। इसके लिए वह ज्योतिषी के पास जाता है, या मनोवैज्ञानिक के पास या फिर किसी गुरु या संत की शरण में।

आध्यात्मिक चिकत्सा के लिए: एक अदृश्य शक्ति द्वारा मानसिक शान्ति पाने के लिए हज़ारों लोग आध्यात्मिक चिकित्सा की शरण में जाते हैं।

अपना व्यक्तित्व बढाने के लिए: आध्यात्मिकता में बड़ी ताकत है। यह मन मस्तिष्क को संतुलित करता है, ध्यान बढाता है और मानसिक ताकत बढाता है। अतः कुछ लोग, अपनी मानसिक शक्ति को बढ़ाने के उद्देश्य से आध्यात्मिक पथ का सहारा लेते है, इसमें बताये गए रास्तों पर चलते हैं।

आध्यात्मिक पिपासा शांत करने के लिए: कुछ लोग अध्यात्मिक जीवन जी कर अपनी अलौकिक शक्तियों को बढ़ा कर जीना चाहते है। इसके लिए उन्हें जीवन से कुछ प्राप्ति की इच्छा नहीं रहती।

आध्यात्मिकता इन पर विजय पाती है: तनाव, भय, अवसाद, चिंता, दबाव, भावनाएं, आशंका आदि।

आध्यात्मिकता की परिभाषा -

> *"चिंता करने से कुछ हासिल नहीं होता, लेकिन कार्यरत रहने से हासिल हो सकता है । आध्यात्मिकता, कार्यरत रहने की क्षमता प्रदान करती है ।"*
> *– श्री श्री रवि शंकर*

अध्यात्म शब्द, संस्कृत भाषा से लिया गया है । यह शब्द, अधि तथा आत्मन (आत्मनः) से बना है । अधि का मतलब है विषय और आत्मा का मतलब है हमारे भीतर की ऊर्जा या जीव । हमारे भीतर की उर्जा, ईश्वर का अंश है जो परम ऊर्जा है और वही हमारी प्रकृति है । यह ऊर्जा, हमारे शरीर को चलायमान रखती है और ईश्वरीय ऊर्जा से जुडी रहती है । इसके तीन गुण हैं सम्पूर्ण सत्य (सत), सम्पूर्ण चेतना (चित) और सम्पूर्ण सुख (आनंद) । यह आत्मा, जीवन के उतार चढ़ाव से अछूती रहती है और सदैव आनंदित अवस्था में होती है ।

> *"अध्यात्म का मतलब, जीवन शैली को त्यागना नहीं, बल्कि जीवन के हर पहलू में आनंदित होकर जीवन को जीना है । सिर्फ बाहरी आनन्द नहीं, भीतरी आनंद को प्राप्त करना है ।"*
> *–जग्गी वासुदेव (सद्गुरु)*

मानव किन चीजों से बना है या मानव शरीर के अवयव क्या हैं ? (शरीर, मस्तिष्क, प्रज्ञा (Intellect) और आत्मा ।)

हमारी नैसर्गिक अवस्था आनंदित रहने की है जो कि हमारे आत्मा की है । इस अवस्था को पाने के लिए हम तड़पते रहते हैं । यही कारण है कि जीवन में तमाम तकलीफें उठा कर सुख के लिए हम दौड़ते रहते हैं । लेकिन तनाव और कठिनाइयों के बीच हम फंसे रहते हैं और सच्चा सुख नहीं पाते । भौतिक सुख की छाया में जीकर हम समझते हैं कि हम बहुत सुखी हैं ।

अध्यात्म, आत्मा की प्रकृति को समझाता है और मनुष्य की चेतना को आत्मा से जोड़ता है, उसके आनंद से जोड़ता है । अध्यात्म वह विज्ञान है जो जीवन को हमेशा सुख और शांति से रखता है ।

अध्यात्म का विज्ञान बहुत बड़ा है और जीवन के कुछ जटिल प्रश्नों का उत्तर भी देता है जैसे कि "मैं कौन हूँ", कहाँ से आया हूँ, जीवन का य्देश्य क्या है" और मृत्यु के बाद मैं कहाँ जाता हूँ, जब कि शरीर यहीं रह जाता है ?"

संस्कृत में अध्यात्म ज्ञान को परा विज्ञान कहा जाता है । बाक़ी ज्ञान या विज्ञान को अपरा विज्ञान कहते हैं । परा को सर्वश्रेष्ठ और अपरा उससे नीचे का विज्ञान है । विज्ञान शब्द से हमें सिर्फ आधुनिक विज्ञान का ही भान होता है । लोग यह समझते हैं कि विज्ञान और अध्यात्म दो अलग विषय हैं, लेकिन आधुनिक विज्ञान सिर्फ उन चीजों के बारे में बताता है जो दिखायी देती हैं, जब कि अध्यात्म इस विज्ञान से भी ऊपर ले जाता है । अध्यात्म अनंत ज्ञान है, हर विषय के बारे में बताता है । यह दिखायी देने वाला विश्व और न दिखायी देने वाले ब्रह्माण्ड के बारे में बताता है, भौतिक और नैसर्गिक वस्तुओं के बारे में बताता है, ब्रह्माण्ड में वितरित ऊर्जा, आवृत्ति, नाद, सकारात्मक तथा नकारात्मक तत्व और जैविक तथा अजैविक सभी के बारे में बताता है । अध्यात्म, स्मृति का अनोखा भण्डार है तथा भूत, वर्तमान एवं भविष्य के बारे में और ब्रह्माण्ड के आदि से लेकर अंत के बारे में विस्तृत जानकारी देता है ।

अध्यात्म और धर्म में अंतर

बहुत से लोगों के लिए धर्म, अध्यात्म की पहली सीढ़ी है । लेकिन अधिकतर धर्म, एक पंथ, सम्प्रदाय या धारा है । पंथ या धारा मानने वाले लोगों का यह विश्वास होता है कि उनके इस रास्ते से ईश्वर को पाया जा सकता है । कुछ अपने धर्म को सर्वश्रेष्ठ मानते हैं और कुछ सभी धर्मों को ईश्वर की तरफ बढ़ने का रास्ता समझते हैं ।

जो भी हो, अध्यात्म यही कहता है कि नदियां किसी भी रास्ते से बहें, अंत में वे समुद्र में ही गिरती हैं । इसी तरह पंथ या मत या धारा कोई भी हो पूजा या इबादत एक ही ईश्वर की होती है । श्री राम कृष्ण परम हंस कहते हैं, "जितने मत उतने पथ" और तुलसी दास ने भी कहा है, "जाकी रही भावना जैसी, प्रभु मूरत देखी तिन तैसी।" जैसे अलग अलग मिजाज़ वालों के लिए अलग अलग दवा दी जाती है लेकिन डॉक्टर का मकसद तो मरीज़ ठीक करना होता है, उसी तरह अध्यात्म का मतलब मानसिक सुख और शान्ति पाना है और स्वयं को पहचानना है । अतः जिसे जो सम्प्रदाय पसंद हो उसे चुन ले और उसी में राम कर आध्यात्मिक सुख और शांति खोजे ।

ईश्वर परम ऊर्जा है । उसका प्रसार होता रहता है । वैज्ञानिक भी मानते हैं कि ब्रह्माण्ड का प्रसार हो रहा है । अतः किसी एक धर्म या सम्प्रदाय में संकुचित होकर अपने धर्म को ही सर्वश्रेष्ठ कहना, संकुचन है, प्रसार नहीं । एक आध्यात्मिक व्यक्ति अपनी उर्जा

का प्रसार करता है और इतना प्रसार करता है कि परम ऊर्जा में मिल जाए । अतः अध्यात्म में संकुचन नहीं है । संकुचित विचार नहीं हैं । जहां संकुचन है वहीं गति अवरोध है । इसीलिए पूरे विश्व में कल्याण की भावना रखना और विश्व को परिवार मानना अध्यात्म की पहली सीढ़ी है । संस्कृत श्लोकों में कहा भी गया है, "वसुधैव कुटुम्बकम" । पूरी दुनिया एक परिवार है ।

अध्यात्म हमारे लिए अत्यावश्यक क्यों है ?

सुख और शान्ति की आशा में हम पूरा जीवन किसी न किसी काम में लगे रहते हैं, परिश्रम करते रहते हैं । यह ज़रूरत समाज के हर व्यक्ति की है, चाहे वह किसी भी जाति, धर्म, देश, सम्प्रदाय आदि से क्यों न जुड़ा हो! लेकिन अध्यात्म शोध से पता चला है कि जीवन गें, औसतन ३० प्रतिशत समय ही, व्यक्ति यह सुख और शान्ति पाता है; ७०% परेशान दुखी और चिंतित रहता है ।

इसका एक मुख्य कारण मनुष्य के जीवन की तमाम समस्याएं हैं । शारीरिक और मानसिक समस्याओं से सभी अवगत हैं । फिर भी बहुत से लोग यह नहीं जानते कि ये समस्याएं अध्यात्म से भी सम्बंधित हो सकती हैं । मतलब कहने का यह है कि आप के अध्यात्म की समस्या, आप के शारीरिक और मानसिक समस्याओं में दिखाई दे सकती है ।

अध्यात्म से जुडी समस्याओं में मुख्य समस्याएं कर्म या भाग्य से हो सकती हैं, पुरखों के कर्म से हो सकती हैं और नकारात्मक उर्जा के फैलाव से हो सकती हैं ।

किसी व्यक्ति के जीवन में समस्याओं का विश्लेषण

अध्यात्म शोध से पता चला है कि मनुष्य के जीवन की ५० प्रतिशत समस्याएं उसके अध्यात्म से जुड़ी होती हैं । जीवन की मुख्य घटनाएं जैसे, शादी, अच्छे खराब सम्बन्ध, दुर्घटना, कोई बड़ी बीमारी आदि का मूल कारण भाग्य या विगत कर्म से जुड़ा है ।

अब महत्वपूर्ण बात यह है कि हर समस्या का निदान उसी स्तर पर होता है । आध्यात्मिक समस्याओं का निदान आध्यात्मिक औषधियों के द्वारा ही हो सकता है। इसके लिए अध्यात्म का अभ्यास आवश्यक है ।

अध्यात्म और जीवन का उद्देश्य

आधुनिक ज़माने में हम यह बात सुनकर चौंक जाते हैं – ऐसा भी हो सकता है क्या ?

जीवन क्या है ? इसका उद्देश्य क्या है? हम अधिकतर लोग यही सोचते हैं कि पढ़ाई करना, पैसा कमाना, लोन लेकर कार खरीदना, बड़ा लोन लेकर घर खरीदना, किसी क्षेत्र में सफल होकर ख्याति प्राप्त करना, परिवार बढ़ाना और अंत में मर जाना – यही जीवन है । कुछ लोग यह सोचने पर आश्चर्य कर सकते हैं कि इससे भी ऊपर, ज़िंदगी में कुछ और भी है क्या !!!

लेकिन कुछ लोगों ने जब जीवन का अंतर्निरीक्षण किया तो पाया कि हमें इससे भी गहराई में सोचना है और इसके बाद भी एक दुनिया है । इस अंतर्निरीक्षण ने उन लोगों को अध्यात्म के मार्ग पर चल कर, नई दुनिया देखने के लिए विवश किया ।

आध्यात्मिक विज्ञान के अनुसार, जीवन के दो उद्देश्य हैं:

- जीवन का पहला उद्देश्य, इस जीवन में अपने कर्म या भाग्य को पूरा करना है ।
- जीवन का दूसरा और महत्वपूर्ण उद्देश्य, आध्यात्मिक जीवन जीना है ।

सार्वभौमिक सिद्धांतों के अनुसार इन दोनों उद्देश्यों के लिए जीना ही सम्पूर्ण जीवन कहलाता है । इससे हमारे जीवन में आ रहे प्रतिकूल भाग्य समाप्त होते हैं और हम आध्यात्मिक ढंग से जी पाते हैं ।

अध्यात्म एक व्यावहारिक विज्ञान है

हममे से बहुतों ने आध्यात्म पर पुस्तकें भी पढ़ी हैं और सिद्धांतों को भी जाना है । लेकिन सिर्फ पढ़ कर ज्ञान बढ़ा लेने से अध्यात्म तक नहीं पहुंचा जा सकता, जब तक कि इसका अभ्यास न किया जाए । यह सिर्फ एक सिद्धांत बन कर रह जाता है, लेकिन अमल में नही आता । अध्यात्म का अनुभव तभी होता है जब इसके सिद्धांतों को अमल में लाकर इसका अभ्यास किया जाये । इसीलिए कहा जाता है कि जीवन में अध्यात्म का सिद्धांत जानना सिर्फ २ प्रतिशत काम आता है, जबकि अभ्यास करना ९८ प्रतिशत ।

अगर कोई व्यक्ति अध्यात्म पढ़ कर सिर्फ समझ लेता है, वह इसके प्रभाव को कभी नहीं समझ सकता । धीरे धीरे वह इसमें दिलचस्पी छोड़ देता है । और फिर इसके महत्व पर शक करने लगता है ।

संक्षेप में – आध्यात्मिकता क्यों ?

1. अपने और दूसरों की शान्ति के लिए एक तरीका ।
2. आध्यात्मिकता एक अहसास है, अंतर्नुभूति है । जब आप अंतर्मन में शान्ति अनुभव करते हैं, उससे बड़ा आनंद कुछ नहीं होता ।

3. चन्द्रमा, सूर्य, नक्षत्र अदि की ओर देखते हुए जब आप ब्रह्माण्ड के प्रसार का अनुभव करते हैं, तब आत्मिक ऊर्जा का प्रसार आप को दिव्य शान्ति देता है ।

4. आप जब चर अचर, हर चीज़ के विद्यमान रहने का अनुभव करते हैं, तब उस अदृश्य सृजनकर्ता की महत्ता को समझते हैं ।

5. दूसरों के कल्याण के लिए कार्य करते हैं ।

6. सिर्फ आँखों से नहीं, मन की आँखों से भी देखते हैं ।

7. आप सारे प्राणियों को प्यार करने लगते हैं और सबकी भलाई के बारे में सोचते हैं ।

8. आप से भी बड़ा कोई है, इसका एहसास होने लगता है तथा आप अपने को उसके संरक्षण में महसूस कर के शान्ति का अनुभव करते हैं ।

9. ईश्वर हमारे साथ सब जगह है, इराका अहसास होने लगता है ।

10. आतंरिक शान्ति और आत्मसंतोष की भावना जग जाती है । सब कुछ अपना है यह सोच कर मन अक्षोभ या प्रशांत हो जाता है ।

11. अध्यात्म कितनी शांति से जीने देता है, इसका मतलब समझ जाते हैं ।

12. यह शान्ति बढ़ाता है ।

13. लोग एक दूसरे के लिए जीते हैं, लोगों के बीच का अवरोध समाप्त होता है

14. ब्रह्माण्ड की आवाज़, नाद का अनुभव होता है और आप उस नाद में शामिल हो जाते हैं ।

15. सृजनकर्ता के प्रति एक आत्मीय सम्बन्ध जुड़ता है और सबके साथ उस सम्बन्ध को साझा करते हैं ।

16. भलाई करते हैं, भलाई बांटते है ।

17. आप जो देखते हैं वह बनते है, तथा लोगों के रोल मॉडल बनते है ।

18. हम सब एक हैं और आपस में मिलकर एक दूसरे की सहायता करनी चाहिए, यह भावना जागृत होती है ।

19. इस तरह दूसरे लोग भी सबकी सहायता करने की सीख पाते हैं ।

20. ईश्वर हमारा मार्गदर्शन करता है और हम वैसा ही करते हैं जैसा करना चाहिए ।

21. अध्यात्म सबसे जोड़ता है और इससे हम अपनापन महसूस करते है, अवसाद नष्ट होता है ।

ध्यान

ध्यान क्रिया के दौरान, कुछ नहीं करने को ही ध्यान कहते हैं। शांत होकर, सारी चिंताओं और विचारों से मुक्त, मस्तिष्क को कुछ भी न सोचने की प्रक्रिया को ध्यान कहते हैं। अपने विचारों के प्रति निष्क्रिय होकर, आखे बंद करके, नाक के अग्रभाग की ओर, ध्यान केन्द्रित करना ही ध्यानमुद्रा है। इस बीच कई विचार मन में आते रहेंगे लेकिन उनको ज़बरदस्ती हटाना भी ठीक नहीं है। उन विचारों से दूर हट कर पुनः अग्रभाग की तरफ ध्यान लगाना, फिर विचार आयें तो फिर ध्यान हटा कर पुनः अग्र भाग में सोचना ध्यान की आरंभिक प्रयास मे होता है। धीरे धीरे विचार आना बंद हो जाएंगे और ध्यान लगने लगेगा। आंख्ने बंद न कर के, किसी वस्तु को सामने रख कर उसे ही देखना और किसी विचार को न आने देना भी ध्यान की प्रक्रिया है। इस तरह अन्य विचारों से हट कर अभ्यास करते करते एक वस्तु पर ध्यान केन्द्रित किया जाता है।

जैसे किसी भी कौशल के लिए अभ्यास की ज़रुरत पड़ती है, ध्यान के लिए भी अभ्यास की ज़रूरत पड़ती है। साधारणता लोग यह समझते हैं कि ध्यान के लिए बरसों तक अभ्यास करना पड़ता है तब ध्यान लगाया जा सकता है। लेकिन ऐसा सोचना गलत है। पहले ही दिन ध्यान की क्रिया करके, कुछ पलों के लिए ध्यान किया जा सकता है। उसके बाद समय को धीरे धीरे बढ़ाना चाहिए।

ध्यान से लाभ:

ध्यान का अभ्यास "मस्तिष्क में 'जादू' करता है। जो लोग ध्यान का नियमित अभ्यास करते हैं, देखा गया है कि उनके मस्तिष्क का बायाँ "प्रीफ्रंटल एरिया", अधिक क्रियाशील होता है। मस्तिष्क का यह क्षेत्र, धैर्य का क्षेत्र है और मन को आनंद की अनुभूति कराता है। ध्यान का अभ्यास, मस्तिष्क में "सेरिब्रल कोर्टेक्स" को मोटा करता है और मस्तिष्क की कोशिकाओं को मजबूती से जोड़ता है – इससे मानसिक क्षमता और स्मरण शक्ति बढ़ती है।

अच्छा बताइए, कितनी बार आप ने महसूस किया है कि एक दिन में २४ घंटे भी पर्याप्त नहीं हैं। शायद कई बार ! लेकिन क्यों ? इसलिए कि आप बहुत व्यस्त हैं,

आज की ज़िंदगी की भाग दौड़ में आप को समय कम पड़ रहा है । अपने लिए भी समय निकालना मुश्किल हो रहा है । है न ?

थोड़ा समय मिलने पर हम अपना समय, मोबाइल और लैपटॉप पर गुज़ारने लगते हैं । कान में ईयरफ़ोन (earphone) लगा कर कुछ सुनते रहते हैं, देखते रहते हैं । अरे, हम तो खुद को ही समय नहीं दे रहे हैं तो हमारा मस्तिष्क कब आराम करेगा? इसे भी आराम की ज़रूरत है । मस्तिष्क को एक चिंता से दूसरी चिंता में लगातार घसीटने से हमारी मानसिक सहन शक्ति कमज़ोर होती है, हम चिडचिडे हो जाते हैं । मस्तिष्क एक दोलक की तरह इधर से उधर होता रहता है, लेकिन इसे स्थिर होने की भी ज़रूरत है । ध्यान यही स्थिरता प्रदान करता है ।

जी हाँ ! ध्यान मस्तिष्क को स्थिरता प्रदान करता है ।

ध्यान, बैटरी चार्जर की तरह काम करता है । १० मिनट का ध्यान, मस्तिष्क को पूरी तरह चार्ज कर देता है और आप बाक़ी सारे दिन के काम, शांति और सुख से कर सकते हैं ।

तो आइए देखें, किस तरह ध्यान २४ घंटे के समय को और बढ़ा देता है ?

- तनाव कम करके शान्ति देता है बहुत से लोग समझते हैं कि ध्यान, तनाव कम करके मानसिक शान्ति देता है । आप जब मस्तिष्क को किसी एक जगह पर केन्द्रित कर देते हैं तब वह विचारों में भटकता नहीं है । इससे तनाव कम होता है। इसके साथ साथ, हाई ब्लड प्रेशर (उच्च रक्त चाप), दिल की तेज़ धड़कन, नब्ज़ का तेज़ चलना, तथा अनियमित सांस की समस्या आदि भी ठीक हो जाते हैं ।

- किसी विचार को केन्द्रित करने में सहायक होता है ध्यान, आप के विचार या सोच को केन्द्रित करने में बहुत सहायक होता है । यह मन के भटकने को रोकता है । दिमाग की यह आदत होती है कि यह सोचता बहुत है और आप की पसंदीदा चीजों की तरफ इधर उधर ध्यान देता रहता है । जब आप किसी अनचाहे सोच की तरफ भटक जाते हैं, मुख्य सोच पर आप का ध्यान केन्द्रित नहीं हो पाता और उसकी महत्ता कम हो जाती है । ध्यान का अभ्यास करने से, आप को अनचाहे विचार नही आते हैं और आप पूरा ध्यान अपने काम पर लगा सकते हैं । इससे आप की विचार शक्ति बढ़ती है, जिस काम पर आप लगे होते हैं उस पर ध्यान केन्द्रित कर पाते हैं और उसे जल्दी तथा कुशलता पूर्वक पूरा कर पाते हैं ।

- अच्छी नींद लाता है अगर आप बिस्तर पर सोने के लिए संघर्ष करते हैं, तमाम विचार आप के दिमाग में कौंधते रहते हैं और जल्दी नींद नहीं आती, तब ध्यान आप के लिए बहुत सहायक हो सकता है । जब कभी हम अपनी चिंताओं, विचारों और भूत या भविष्य के बीच के अटके रहते हैं, हमारी नींद खराब होती है । अगर आप ध्यान का अभ्यास करें तो आप को न भूतकाल सताएगा और न ही भविष्य की चिंता रहेगी । वर्त्तमान समय की सुखद नींद का आप आनंद ले सकेंगे । सुबह आप सारी थकान से दूर एक ताज़ा और नए सूरज का आनंद ले सकेंगे । नियमित रूप से एक अच्छी नींद, आप के तमाम शारीरिक समस्याओं को समाप्त कर देगी ।

- आप की भावनाएं मजबूत करता है आप को आश्चर्य हो रहा है ? ध्यान क्रिया में जब हम अपने सारे विचारों को एक जगह केन्द्रित करते हैं और किसी एक वस्तु पर लगाते हैं, तब हमारे अनचाहे विचार और सोच समाप्त होने लगते हैं । ध्यान करना ऐसी क्रिया है जिसमे आप अपने से जुड़ते हैं और अपनी खोज करते हैं । इससे आप की रोज़मर्रा परेशानियां आप को तंग नहीं करती और आप का चिडचिडापन ख़त्म होता है, क्योंकि आप आपने को समझने लगते हैं और भावानों पर विजय पाने लगते हैं ।

- पूरे दिन आप को कार्यरत रखता है जो व्यक्ति अपने मस्तिष्क की ऊर्जा को ध्यान के जरिए संतुलित कर लेता है, वह अधिक ऊर्जावान हो जाता है । उसमे थकान कम आने लगती है । स्फूर्ति और ऊर्जा के लगातार प्रवाह से वह अपने दिन भर के काम और अधिक कुशलता तथा ध्यान पूर्वक कर सकता है । शांत दिमाग वाले व्यक्ति के आस पास के लोग भी अच्छा महसूस करते हैं क्योंकि आप का मस्तिष्क तब शांत और स्निग्ध तथा लोगों के प्रति शालीन रहता है। हम जब ध्यान करते हैं, बहुत दूरगामी परिणाम पाते हैं: हमारा तनाव मिटता है, हम अपनी तकलीफ समझ पाते हैं अपने से जुड़ते हैं, किसी काम पर केन्द्रित हो पाते हैं भावनाओं को काबू कर लेते हैं और अपने प्रति दया और मैत्री का भाव बना लेते हैं । आइए देखें कि ध्यान के मूल में कौन सी क्रियाएं हैं और उन्हें कैसे करें ?

प्रज्ञा (Intellect) और स्मरण शक्ति

> एक बुद्धिमान व्यक्ति का ज्ञान दर्पण की तरह होता है, यह प्रकाश
> लेता है और परिवर्तित करता है
> — ऑगस्टस हरे

किसी भी उम्र में मस्तिष्क शक्ति कैसे विकसित करें ?

एक मजबूत स्मरण शक्ति आप के मस्तिष्क के स्वास्थ्य और चेतनता पर निर्भर करती है । चाहे आप विद्यार्थी हों और अपने परीक्षा की तैयारी कर रहे हों, चाहे दिमागी काम करने वाले कोई ऑफिस के कामकाजी व्यक्ति हों; चाहे उम्र के साथ बढ़ते हुए दिमाग की चेतना को बरकरार रखने वाले बुज़ुर्ग हों, आप अपनी मानसिक शक्ति और याददाश्त को हमेशा मजबूत कर सकते हैं ।

कहा जाता है कि बूढ़ा कुत्ता नई तरकीब नहीं सीख सकता, लेकिन वैज्ञानिकों ने शोध किया है कि यह कहावत, मस्तिष्क के बारे में चरितार्थ नहीं होती । आदमी का दिमाग बुढ़ापे में भी तमाम नई चीज़ें सीख और समझ सकता है । दिमाग की इस क्षमता को "न्यूरोप्लास्टीसिटी" कहते हैं । सही तरीके से अनुकरण (simulation) करने से आप का मस्तिष्क नई तंत्र शिराओं का रास्ता अपना लेता है, पुरानी शिराओं को छोड़ देता है और अद्भुत तरीके से नई प्रतिक्रियाओं के द्वारा काम करने लगता है ।

सीखने और याददाश्त बढ़ाने के समय भी, मस्तिष्क की यह अद्भुत क्षमता, काम आती है । मस्तिष्क की न्यूरोप्लास्तिसिटी" के जरिए आप अपनी संज्ञानात्मक (cognitive) क्षमता को बढ़ा सकते हैं, नई जानकारियाँ पा सकते है और किसी भी उम्र में अपनी याददाश्त बढ़ा सकते हैं ।

नीचे दिए गए ९ सलाह बता सकते हैं कि कैसे ?

1) अपने मस्तिष्क को व्यायाम करवाइए:

जब तक आप वयस्क होते हैं, आप के मस्तिष्क में लाखों स्नायु-तंत्र-पथ विकसित हो चुके होते हैं । ये तंत्र-पथ आप को याद करने में, आदतन काम करने में, किसी जानकारी को याद करने में तथा किसी पहले किए गए काम को पुनः सरलता से करने आदि में सहायता करते हैं । लेकिन अगर आप मस्तिष्क के इन्हीं रास्तों पर चलते हैं और कोई नया रास्ता नहीं खोजते, तब मस्तिष्क के बचे हुए और भी असंख्य स्नायु-तंत्र -पथ क्रियाहीन हो जाते हैं । अतः आप को मस्तिष्क के अभ्यास की ज़रूरत होती है ।

स्मृति या याददाश्त, शरीर के मांसपेशियों की तरह, प्रयोग में न लाने से असमर्थ होने लगती है । अतः आप दिमाग का जितना अधिक प्रयोग करेंगे, इसके नए रास्ते उतना ही खुलेंगे । लेकिन मस्तिष्क के सारे अभ्यास एक जैसे नहीं होते । मस्तिष्क के व्यायाम के लिए घिसे पिटे कामों से हट कर नए तरीकों को खोजना पड़ता है ।

मस्तिष्क को उकसाने वाले चार महत्वपूर्ण तत्व –

नई चीज़ें सीखना: जो चीज़ आप जानते हैं उसे बार बार करने से मस्तिष्क उन्हीं पुरानी तंत्र पथों पर चलता है । नए चीजों को जानने की कोशिश करना, आप के सोये हुए कोशिकाओं को उत्तेजित करता है । अतः नई चीजें सीखने की कोशिश करिए ।

यह चुनौतीपूर्ण है: मस्तिष्क के व्यायाम, आपका पूरा ध्यान मंगाते हैं । जैसे कि संगीत के नए नाद सीखना और सुडोकु जैसे नए नए कठिन सवाल हल करना । जब आप को पुराने प्रश्न सरल लगने लगें, नए और कठिनतर प्रश्नों को हल करने की चेष्टा करिए।

यह कुशलता और बढाने के लिए है: जब आप कोई पहमे की चीज़ को सीख कर सरल समझने लगते हैं, आप को नए स्तर पर सीखने की ज़रूरत पड़ने लगती है । सरलता से शुरुआत करके धीरे धीरे और कठिन सीखना, आप के मस्तिष्क की क्षमता बढाता है ।

यह पुरस्कृत करता है: आप किसी नई चीज़ को सीखते समय जितना मन और ध्यान लगाते हैं, आप उतना ही पारंगत होते हैं । आप को नया कुछ और सीखने की इच्छा

होती है । अतः कुछ ऐसी करना सीखिए जो आप के लिए दिलचस्प भी हों और कठिन भी ।

अगर आप गिटार सीखते हैं, तो उसको थोड़ा विराम देकर नई चीजें जैसे, मिट्टी के बर्तन बनाना, कोई पहेली, जादू, फ्रेंच सीखना, डांस करना, गोल्फ खेलना, शतरंज खेलना आदि करिए । हर नई चीज सीखना, आप के दिमाग को प्रखर बनाने में सहायक होती है, बशर्ते आप उसमे दिलचस्पी लें और ध्यान दें ।

दिमागी कसरत के प्रोग्राम (Brain training programme)

इन्टरनेट पर ऑनलाइन तथा ऐप्स में असंख्य ऐसे प्रोग्राम हैं जो दावा करते हैं कि वे दिमागी कसरत के प्रोग्राम हैं लेकिन ऐसा नहीं है । इन प्रोग्राम के जरिए, मस्तिष्क कुछ समय के लिए उत्तेजित अवश्य होता है लेकिन उसमे विकास नहीं आता । नए कोशिका तन्त्र पथ , उत्तेजित होकर सक्रिय नहीं होते और प्रज्ञा, समृति तथा संज्ञान क्षमता नहीं बढ़ती ।

२) शारीरिक व्यायाम मत छोड़िए

मानसिक व्यायाम, मस्तिष्क के ज़रूरी है लेकिन इसका मतलब यह नहीं कि आप शारीरिक व्यायाम के प्रति लापरवाह हो जाएँ । शारीरिक व्यायाम, आपके मस्तिष्क को तेज़ रखता है । यह आप के मस्तिष्क में नियमित रूप से ऑक्सीजन का प्रवाह करता है जिससे डायबिटीज तथा हृदय रोग होने की संभावनाएं कम हो जाती हैं । मस्तिष्क में ऑक्सीजन प्रवाह, स्मरण शक्ति को कम होने से बचाता है । शारीरिक व्यायाम से मस्तिष्क के भीतर रासायनिक प्रवाह भी होता है जिससे मस्तिष्क स्वस्थ रहता है और तनाव में कमी आती है । शायद, यह सबसे महत्वपूर्ण बात है कि शारीरिक व्यायाम से, मस्तिष्क में "न्यूरोप्लास्टिसिटी" की क्रियाएं सजग रहती हैं और कोशिका तंत्रों के नए पथ बनने में सहायता मिलती है ।

मस्तिष्क प्रोत्साहित करने के शारीरिक व्यायाम

एरोबिक व्यायाम, मस्तिष्क के लिए बेहतर होते हैं । अतः ऐसे व्यायाम चुने, जिनमे दिल को पंप करना पड़े । इससे ऑक्सीजन की मात्रा अधिक मिलेगी जो दिल और दिमाग दोनों के लिए फायदेमंद होगी । साधारणता, हर वह चीज़, जो दिल के लिए अच्छी होती है, दिमाग के लिए भी अच्छी होती है ।

क्या सुबह सोकर उठने पर आप को बहुत आलस्य लगता है ? अगर ऐसा है तो दिन के काम शुरू करने से पहले, शारीरिक व्यायाम करिए । इससे बहुत फर्क पड़ेगा । यह

सिर्फ आप के आलस्य का मकड़जाल ही नहीं साफ़ करता, दिन भर के लिए और भी नई ऊर्जा देता है।

वे शारीरिक व्यायाम क्रियाएं, जिनमे हाथ और आँखों का का संतुलन होता है, या जिसमे शरीर के संतुलन की बातें होती हैं, आप के मस्तिष्क के लिए बहुत प्रभावी हैं।

व्यायाम में ढीला ढाली, आप को पुनः आलसी बना सकती है। वहीं पर थोड़ी सी एक्सरसाइज या वाकिंग (टहलना), आप को शारीरिक और मानसिक तौर पर चुस्त कर सकती है।

3) नींद का स्वाद लीजिए

आप कितनी नींद लेते हैं और आप को कितनी ज़रूरत है, इसके बीच बड़ा अंतर है। यह सच है कि ९५% लोगों में, एक व्यस्क को साढ़े सात घंटे से लेकर नौ घंटे की नींद, हर रात लेनी लेनी चाहिए, ताकि नींद पूरी हो सके। कुछ घंटे कम होने पर भी शरीर में प्रभाव पड़ता है ! विचार, चिंतन, समस्यों के हल निकालना, रचनात्मक कार्य शैली और यहाँ तक कि विश्लेषक चिंतन (analytical thinking) आदि प्रभावित होते हैं।

अध्ययन से पता चला है कि सीखने और स्मरण करने की क्रिया में नींद का बहुत प्रभाव रहता है। शोध से मालूम हुआ है कि नींद की अवस्था में हमारे मस्तिष्क के भीतर, स्मरण शक्ति बढ़ाने की क्रियाएं चलती रहती हैं। स्मृति के घनीकरण (बढाने) में नींद का बड़ा हाथ है, और गहरी नींद के समय यह क्रिया सबसे तेज़ होती है।

सोने से पहले, डिजिटल या इलेक्ट्रॉनिक संबंधी सभी चीजों को बंद कर दें। टीवी की नीली रोशनी, टेबलेट, मोबाइल, कंप्यूटर आदि सारे उपकरण, नींद की क्रिया को कमज़ोर बनाते हैं। आप के शरीर में नींद लाने का हारमोन 'मेलाटोनिन' को दबाते हैं, जिससे आप की नींद या तो कम हो जाती है, या उड़ जाती है या कमज़ोर हो जाती है।

'कैफ़ीन' की मात्र में कमी कीजिए। हर तरह के लोगों में कैफीन अलग अलग तरह प्रभाव डालती है। कुछ लोग तो कैफीन से इतना प्रभावित होते हैं कि अगर सुबह एक कप कॉफ़ी लेते हैं तो रात को भी नहीं कम हो जाती है। इसे कम करने की कोशिश कीजिए और अगर आप समझते हैं कि यह आप की नींद में खलल डाल रही है तो इसे बिल्कुल बंद कर दीजिए।

4) दोस्तों को समय दीजिए:

जब आप अपनी स्मरण शक्ति बढाने की सोचते हैं तो क्या आप सिर्फ कुछ "गंभीर" क्रियाओं के बारे में ही सोचते हैं जैसे कि क्रॉस वर्ड से जूझना, चेस की दाँव पेंच चलना या कुछ हलकी फुल्की बातें भी सोचते हैं – जैसे कि हंसी मज़ाक की फ़िल्में देखना, दोस्तों के हँसी मज़ाक करना – क्या आता है आप के दिमाग में। जी हाँ, हम सबके दिमाग में जब कभी मस्तिष्क की बात आती है, हम हमेशा दिमागी कार्यों को ही सोचते हैं, लेकिन ऐसा नहीं है। बहुत से अध्ययन से पता चला है कि दोस्ती और दोस्तों के साथ अड्डा बाज़ी, मस्तिष्क के संज्ञानात्मक विधा को बढाने में बड़ी सहायक होती है।

अच्छे सम्बन्ध – मस्तिष्क विकास में सहायक होते हैं।

मनुष्य एक सामजिक प्राणी है। अकेला रहना, उसके लिए बहुत मुश्किल है, अकेले फलने फूलने की बात तो छोड़ ही दीजिए। एक दूसरे के साथ सम्बन्ध, हमारे, मस्तिष्क को उभारते हैं – या यों कहा जाए कि दूसरों के साथ हुई बात चीत हमारे दिमाग के लिए एक अच्छे व्यायाम का जरिया है।

शोध से पता चला है कि, अच्छी दोस्ती न सिर्फ भावनाओं को संभालती है बल्कि मस्तिष्क की सेहत के लिए भी ज़रूरी है। हारवर्ड स्कूल के पब्लिक हेल्थ डिपार्टमेंट में हुए अध्ययन से पता चला है कि जो लोग सामाजिक क्रिया कलापों से जुड़े रहते हैं, उनकी स्मरण शक्ति बहुत तेज़ होती है और उम्र के हिसाब से, बहुत धीरे धीरे कम होती है।

सामाजिक रह कर मस्तिष्क की कोशिका तंत्र को बहुत समय तक स्वस्थ रखा जा सकता है, तो फिर इसका लाभ उठाइए। स्वयं सेवी संस्थाओं में शामिल होइये, क्लब के सदस्य बनिए, दोस्तों से मिला करिए, उनसे फोन पर बात करिए और अगर लोगों की व्यस्त ज़िंदगी में दोस्त न मिल रहे हों तो घर में पालतू जानवर पालिए – कुत्ते से अच्छा कोई सामाजिक प्राणी नहीं।

५) तनाव मुक्त रहने की कोशिश करिए:

तनाव, मस्तिष्क का सबसे बड़ा शत्रु है। लम्बे समय तरह तनाव रहने से, मस्तिष्क के 'हिप्पोकैम्पस', जो स्मरण शक्ति का क्षेत्र है, की कोशिकाएं (cell), विकसित नहीं होतीं और नष्ट होने लगती हैं जिससे स्मरण शक्ति कम होने लगती है तथा पुरानी बातें याद करना मुश्किल हो जाता है।

तनाव कम करने के लिए

- उचित और वास्तविक आशाएं रखें

- दिन की मेहनत के बीच, थोड़ा थोड़ा आराम करें

- अपनी भावाओं को कहें, उन्हें दबाएँ मत

- भोजन और काम के बीच अच्छा संतुलन रखें

- एक समय में एक ही काम पर ध्यान दें, कई काम एक साथ करने से बचें

ध्यान से तनाव कम करने और स्मरण शक्ति बढ़ने के लाभ

ध्यान से मानसिक शक्ति में विकास होता है, इसके प्रमाण वैज्ञानिक लगातार खोज में पा रहे हैं। इस विषय पर चलाहे अध्ययन बताते हैं कि ध्यान से कई रोगों पर जैसे कि, उच्च रक्त चाप, अवसाद, चिंता, लम्बे समय का दर्द आदि में लाभ मिलता है। ध्यान से एकाग्रता, रचनात्मकता, स्मृति, ज्ञान तथा तार्किक शक्ति में भी लाभ होता है।

६) खुल कर हसिए:

आप ने सुना होगा कि "हंसी सबसे अच्छी दवा है" और यह बात न सिर्फ दिमाग और स्मरण शक्ति के लिए सही है बल्कि शरीर के लिए भी। हँसी, दूसरे भावनाओं की तरह सिर्फ कुछ क्षेत्र में ही असर नहीं करती, बल्कि दिमाग के हर क्षेत्र को संचालित कर देती है।

इसके अलावा, जोक और चुटकुले सुनने सुनाने से, मस्तिष्क के महत्वपूर्ण क्षेत्र कार्यरत हो जाते हैं। मनोवैज्ञानिक, डेनियल गोलमन ने अपनी पुस्तक "इमोशनल इंटेलिजेंस" (भावनात्मक प्रज्ञा) में लिखा है कि, हंसाने से लोगों की सोच विचार में प्रसार होता है और वे बहुत उदारता से लोगों से मिलते हैं।

अपनी ज़िंदगी में, और अधिक हँसी शामिल करना चाहते हैं ? तो इन बातों को ध्यान में रखिए:

अपने ऊपर हसिए - कोई ऐसी शर्मीली स्थिति आ जाए, जिस पर आप को खुद अपने ऊपर संकोच हो, तो अपने ऊपर हसिए। अपनी जिद पर हसिए, अपनी बेवकूफी पर हसिए या जब आपने अपने को बहुत गंभीरता से लिया था और उस गंभीरता की ज़रूरत नहीं थी, उस परिस्थिति पर हसिए।

हँसी की तरफ बढ़िए – किसी जगह हँसी की बात हो रही हो तो उस तरफ बढ़िए। अगर आप ने बात नहीं सुनी है तो दोबारा कहने के लिए बोलिए। लोगों में हँसी बाँटने की प्रवृत्ति होती है।

हँसी मज़ाक करने वाले और खुश मिजाज़ लोगों के साथ समय बिताइए – ऐसे लोग अपने ऊपर भी हंसते हैं और ज़िंदगी की उठा पटक पर भी हंसते हैं । तबियत से मस्त लोग, जीवन के हर मोड पर, हर घटना पर, कुछ न कुछ हास्य खोज ही लेते है । उनका विनोद, लोगों के साथ मिलकर आनंदित करता है ।

अपने आस पास कुछ आनंदित करने वाले सामान रखिए । अपने काम की डेस्क पर कुछ ऐसा खिलौना रखिए जिसे देख कर आप में मुस्कान पैदा हो । अपने कंप्यूटर के स्क्रीन सेवर पर कुछ मनोरंजक फोटो रखिए, जो आप के चेहरे पर खुशी ला सके । अपने लोगों के साथ कुछ ऐसी फोटो फ्रेम करिए रखिए, जो आप को तरोताजा रखें और जिन्हें देख कर आप के पल आनंदित हो सकें ।

खुश और आनंदित रहने की सबसे अच्छी मिसाल बच्चे हैं । वे जीवन को सरलता से लेते हैं और तनाव मुक्त रहते हैं । खुल कर हंसते हैं और गुस्से को लम्बा नहीं रखते । इसीलिए कहते हैं कि बच्चे भगवान का स्वरुप होते हैं – निश्छल, निष्कपट, सच्चे, और आनंदित, मन उनकी तरह रखिए ।

७) मस्तिष्क को ऊर्जा देने वाले पदार्थ खाइए:

शरीर को काम करने के लिए जैसे ऊर्जा या ईंधन की ज़रूरत होती है, मस्तिष्क को भी होती है । आप को शायद मालूम होगा कि, फल, सब्जियां, "पूरा अन्न (whole grain)", लीन प्रोटीन, स्वास्थ्यकारक वसा (healthy fats) जैसे कि सूखे मेवे, ओलिव तेल आदि शरीर के लिए सेहतमंद हैं, ये सब मस्तिष्क के लिए भी उपकारी हैं। दिमाग की सेहत के लिए सिर्फ यही काफी नहीं है कि आप क्या खाते हैं, यह जानना भी ज़रूरी है कि आप क्या नहीं खाते । नीचे दी गयी, खाने की कुछ सलाह, मस्तिष्क की शक्ति को बढाती है और बुढापे में भूल जाने वाली बीमारी से बचने के लिए बहुत फायदेमंद है:

ओमेगा ३ एस लीजिए – खोज के मुताबिक यह सिद्ध हुआ है कि मस्तिष्क की शक्ति के लिए "ओमेगा फैटी एसिड" बहुत उपकारी है । ओमेगा ३एस इन चीजों में बहुतायत से पाया जाता है – अखरोट, समुद्री सिवार (seaweed), अलसी (flaxseed), अलसी का तेल, कद्दू (कुम्हड़ा), राजमा (kidney and pinto beans), पालक, ब्रोक्कोली, कद्दू के बीज तथा सोयाबीन ।

कैलोरी और सैचुरेटेड वसा पर नियंत्रण रखिए – खोजों से पाता चला है कि सैचुरेटेड फैट से बुढापे में भूल जाने वाली बीमारियाँ बढ़ने की संभावना अधिक रहती है । सैचुरेटेड फैट के मुख्य स्रोत ये हैं – रेड मीट, क्रीम वाला दूध, क्रीम, मक्खन, चीज़, आइस क्रीम आदि ।

फल और सब्जियां अधिक खाइए – इन दोनों में एंटीऑक्सीडेंट भरा पडा है । एंटीऑक्सीडेंट मस्तिष्क के क्षय को बचाता है । रंगीन फल और सब्जियां मस्तिष्क या दिमाग के लिए बहुत अच्छे खाद्य पदार्थ हैं ।

ग्रीन टी (चाय) लीजिए: दिमाग में 'फ्री रेडिकल्स' दिमाग को हानि पहुंचा सकते हैं । ग्रीन टी में 'पालीफेनोल्स' नामक शक्तिशाली एंटीऑक्सीडेंट होता है जो इन रेडिकल्स से मस्तिष्क के नुक्सान को बचाता है । ग्रीन टी को नियमित पीने से मस्तिष्क सजग रहता है, स्मरण शक्ति बढ़ती है और दिमाग का बुढ़ापा देरी से आता है ।

रोग पहचानिए और उपचार करवाइए:

अगर आप को लगता है कि आप की याददाश्त गें कमी आ रही है, तो आप को शारीरिक समस्या है या कोई रोग आप को सता रहा है । बेहतर होगा की अपनी जांच करवाएं और उपचार भी । यह भी हो सकता है कि आप की जीवन शैली बदल गयी है और वह आप के स्मरण शक्ति को प्रभावित कर रही है ।

यह ज़रूरी नहीं है कि भूलने का कारण सिर्फ मनोभ्रंश (dementia) ही होती है । बहुत से ऐसे रोग है, मानसिक विकार हैं या दवाओं के प्रभाव हैं जो स्मृति पर असर डालते हैं ।

हृदय रोग और इसके दुष्परिणाम: हृद्वाहिनी (कार्डियोवैस्कुलर) रोग और इसके खतरे, जिनमे हाई कोलेस्ट्रोल, उच्च रक्त चाप भी शामिल हैं, संज्ञान शक्ति को प्रभावित करते हैं ।

डायबिटीज: शोध कहते हैं कि स्मरण शक्ति पर डायबिटीज के लोगों का असर, बिना इस रोग वाले लोगों से अधिक होता है ।

हार्मोन असंतुलन: महिलायें, जब रजोनिवृत्ति (menopause) के समय पर होती हैं, यह देखा गया कि उनके 'एस्ट्रोजन' में कमी आने लगती है और स्मरण शक्ति पर असर पड़ता है । पुरुषों में भी 'टेस्टोस्टेरोन' की कमी, यही समस्या कर सकती है । थाइरोइड असंतुलन भी भुलावापन ला सकता है, सोचने में देरी करवा सकता है या सोचने में व्यवधान डाल सकता है ।

दवाइयों का असर: बहुत सारी प्रेसक्राइब्ड दवाईयां, और बिना डॉक्टर की सलाह से लेने वाली दवाइयां भी स्मृति और स्पष्ट तरह से निर्णय लेने में अवरोध उत्पन्न करती हैं । सर्दी जुकाम की साधारण दवाइयां, स्लीपिंग पिल्स, अवसाद कि दवाइयां आदि, नींद, स्मरण शक्ति पर प्रभाव डालती हैं । बीमार होने से बचें और यदि किसी वजह से

दवा खानी ही पड़ रही है तो बिना डॉक्टर की सलाह के दवा न लें। दवाइयों के साइड इफ़ेक्ट के बारे में, दवा लेने से पहले जान लें।

अवसाद (डिप्रेशन) तो नहीं है ?

भावनाओं की पीड़ा मस्तिष्क पर उतना ही असर करती हैं जितना कोई चोट शरीर पर। सोचने में धीमा पन, याददाश्त की कमजोरी और एकाग्रता में कमी, अवसाद के दुष्प्रभाव से हो सकते हैं। उमरदार लोगों में अवसाद कभी कभी स्मृति पर इतना प्रभाव डालता है कि लोग उसे मनोभ्रंश (dementia) की बीमारी समझने लगते हैं। अच्छी बात इसमें यह है कि जब अवसाद का उपचार होता है तब मनोभ्रंश की बीमारी भी ठीक होने लगती है।

९) सीखने और याददाश्त बढ़ाने के लिए प्रायोगिक कदम उठाइए

ध्यान दीजिए – आप कोई चीज़ तब तक याद नहीं कर सकते, जब तक आप ने उस चीज़ के बारे में जाना न हो, और उस चीज़ के बारे में तब तक जान नही सकते, जब तक आप ने उसे दिमाग में रख न लिया हो। किसी बात को दिमाग में रखने के लिए कम से कम आठ सेकंड चाहिए। अगर आप इन आठ सेकंड में अपना ध्यान नहीं एकाग्र कर पाते तो भूलने की संभावना है। अतः किसी चीज़ को याद कर के रखना है तो ऐसी शांत जगह में बैठिए, जहां आप का ध्यान न बंटे।

जितने संवेदक (senses) हो सकें, सबकी सहायता लीजिए। यानि अगर किसी चीज़ को याद रखना है तो उससे सम्बंधित रंग, ढांचा, गंध और स्वाद आदि का भी ध्यान रखने से अच्छा रहता है। अगर सुनी हुई बात को आप लिखते भी हैं तो याद करने में और सहायता मिलती है। बात आप के दिमाग में जड़ जाती है। अगर आप सिर्फ देख ही रहे हैं तो, मुँह से बोलने की कोशिश करिए, इससे भी याद करने में सहायता होती है। किसी बात को बार बार बोल कर दुहराने से उसे याद करने में बहुत सहायता मिलती है।

नई जानकारी को किसी ऐसी जानकारी से जोड़िये, जिसे आप पहले से जानते हों। यह चाहे नई जानकारी हो, जिसे आप किसी पुरानी जानकारी से जोड़ कर याद करते हैं या फिर किसी के घर का ऐसा पता हो, जिस पते के आस पास का पता आप को पहले से ही मालूम है।

अगर कोई जटिल विवरण याद करना हो तो उसके मूल तथ्यों को याद करने की कोशिश कीजिए। अलग अलग करके याद करने में दिक्कत हो सकती है। मूल को याद करके, अलग अलग तथ्यों को जोड़ सकते हैं और अपने शब्दों में याद कर सकते हैं।

जो कुछ आप ने सीखा है उसका रिहर्सल करिए। कुछ समय का अंतर देकर उसे फिर याद करिए। इस तरह समय के अंतराल पर रिहर्सल, उस सीख को पूरी तरह दिमाग में बिठा देता है और वह बात आप को याद हो जाती है।

नेमोनिक (mnemonic) यंत्रों का इस्तेमाल कीजिए। नेमोनिक यन्त्र (याददाश्त बढाने वाले यंत्र) आप को चित्र, शब्द या वाक्य द्वारा, उस विषय के बारे में इशारा करते हैं। इसके आप के दिमाग में उस विषय के नजदीक पहुँचने में सहायता मिलती है।

नेमोनिक (mnemonic)- यंत्रों के प्रकार

दिखने वाले बिम्ब (विजुअल इमेज): किसी शब्द या नाम आदि के चित्र से याद करने वाले विषय के बारे में याद दिलाया जाता है। सकारात्मक, अच्छी और श्री डायमेंशन इमेज, याद करने में बेहतर होती हैं। उदाहरण के लिए, यदि रोज़ा पार्क का नाम याद करना है तो एक महिला को किसी पार्क के आस पास रोज़ के फूलों के बीच में बस का इंतेज़ार करते दिखाने से याद करने में आसानी होगी।

अक्रोस्टिक (acrostic) या किसी वाक्य के जरिए: एक ऐसा वाक्य बनाइए जिसमे जो कुछ याद करना है उन शब्दों का प्रथम अक्षर हो जैसे कि "कोई रोडपर नाहो" को आप लिख सकते हैं "कोरोना" जो को रो और ना लेकर बना है।

एक्रोनिम (acronym): इसमें आप कई शब्द याद करने के लिए उनके प्रथम अक्षर को ले लेते हैं और इसे छोटे में बना लेते हैं। जैसे कि ग्रीन, येलो, ब्लू, येलो, ग्रीन को इसी क्रम में याद करना हो तो हम "गियेबियेगी" से याद कर सकते हैं जिसका पहला अक्षर उसी क्रग गें है जिरागे हग चाहते हैं।

कविता या तुकबंदी करके: कविता या पंक्ति के अंत में तुकबंदी लाकर या जोक के रूप में भी हम किसी चीज़ को सरल बना कर याद कर सकते हैं। जैसे छोटे बच्चों को गिनती सिखाने की शुरुआत करनी हो तो आप सिखा सकते हैं – एक था राजा का बेटा, दो दिन से वह पलंग पे लेटा। तीन डॉक्टर देखने आए, चार दवा की पुडिया लाये। पांच बार वे गरम कराये, छः छः घंटे बाद पिलाए ..आदि।

खण्डों में: किसी लम्बी चीज़ को याद करने के लिए, उसे टुकड़ों में तोड़ कर थोड़ा थोड़ा करके याद किया जा सकता है। जैसे 10 नम्बरों का कोई फ़ोन नंबर याद करना

हो, ५५५८६७५३०९ तो इसे तीन खण्डों में तोड़ कर याद करिए, यथा, ५५५-८६७-५३०९।

पथ बना कर: चीजों को रास्ते के बिंदु बना कर याद कीजिए। जिस रास्ते को आप जानते हैं उसके एक एक बिंदु पर एक एक चीज़ का नाम याद करिए जैसे कि बाज़ार से अगर आप को केला, दूध, अंडा, ब्रेड लाना है तो, दरवाज़े के नाम से केला, सोफा के नाम से दूध, ब्रेड के नाम से अंडा और बिस्तर के नाम से ब्रेड याद करिए।

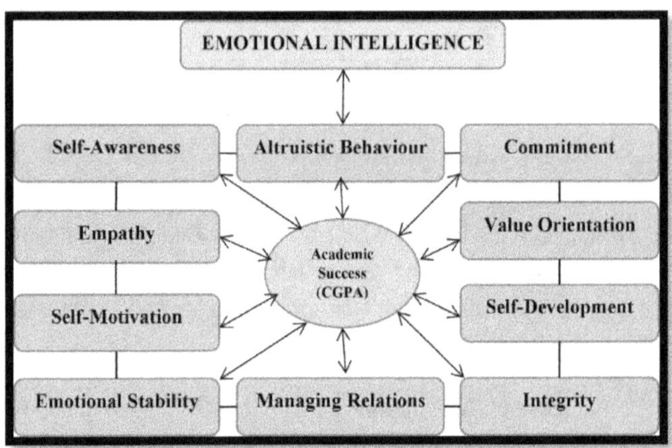

स्मरण शक्ति, आप के मस्तिष्क के अध्यापक मंडली की तरह है, जो आप की जानकारी को लेती है, मस्तिष्क में रखती है और मांगने पर मस्तिष्क से निकाल कर देती है। यह भविष्य में ज़रूरत पड़ने तक जानकारी अपने पास रखती है। अगर पुरानी जानकारी मस्तिष्क से उभर कर नहीं आ पा रही है तब, भाषा, सम्बन्ध और अपनी पहचान को विकसित करना मुश्किल हो जाता है। स्मृति की कमी या इसके खो जाने को भूलने की बीमारी या मनोभ्रंश (Dementia) कहते हैं।

अहंकार (दम्भ) का परिचय

अहंकार के बारे में जानने से, मनुष्य अपने बारे में बहुत कुछ जान सकता है और दूसरों को भी समझने में मदद मिलती है।

हमारा अहंकार, स्वयं के बारे में जानने का आभास है और हमे लोग किस नजर से देखते हैं उसका नज़रिया भी बताता है। हमारा अहंकार, हमारी कार्यलेखिका तैयार करता है। अपने अहम् को बढाने में हम जो कुछ भी कार्य करते हैं, उसका हमारे जीवन में बहुत प्रभाव पड़ता है – हमारे विचार, हमारी कार्यशैली और हम अपनी आलोचना या अपमान या असफलता पर कैसी प्रतिक्रिया देते हैं, यह सब हमारे अहम् के ऊपर निर्धारित होता है। अहंकार का मतलब है दूसरों के मुकाबले अपनी भावना को समझना। यह भावना श्रेष्ठ भी हो सकती है और हीन भी। दूसरों के मुकाबले, हम अपनी साधारण स्थिति के श्रेष्ठ समझते हैं या निम्न समझते हैं। जब आप दूसरे को बेहतर समझते हैं तब आप में स्वयं के लिए हीन भावना आ जाती है जिसे अंग्रेज़ी में "इन्फीरियरिटी काम्प्लेक्स" कहते हैं।

दूसरी धारणाओं की तरह अहंकार की धारणा को भी तोड़-मरोड़ कर समझा जाता है। जब कभी हम यह कहते हैं कि वह एक अहंकारी व्यक्ति है, तब उस व्यक्ति की कुछ विशेषताओं के बारे में ज़िक्र करते है या उसके व्यवहार से अहंकार की बू का अहसास करते हैं। ये विशेषताएं गुण भी हो सकते हैं, अवगुण भी। व्यक्ति विशेष के व्यक्तित्व का हिस्सा बन कर उसके व्यवहार में जो प्रकट होता है वह शालीनता या अहंकार या अभिमान या स्वाभिमान कहलाता है। अहंकार, स्वयं के अहम का भाव भी हो सकता है। हम जब अपने व्यक्तित्व में कुछ गुणों को विकसित करते हैं था यों कहें कि अपने लिए कुछ निवेश कर के सफलताएं पा लेते हैं तब ये परिचित/अपरिचित गुण हममे समा जाते हैं और अहंकार बन कर उभरते हैं। लेकिन अहंकार ही दंभ है, ऐसा नही है। अहंकार, "अहम्" शब्द से बना है जिसका मतलब "मै और मेरा अस्तित्व" होता है।

आप के अंदर विकसित हुए विशेषताओं या गुणों की शुरुआत, आप के कार्यशैली के निवेश का परिणाम है। अधिक पैसा कमाना, आप की मेहनत और सफलता के निवेश से; अधिक शालीन होना, आप की भावनाओं के निवेश से; अधिक बलिष्ठ होना, आप की शारीरिक व्यायाम के निवेश से तथा बलिष्ठ होकर दुर्बलों की रक्षा

करना आपकी प्रकृति के निवेश के कारण होता है । अपने शरीर के बल का आप दुरुपयोग भी तो कर सकते हैं । वहां पर आप की भावना नहीं दुर्भावना का निवेश है, हालांकि यह भी अहंकार है । अहंकार की परिभाषाएं, इस तरह नकारात्मक और सकारात्मक दोनों हो सकती हैं लेकिन ये 'अहंकार' के 'अहम्' को बयान नहीं करती।

आप का अहंकार, आप की धरोहर है और इसका निवेश करने से आप इसे और बढ़ा सकते हैं । लेकिन देखना यह है कि किस तरह आप इसका निवेश करें ताकि आप अपनी भावनाओं को काबू कर सकें । अपने अहम को ठीक तरह से समझने और निवेश करने से आप न सिर्फ स्वयं को समझ सकते हैं, दूसरों के मन के भीतर भी झाँक सकते हैं । यह भी देख सकते हैं कि दूसरे अपने अहंकार को किस तरह निवेश करके अपनी भावनाओं पर कितना नियंत्रण रखे हुए हैं ।

"याद रखिए कि जब आप सफलता की सीढियों पर हों – तब नम्र और शालीन रहिए और जब विफल हो रहे हों – तब आप का 'अहम्' कहे कि मुझे कोई नष्ट नही कर सकता ।"

अहम्

ये तीन छोटे अक्षर तीन बातें कहते हैं –
जिन्हें कहने से हमारा अहम् सकारात्मक हो सकता है
और न कहने से नकारात्मक -
आप को प्यार करता हूँ
आप की बहुत ज़रूरत है
आप मेरी गलती माफ़ करें

अहंकार के प्रकार:-

1) शुद्ध अहंकार:

यह वह स्थिति है जो साधु संतों में पायी जाती है । साधुओं की वह स्थिति, जिसमे न तो वे परमेश्वर के साथ पूरा जुड़ पाते हैं और न ही संसार छोड़ पाते हैं । इसमें अहंकार की थोड़ी बहुत भावना रहती है क्योंकि साधु अपने मानविक जीवन की सारी मोहमाया छोड़ नहीं पाते ।

शुद्ध अहंकार को इन गुणों के साथ समझा जा सकता है –

- स्वयं को ब्रह्म से अलग समझना और ‘मै’ तथा’ ब्रह्म अलग हैं (द्वैत), यह समझ कर अपने जीवन का व्यापन करना । (अहम ब्रह्मोस्मि का भाव नहीं आना)

- स्वयं को अभी भी साधारण मनुष्य की तरह महसूस करना

- सभी के लिए स्वयं और स्वयं के लिए सब का भाव रखना । “मैं हूँ सबका, सब है मेरा” भाव रखना

2) अशुद्ध अहंकार:

ऐसा अहंकार प्रायः हम सभी में पाया जाता है । हममे से अधिकतर व्यक्ति अपने शरीर का अहसास करते हैं, साधारण जीवन जीते और परमेश्वर से इतना अलग रहते हैं कि खुद के शरीर के अस्तित्व का महत्व देते हैं । हममे अनुभूति है, हममे जज़्बात हैं, भावनाएं हैं, प्रज्ञा है और हम इन पर गर्व भी महसूस करते हैं । हमारे शरीर के स्वभावगत प्रकृति में ये विशेषताएं होती हैं और संचारित रहती हैं; जो हमारी भावनाएं, पसंद, नापसंद, इच्छाएं अनिच्छायें आदि बन कर प्रकट होती हैं ।

हमारी सोच, हमारे विचार और हमारी भावनाओं से समाहित होकर, हमारे अंदर का अहंकार ‘सात्विक’ ‘राजसिक’ या ‘तामसिक’ हो सकता है । सात्विक में सत गुण, राजसिक में राज गुण और तामसिक में तामस गुण का बोलबाला रहता है ।

1. तामसिक अहंकार: इस अहंकार में तामसिक संवेदनाओं की अधिकता रहती है। राजसिक और सात्विक संवेदनाएं कम रहती हैं । उदाहरण के लिए – सिर्फ अपनी ही क्षमताओं में विश्वास करना ।

2. राजसिक अहंकार: इस अहंकार में राजसिक संवेदनाओं की अधिकता रहती है और सात्विक तथा तामसिक संवेदनाएं कम होती हैं । उदाहरण के लिए – हमेशा सुख और संपत्ति के लिए चाह ।

3. सात्विक अहंकार: इस अहंकार में सात्विक संवेदनाएं अधिक रहती हैं और राजसिक तथा तामसिक संवेदंयीं कम होती हैं । उदाहरण के लिए – त्याग और बलिदान की भावना ।

नौ चिन्ह – कि आप का अहंकार आप पर भारी है –

सिग्मुंड फ्रायड को मनोविश्लेषण का जनक माना जाता है । उन्होंने मनुष्य के अहंकार पर कई सिद्धांतों का अध्ययन करके व्याख्याएं दिया है और कुछ मूल तथ्यों को इस तरह प्रतिपादित किया है –

- मनोवैज्ञानिक समस्याओं की जड़ें, अवचेतन मन में रहती हैं ।

- अवचेतन मन में छिपे हुए विचारों के कारण ही, मनोवैज्ञानिक लक्षण परिलच्छित (दिखते) होते हैं ।

- मनोवैज्ञानिक समस्याओं की अधिकतर दशाएं (case), बचपन से विकास के समय से जुड़े होते हैं या किसी दबे हुए सदमे (मानसिक आघात) के कारण होते हैं ।

- इसका इलाज़, अवचेतन मन के अंदर की समस्या को हल करना, उसे चेतन मन में उभारना और उससे लड़ कर जीतने से होता है । साधारण भाषा में समझा

जाए तो अहंकार की वृत्तियाँ, मन के भीतर की इच्छाओं और आवेगों को समाज के सामने प्रकट करती हैं।

समाज के नियमों के अनुसार इसे या तो सकारात्मक स्वीकृत मिलती है या नकारात्मक। इसी स्वीकृति के अनुसार, अहंकार को अच्छा या खराब समझा जाता है। जब किसी व्यक्ति की इच्छाएं, मांग या भूख, समाज की मानक सीमा से अधिक हो जाती है, तब उसे अहंकारी माना जाता है। उदाहरण के लिए अगर किसी व्यक्ति का बचपन बहुत गरीबी में पला है और वह पैसे पैसे को मोहताज रहा है, तब उसमे पैसा कमाने की भूख बड़े होने पर जागृत हो जाएगी, क्योंकि पैसे की तंगहाली उसके अवचेतन मन में समायी हुई है। यह भूख इतनी बढ़ सकती है कि वह अपने परिवार और अपनों के संबंधों को भी दाँव पर लगा सकता है। वह अपने ऐसे सारे शौक पूरा करना चाहेगा जो उसने बचपन में नहीं किया। उसके ये शौक और उसका यह व्यवहार उसे समाज में पैसे का अहंकारी बनाता है।

> *"हमें अहंकार की इस धमाचौकड़ी से उठ कर बिना किसी तर्क वितर्क के, अपने ही भीतर, एक शांत और स्निग्ध स्थान में जाना चाहिए, आत्मा को पहचानना चाहिए"*
>
> *— दीपक चोपड़ा*

नौ चिन्ह:

1) बहुत अधिक भी पर्याप्त नही

लालच किसी परिवार को क्या, एक समाज को भी नीचा दिखा सकती है। सफलता की इच्छा रखना एक साधारण विचार है। उसके साथ साथ सुरक्षित रहना और अच्छी चीजों की चाहत रखना भी साधारण सोच है तथा इसके लिए कोशिश भी करनी चाहिए। लेकिन, अतिलोभी, अतृप्त रहने वाली सोच - कि सब कुछ मेरे पास हो कार, घर, अधिकार, पैसा और से और; लालच की तरफ व्यवहार दिखाता है। अतिआत्मवादी, आत्मकामिका या अहंकार की पुस्तक में यह पहला व्यव्हार कहलाता है।

2) दूसरों की सफलता पसंद न करना

क्या आप बता सकते हैं कि जब आप का दोस्त, परीक्षा में आप से अधिक नंबर लाया था तब आप के मन की प्रतिक्रिया कैसी थी? क्या आप उसकी उपलब्धि पर खुश थे ?

अक्सर लोग दूसरों की सफलता पर मन ही मन असंतुष्ट होते हैं और यह असंतोष तब बढ़ जाता है जब वे यह सोचते हैं कि यह सफलता तो उनके हक में होनी चाहिए ।

संधान लें: जो सफल हुए हैं उन्हें बधाई दीजिए, इससे आप का मन हल्का होगा और हो सकता है कि आप प्रोत्साहित होकर उसी तरह की सफलता के लिए जुट जाएँ ।

3) सबका ध्यान आप पर केन्द्रित हो –

यह एक मजेदार बात है कि कुछ लोग किसी भी पार्टी में, किसी भी मीटिंग में, किसी भी समारोह या अन्य जगह, लोगों का ध्यान सिर्फ अपनी तरफ चाहते हैं । वे चाहते हैं कि सब लोग उनकी सुने, उनसे पूछें उनसे बात करें और उन्हीं को महत्त्व दें । अगर ऐसा है तो समझ लीजिए कि आप के मन का अहंकार, आप की जासूसी कर रहा है और किसी पीड़ा को उभार रहा है ।

संधान लें: याद रखिए, दूसरों का ध्यान खींचने में आप, जाने अनजाने तनाव में हो जाते हैं । एक मानसिक दबाव रहता है कि सबकी नज़र आप पर है या नहीं । इसके अलावा, हो सकता है कि लोग यह बात पसंद न करें कि आप दूसरों को मिलने जुलने का मौक़ा ही नहीं दे रहे हैं । यह आप के लिए अप्रियकर भी हो सकता है, रूखा हो सकता है और आप की शाख को गिरा सकता है । आप को पसंद हो या न हो, दूसरों को भी ऐसे अवसरों पर सुनने सुनाने का मौक़ा दीजिए ।

4) हमेशा अपने से तुलना करना:

चाहे आप इसे चाहें या न चाहे, लेकिन यह सत्य है कि आप जिस रूप रंग , कद, काठी, व्यक्तित्व, बुद्धि, कुशलता आदि को लेकर जन्मे हैं, कोई न कोई आप से इन गुणों में बेहतर हो ही सकता है जो आप से अधिक बुद्धिमान, आकर्षक, स्मार्ट और सफल है ।

किसी के साथ तुलना कर के कुछ अधिक हासिल नहीं होता. यह ईर्ष्या का भाव है । अगर आप से वह श्रेष्ठ है तो आप के मन में हीन भावना पैदा होती है और आप की पायी सफलताओं में रोड़ा अटकाती है । इस तरह की तुलना करना, अपना समय और ऊर्जा को नष्ट करना है । आप को अपना ध्येय याद करके उसी के लिए मेहनत करना चाहिए ।

संधान लें: दूसरों के साथ तुलना न करके, अपनी कोशिश, ध्येय और एकाग्रता पर ध्यान दें। दुनिया का हर व्यक्ति, अनूठा है और उसकी कार्यविधि भी उसी के प्रज्ञा की देन है। अपनी बुद्धि, विचार और प्रयास पर विश्वास रखें और आगे बढ़ें। आप का अनूठापन, किसी सर्टिफिकेट का मोहताज नहीं। आप सबसे अलग हैं और अनुपम हैं।

5) आदर और पहचान की भूख:

प्रशंसा की आशा करना, आम बात है। हम सब चाहते हैं कि हमारे योगदान को मान्यता दी जाए और सराहा जाये। लेकिन यह प्रशंसा और मान्यता जब लगातार चाहत बन जाती है, तब भूख बन जाती है और तब यह ऊपर के दर्जे में पहुँच जाती है जिसे हम अहंकार की श्रेणी में गिनने लगते हैं। तब यह लगने लगता है कि बाक़ी सब को नगण्य समझ कर मेरी ही प्रशंसा की जाये और मेरे तारीफ़ में कसीदे पढ़े जाएँ।

अगर याद करिए तो याद आएगा कि आप के ऑफिस में या कक्षा में कोई न कोई ऐसा बॉस, साथ में काम करने वाला या विद्यार्थी है अथवा था, जो हमेशा हर अपने काम के लिए अपनी तारीफ चाहता था और हमेशा लोगों के बीच अपने को मशहूर प्रदर्शित करना चाहता था।

संधान लें: याद रखिए, हमें सबसे अधिक अपने को आदर देना चाहिए और स्वाभिमान की चाहत होनी चाहिए। आप ने अच्छा काम किया और उसके लिए कोशिश की, यही काफी है। लोग आप के काम, सहयोग और प्रयास को पहचानेंगे और सामने न सही, लेकिन मन ही मन आप की प्रशंसा ज़रूर करेंगे।

6) हमेशा रक्षात्मक होना:

अहंकार की भावना आप को किसी अप्रिय या अरुचिकर स्थिति में बचाने की चेष्टा करती है। जिनका अहंकार अधिक होता है वे किसी बात पर असहमत होने पर, बहस या चर्चा में उतर आते हैं। उनके विचारों के विपरीत कोई विचार हो तो वे 'आक्रामक' हो जाते हैं।

इस तरह हमेशा अपने ही विचारों की रक्षा करना, दूसरे को लगातार असहमत बनाता है और संबंधों, करियर तथा अपने विकास में नुक्सान पहुंचाता है। यह भावना, व्यक्तित्व के दुर्गुण में गिनी जाती है।

संधान लें: दूसरों की बात को ध्यान से सुनें और अगर उसमे तत्व है तो समझें और अपनी आलोचना को स्वीकारें। जो लोग तर्क दे रहे हैं, वे आप के अपमान की बात सोच कर नहीं दे रहे, अतः यदि आप सही हैं तो दूसरों को समर्थ तर्क देकर सहमत करें। किसी तर्क को व्यक्तिगत रूप में मत लें।

7)   शायद कभी ही दूसरों की सहायता करना:

अहंकारी व्यक्ति, एकत्ववादी (व्यक्तिपरक, Individualistic) होते हैं । कोई भी घटना, बात यदि उनसे सम्बंधित नहीं है तो वे उसमे सहायक नहीं होते । यह बात अकसर हम उन सोसाइटी में देखते हैं जहां, लोग अपने को एक स्तर और स्टैण्डर्ड का मान कर दूसरों से अलग रहते हैं । दूसरों को हीन भावना से देखते हैं । इसका परिणाम यह हो रहा है कि सोसाइटी, कॉलोनी, समाज और समूह अलग होते जा रहे हैं । लोग एक दूसरे के सहायक भी नहीं बन रहे हैं । सम्बन्ध टूट रहे हैं, विलगाव बाद रहा है और मानवता विखंडित हो रही है तथा लोगों का ध्यान भौतिकता की ओर अधिक जा रहा है ।

जो कमज़ोर वर्ग हैं, जिनके पास खाने पीने को नहीं है, जो याचक हैं, उनकी सहायता करनी चाहिए । अगर आप सक्षम हैं तो स्वयं सेवी बन कर सहायता करें । पुण्य करने से पुण्य मिलता है । दुआओं में अभिशाप से अधिक असर होता है । संपदा और संपत्ति को इसलिए इकट्ठा मत करिए कि आप ऊंचे स्तर के बन जाएंगे । भूख आप को भी लगती है और गरीब को भी ।

संधान लें: सिर्फ अपने लाभ की चिंता न करके, दूसरों की सहायता भी करें ।

8)   असम्भव लक्ष्य निर्धारित करना:

लक्ष्य निर्धारित करना, हमारा अधिकार है और हमारे जीवन के कर्म की रूप रेखा भी। लक्ष्य, हमें दिशानिर्देश देते हैं ताकि हम अपनी क्षमताओं का अधिक से अधिक प्रयोग करके उन्हें पा सकें । यह मानव प्रकृति है कि किसी लक्ष्य को निर्धारित करके उपलब्धियां पायें और अपनी सफलताओं पर खुश हो सके । लेकिन ऐसे लक्ष्य, जो हमारी क्षमता से बहुत ऊपर हों और जिन्हें पाना हमारे लिए असंभव हो, उन्हें निर्धारित नहीं करना चाहिए । कुछ लोग ऐसे लक्ष्य, अपने अहंकार के वश में निर्धारित कर लेते हैं ताकि वे अपनी श्रेष्ठता दूसरों पर दिखा सकें ।

संधान लें: लक्ष्य निर्धारित करना अच्छी बात है लेकिन ये लक्ष्य वास्तविक और पाने योग्य होने चाहियें । कल्पना लोक में बनाए असंभव लक्ष्य, छोटे छोटे, पाने योग्य लक्ष्यों को गिरा देते हैं और आदमी न छोटे उद्देश्यों पर पहुँच पाता है और न ही बड़े।

9)   चालाकी से काम निकालने का कौशल:

अहंकारी व्यक्ति न सिर्फ अपने को चालाक समझते हैं बल्कि दूसरों को अपने से बेवकूफ भी समझते हैं। वे सोचते हैं कि दूसरों से चालाकी द्वारा अपना काम निकाल

लेंगे । अतः अक्सर दूसरों को बरगलाकर अपना उल्लू सीधा करने की कोशिश करते हैं ।

अपने काम को निकलवाने के लिए, वे दूसरों की भावनाओं से भी खेल लेते हैं दूसरों की झूठी तारीफ़ या कुछ प्रशंसा भरे शब्द कह कर अपने साथ सहमत करवा लेते हैं । वे इस तरह करते हैं जैसे किसी कुत्ते के सामने हड्डी फेक रहे हो और वह ललचा रहा है । लेकिन उन्हें समझना चाहिए कि ये बातें दूसरों के दिमाग में बैठी रहती हैं । आप किसी भी व्यक्ति को ज़िंदगी भर बेवकूफ नहीं बना सकते । एक दिन तो भांडा फूटता ही है ।

संधान लें: परिस्थिति कुछ भी हो, दूसरों को बेवकूफ बना कर, अपना उल्लू सीधा न करें इससे आप का विश्वास और आप के प्रति आदर, खो जाता है । आप की भविष्य में असफलताएं बढ़ जाती हैं ।

अपने अहंकार को नियंत्रित मत करिए । इसे अपनी जेब में रखिए और अपने व्यवहार के प्रति, हर परिस्थिति में सजग और सावधान रहिए । यह सजगता आप को व्यवहार कुशल बनाएगी ।

शराब का दुरुपयोग

क्या आप या आप का कोई परिचित, नशे का शिकार है ? आइए, पहचानें कि इससे ग्रसित लोगों के चिन्ह और लक्षण कैसे होते हैं ?

> *"गिरते हुए को छोड़ देना सरल है । शायद यह दुनिया का सबसे सरल काम है । लेकिन जब कोई गिर रहा हो, उसे संभाल लेना ही असली सामर्थ्य है"*
>
> *– क्रिस ब्रैडफोर्ड*

क्या आप को शराब की समस्या है ?

लोगों को यह पता नहीं चल पाता कि समारोहों में या थोड़ी बहुत शराब पीने की आदत, कब शराब की समस्या बन गयी !! कुछ लोगों में, कुछ समुदायों की संस्कृति में, शराब पीने की पृथा एक आम बात है । लेकिन इसका असर हर एक पर बराबर नहीं होता । कभी कभी तो पता ही नहीं चलता कि थोड़ा थोड़ा पीने वाला भी, कब शराब की समस्या में जकड गया है । लेकिन अगर आप शराब, किसी समस्या को भुलाने या बेहतर महसूस करने के लिए ले रहे हैं, तब आप इसकी गिरफ्त में आ रहे हैं या आ चुके हैं ।

शराब आप के लिए समस्या बन चुकी है यदि आप:-

- इसे पीने से छुपा रहे हैं या शर्मिंदगी महसूस कर रहे हैं ।

- इसे अपराध की भावना से पी रहे हैं ।

- आराम पाने या बेहतर महसूस करने के लिए शराब पी रहे हैं ।

- किसी बात को भुलाने के लिए पी रहे हैं ।

- आप जितना पीने की इच्छा रखते हैं, उससे कहीं ज़्यादा, नियमित रूप से पी रहे हैं ।

सोचने की बात यह है कि शराब आप को किस तरह प्रभावित करती है ? अगर शराब आप के जीवन में समस्या उत्पन्न करती है, तब यह आप के लिए समस्या है।

शराब पीने की आदत, शौक से शुरू होती है और फिर हावी हो जाती है। अतः यह आवश्यक है कि इसके उन चिन्हों को पहचानें, जब यह आप पर हावी हो रही हो, ताकि इसके दुष्परिणाम से पहले ही पहचान कर, आप इस पर काबू करें या इसे लेना छोड़ दें। इसके चिन्हों को सगड़ाना, इस समस्या को हल करने की पहली निशानी है, क्योंकि इस समय आप इसे छोड़ कर या नुक्सान न पहुंचाने वाली हद तक पी कर, स्वयं को नियंत्रित कर सकेंगे।

1) शराब पीने की समस्याओं के कुछ कारक या उपादान:

शराब पीने की आदतें, कुछ ख़ास उपादानों का परिणाम भी हो सकती हैं। ये उपादान या कारक मिले जुले हो सकते हैं। जैसे कि आप की आदत, आनुवांशिक हो सकती है, आप किस वातावरण में पले हैं और वहां शराब को किस तरह देखा जाता है, समारोहों में शराब क्या बेहिचक ली या दी जाती है, आप कितने जज्बाती हैं, आप किसी घटना या दुर्घटना को भावनात्मक रूप से कितना संभाल सकते हैं ... आदि कुछ ऐसे प्रकरण हैं जो शराब पीने के कारक बनते हैं। जिन लोगों के परिवार में शराब बेरोक टोक पी जाती है या जो लोग अधिक पीने वालों के संसर्ग में आते हैं, उन लोगों में शराब पीने की और उसके दुष्परिणामों की समस्या बढ़ जाती है। मानसिक रूप से अस्वस्थ लोगों में, अवसादित (depressed) व्यक्तियों में, चिंता से जूझने वाले लोगों में और द्विध्रुवीय समस्या (bipolar disorder) से ग्रसित लोगों में शराब की समस्या होने की संभावना बहुत अधिक हो जाती है; क्योंकि ये लोग शराब के क्षणिक भुलावे को हक समझ कर स्वचिकित्सा करने लगते हैं, और फिर इसकी आदत के शिकार हो जाते हैं।

2) शराब के दुरुपयोग से शराब की बीमारी तक:

सारे शराबी, शराब की बीमारी से ग्रसित हो जाते हों, ऐसा नहीं है, लकिन उन्हें खतरा ज़रूर रहता है। कभी कभी शराब पीने की बीमारी, भावनात्मक कारणों से भी अकस्मात् पैदा होती है, जब किसी का सम्बन्ध विच्छेद हो जाता है या कोई रिटायर करता है या ऐसा ही कोई भावनात्मक आघात मिलता है। जो लोग रोज़ थोड़ा थोड़ा कर के पीते हैं, उनके अंदर पीने की क्षमता, दिन ब दिन बढ़ जाती है और बाद में वे अधिक पीने लगते हैं। इस तरह वे भी इस बीमारी के शिकार बन सकते हैं। अगर आप रंगीनियों के लिए पीते हैं या रोज़ पीते हैं तो इस बीमारी से भविष्य में ग्रसित होने की आशंका बढ़ जाती है।

शराब की बीमारी के चिन्ह और लक्षण

पदार्थ-सेवन-दुरुपयोग (substance abuse) विशेषज्ञों ने, शराब के दुरुपयोग और शराब पीने की बीमारी के बीच अंतर बताये हैं । उनके अनुसार, शराब का बहुत प्रयोग करने वाले अपने पीने की सीमा जानते हैं और उससे अधिक नहीं जाते, हालांकि यह सीमा भी उनके लिए और उनके आस पास लोगों के लिए हानिकारक है।

साधारण लक्षण और चिन्ह कुछ इस तरह हैं:-

1. अपनी जिम्मेदारियों की तरफ से लगातार लापरवाह होते रहना, चाहे वह घर हो, ऑफिस हो, स्कूल हो या कोई और समूह के कार्य हों, जैसे कि ऑफिस के काम में बहुत गलतियां होना, स्कूल की क्लास से भागना, बच्चों की देखभाल में हाथ न बंटाना, या शराब की खुमारी के कारण लोगों के बीच कम बोलना

2. शराब पीकर ऐसे काम करना, जहां वह खतरनाक हो सकता है; जैसे कि गाड़ी चलाते वक्त, फैक्ट्री में मशीन पर काम करते समय शराब के नशे में रहना, बिना डॉक्टर की सलाह के अल्कोहल वाली दवाएं, पानी के साथ मिला कर पीना ।

3. नशे की हालत में, प्रतिबंधित कार्य करते हुए, पकडे जाने पर बार बार गिरफ्तार होना या दण्डित होना, जैसे कि नशे में गाड़ी चलाते वक्त ।

4. परिवार में शराब के कारण बिगड़ते रिश्तों के बावजूद नशा करना । घर की परवाह किए बिना ही दोस्तों के साथ पी कर घर में आना और झगड़े फसाद करना ।

5. मानसिक तनाव या शारीरिक थकान मिटाने के लिए शराब का सहारा लेना । अक्सर घर में पत्नी से या ऑफिस में बॉस से कोई गर्म बात होने पर मिजाज़ दुरुस्त करने के लिए, शराब के बोतल की तरफ हाथ बढ़ा लेते हैं या किसी मानसिक तनाव को भूलने के लिए शराब के जरिए अपने को तनाव मुक्त करना चाहते हैं, ऐसी स्थितियों में धीरे धीरे यह आदत में शुमार हो जाता है और एक अन्तराल के बाद नशे की आदत में बदल जाता है ।

मद्यपाक ,(शराब पर निर्भर) बीमार व्यक्ति के लक्षण

अति मद्यपान, शराब पीने की हद से गुजरने वाली आदत, या यों कहें कि बीमारी है। बेहद शराबी के भीतर, शराबी के लक्षण तो पाए ही जाते हैं, बल्कि उससे भी अधिक चिन्ह रहते हैं – उसके खून में अल्कोहल मिल जाता है, जिससे अल्कोहल की कमी उसे तडपाने लगती है और उसके बिना शरीर कुछ नहीं कर पाता।

ऐसी हालत, चाय और काफी के नशे में भी होती है लेकिन इस तरह नहीं कि शरीर को अकर्मण्य कर दे। चाय या काफी के आदी लोग भी अगर सुबह चाय न मिले तो सुस्त महसूस करते हैं। लेकिन शराबी के लिए यह गंभीर स्थिति होती है।

अनुभूति: शराब के बीमारी की तरफ बढ़ती पहली चेतावनी

क्या आप को तनाव मुक्त होने की अनुभूति, अब पहले से अधिक शराब पीने पर होती है। क्या उस स्तर पर पहुँचने के लिए आप ने शराब की मात्रा बढ़ा दी ? क्या आप दूसरों से अधिक पी कर भी अपने आप को संयम रख पा रहे हैं? अगर ऐसा है तो, इसका मतलब है कि आप शराब के बीमारी की तरफ बढ़ रहे हैं, क्योंकि पहले मात्रा वाली शराब का असर कम होता जा रहा है और आप को पहले जैसी अनुभूति के लिए, ज़्यादा शराब की ज़रूरत पड़ रही है।

वापसी: चेतावनी की दूसरी अहम् निशानी

क्या सुबह सोकर उठने के बाद, स्थिर होने के लिए थोड़े शराब की ज़रूरत पड़ती है ? यह खतरे का लाल निशान है। पहले दिन की ली गयी शराब जब शरीर पर असर छोड़ देती है, तब आप के शरीर को शराब की ज़रूरत पड़ने लगती है; जो आप सुबह स्थिर होने के लिए लेते हैं। शरीर के खून में शराब की कमी हो जाती है और वह उसकी मांग करने लगता है, जिससे आप स्थिर नहीं हो पाते। यह मांग पूरी करने के बाद ही बीमार शराबी स्थिर हो पाता है।

वापसी में यह लक्षण भी पाए जाते हैं –

1. चिंता या तनाव
2. शरीर का हिलना या काँपना
3. पसीना आना
4. जी मिचलाना और उल्टी
5. नींद न आना
6. अवसाद

7. चिडचिडापन
8. थकान
9. भूख का न होना
10. सिरदर्द

'वापसी' की गंभीर अवस्थाओं में, मतिभ्रम (hallucination), घबडाहट, बेहोशी, बुखार और विध्वंसता के लक्षण भी आ जाते हैं। ये स्थितियां बहुत खरतनाक होती हैं और इन परिस्थितियों में डॉक्टर की सलाह लेनी चाहिए।

शराब के बीमार के और भी कुछ चिन्ह तथा लक्षण

- जब आप शराब के ऊपर नियंत्रण नहीं रख पाते और जितना चाहते हैं, उससे कहीं ज़्यादा पी जाते हैं।

- जब आप शराब छोड़ना चाहते हैं, लेकिन छोड़ नहीं पाते। इसे कम करना या छोड़ देना आप के वश में नहीं रहता।

- जब आप शराब की वजह से बाक़ी कामों में समय नही दे पाते और कर भी नहीं पाते। जैसे कि परिवार के साथ समय गुजारना, दोस्तों के बीच की गपशप, जिम जाना, अपने शौक की तरफ ध्यान देना आदि।

- शराब पर आप अधिक ध्यान केन्द्रित करते हैं। आप इसके बारे में सोचने लगते हैं, इससे छुटकारा पाने की चाह रखते हैं लेकिन छोड़ नहीं पाते। काम की बाक़ी चीजें आप टालते रहते हैं या छोड़ देते हैं। आप के सामाजिक समबन्धों में कमी आ जाती है।

- आप यह जानते हुए भी शराब लेने पर विवश हैं कि यह आप के पारिवारिक संबंधों पर आघात कर रही है, आप के अवसाद को बढाती है और आप के स्वास्थ्य पर बुरा असर डाल रही है, फिर भी आप इसे छोड़ नहीं पा रहे हैं।

शराब की आदत न समझना

शराब त्याग देना, शराबी के लिए एक बहुत बड़ी मुश्किल बात है। छोड़ने की इच्छा करने के बावजूद, दिमाग शराब पीने के कई बहाने बना लेता है, जबकि उसे पता होता है कि इससे नुक्सान है। शराब की चाहत, इतनी प्रबल होती है कि इसकी ज़रूरत, छोड़ने वाली मानसिक शक्ति को भी पछाड़ देती है। आप के मन की भावना जानते हुए भी और शराब के हानिकारक दुष्परिणामों को पहचाननें के बाद भी आप इसे त्यागने का पक्ष नहीं लेते। त्याग की इच्छा आप के शरीर की ज़रूरत से इतना

आगे बढ़ जाती है कि त्यागने की इच्छा को रोक देती है और आप के कार्यचर्या में बाधा डालती है।

अगर आप को शराब की समस्या है, तो आप इसका पक्ष लेकर, इस तरह नकार देते हैं –

1. आप जितना पीते हैं, उसे समझते हैं कि कोई ख़ास मात्रा नहीं है।
2. शराब पीने के दुष्परिणामों को महत्त्व नहीं देते।
3. आप को यह शिकायत रहती है कि परिवार के सदस्य और दोस्त आदि समस्याओं को बढ़ा रहे हैं।
4. शराब पीने की अपनी आदत या उसकी समस्या का दोष, आप दूसरों पर मढने लगते हैं।

जैसे कि आप अपनी पढ़ाई, या ऑफिस के काम की गलतियाँ, क्रमशः अपने टीचर या बॉस के कारण कहते हैं। अपने परिवार की कलह का कारण, अपनी पत्नी के नाम मढ़ देते हैं। आप को यह बात समझ में ही नहीं आती कि शराब पीने की आदतें, इन समस्याओं को जन्म दे रही हैं और शराब की समस्या को ही आप नकार देते हैं। यद्यपि, ऐसी समस्याएं, शराब न पीने वालों के यहाँ भी हो सकती हैं, लेकिन एक शराबी के यहाँ ये समस्याएँ, काफी हद तक शराब पीने की वजह से होती हैं।

अगर आप शराब पीने को विवेकपूर्ण मानते हैं और अपनी समस्याओं को उससे सम्बंधित सोचते ही नहीं, तब आप को चिंतन और मंथन की ज़रूरत है - कि शराब का पक्ष लेने के लिए आप को अब बहानों की ज़रूरत नहीं।

शराब के बारे में पांच भ्रम:

पहला भ्रम- मैं जब चाहूँ, शराब पीना बंद कर सकता हूँ –

सच - हाँ, हो सकता है आप बंद कर सकते हों, लेकिन अधिकतर अवस्थाओं में ऐसा नहीं होता। यह सिर्फ कमज़ोर सोच में रहता है, कार्यान्वित नहीं होता। "मैं बंद कर सकता हूँ" यह अहसास आप को आनंदित करता रहता है, लेकिन इसी भूलभुलैया में आप पीते रहते हैं। "कल से छोड़ दूंगा" या सोच ही गलत है, क्योंकि हम कल में नही जीते, वर्तमान में जीते हैं। आने वाले कल में वही सोच फिर कहने लगती है कि "कल से छोड़ दूँगा" और यह जानते हुए भी कि शराब नुक्सान कर रही है, वह 'कल' नहीं आता।

दूसरा भ्रम – मेरी शराब, मेरी समस्या है, इससे मेरा नुक्सान है । दूसरों को मना करने का अधिकार नहीं –

सच – यह सच है कि यह आप की समस्या है, लेकिन आप समाज की एक इकाई हैं । यह आप के सेहत को नुक्सान पहुंचाती है और जब यह नुक्सान समाज को उद्वेलित करता है या विध्वंसक बन जाता है, समाज का नुक्सान होता है । अतः आप के आस पास रहने वाले लोगों पर भी इससे असर पड़ता है । आप को देखकर, बच्चों पर असर पड़ता है । कुछ लोग आप को खराब कहते हैं तो कुछ आप के शराब पीने पर उत्साहित भी होते हैं और पीने की लालसा भी जगती है । इस तरह आप सिर्फ अपने को नहीं, अपने आस पास के माहौल को भी दूषित करते हैं । अगर किसी वजह से आप सड़क पर शराब पीकर किसी नुक्सान का शिकार हो गए, तो समाज के दूसरे लोगों पर आप की ज़िम्मेदारी आ जाती है, चाहे आप का परिवार हो, पड़ोसी हों , रिश्तेदार हों या कि पुलिस हो ।

तीसरा भ्रम – मैं रोज़ नहीं पीता, या सिर्फ वाइन अथवा बियर ही पीता हूँ –

सच – शराब की बीमारी, शराब नहीं है, शराब के दुष्प्रभाव हैं । आप क्या पीते हैं, कितना पीते हैं, उससे फर्क नहीं पड़ता, लेकिन पीने से क्या क्या नुक्सान हैं और कितनी दूर तक असर पड़ता है, उससे फर्क पड़ता है । शराब पीने से अगर आप के घर में समस्याएं पैदा होती हैं, ऑफिस का काम ठीक से नहीं होता है या आप की सेहत खराब हो रही है, जिससे आप के बच्चों की परवरिश में बाधा पड़ रही है तब यह समझना चाहिए कि आप शराबी हैं; क्योंकि आप ने अपनी प्राथमिकताएं बाक़ी चीजों की जगह, शराब को दे दिया है । फिर चाहे आप वाइन ले रहे हों, बियर ले रहे हों शिवाज़ रीगल ले रहे हों या ठेके का पौवा ले रहे हों, क्या फर्क पड़ता है ! चाहे एक बियर तीन हफ्ते में ले रहे हों या तीन बियर एक शाम में ले रहे हों, क्या फर्क पड़ता है !!!

चौथा भ्रम - मैं शराबी, बीमार नहीं क्योंकि मैं ऑफिस में अपना काम ठीक से कर रहा हूँ-

सच – शराबी बीमार बनने के लिए आप को आवारा बनने की या बेघर होने की ज़रूरत नहीं है । कोई ज़रूरी नहीं कि कागज़ में लिपटी बोतल लगातार पीते रहना ही शराबी बीमार की निशानी है । हो सकता है कि आप अच्छा काम कर रहे हों, अच्छी नौकरी पर हों, अपने काम में काफी कुशल हों, या स्कूल आदि में अच्छे हों, अच्छा कमाते हों, लेकिन नियमित शराब की लत, शराब की चाहत को आगे बढाती है, जब

कि आप कि क्षमता या तो उतनी ही तहती है या कम होती जाती है। आप को यह ध्यान देना है कि आप की शारीरिक और मानसिकता क्षमता बढ़ रही है, या शराब पीने की क्षमता ? ये दोनों क्षमताएं, एsक दूसरे के विपरीत चलती हैं। एक बढ़ती है तो दूसरी कम होती है। शराब की क्षमता बढ़ने से न सिर्फ आप को नुक्सान होता है बल्कि आप के इर्द-गिर्द लोगों का भी नुकसान होता है। अतः यह ध्यान रखिए कि शराब की क्षमता, आप के शरीर और दिमाग पर भारी न पड़े।

पांचवां भ्रम - शराब की आदत, नशीली दवाओं के नशे के आदत की तरह खराब नहीं है -

सच – शराब हो या दवाएं, नशा, नशा होता है। नशे की आवत नुक्सान करती है अपने को, परिवार को और समाज को। हर नुक्सान करने वाली चीज़ खराब होती है, और वह भी ऐसा नुक्सान जिसका इलाज बहुत कीमती होता है; परिवार दुखी, परिवेश दुखी, शरीर अक्षम। अल्कोहल का नियमित प्रयोग, मस्तिष्क के तंतुओं पर असर डालता है, शरीर को नष्ट करता है तथा संबंधों को बिगाड़ता है, या यों कहें कि एक साधारण जीवनचर्या को अंग भंग कर देता है। फिर शराब की आदत हो या दवाइयों के नशे की, परिणाम तो एक ही है – हानि !

> *" सामर्थ्य से बढ़ने को साहस नहीं कहते, साहस वह कहलाता है जो कमज़ोर होने पर भी आगे बढ़ाता है।"*
>
> *– नेपोलियन बोनापार्ट*

शराब की लत के दुष्परिणाम

शराब के बिना न रह पाना या शराब का अति सेवन, दोनों ही खतरनाक हैं। ये जीवन के हर क्षेत्र पर दुष्प्रभाव डालते हैं। लम्बे समय तक मद्यपान (शराब पीना), शरीर के प्रायः हर आतंरिक अंगों को हानि पहुंचाता है और मस्तिष्क की भी क्षति करता है। शराब पीने की आदत, जो समस्या बन जाए, भावनाओं पर आघात करती है, धन दौलत नष्ट करती है, परिवार और सम्बन्ध पर असर डालती है और रोज़मर्रा कार्यों को संभालने नहीं देती। समय तो इसके साथ नष्ट होता ही है ; आप के दोस्त, समाज और संबंधी के साथ रिश्ते भी टूटने लगते हैं।

शराब की लत का आप के अपने लोगों पर असर

शरीर से गंभीर बीमारियाँ, जैसे कि लीवर की खराबी, कैंसर, हृदय रोग आदि के अलावा, समाज में इसके भयंकर दुष्परिणाम भी होते हैं। ऐसे शराबियों कि पढ़ाई में बाधा पड़ती है, विवाह के बाद तलाक़ की घटनायें होने लगती हैं, घरों में लड़ाई झगड़े होने लगते हैं, नौकरी नहीं रहती और ज़िंदगी, गरीबी में काटनी पड़ती है।

और अगर आप ने अपनी नौकरी और घर को बचा भी लिया तो भी आप के घर के बुज़ुर्ग और बच्चों पर इसका बहुत बुरा असर पड़ता है। माता -पिता की चिंताएं, उन्हें खाने लगती हैं और बच्चों का बचपन, आप से अलग हो जाता है।

अपने परिवार की शर्मिंदगी को बचाने के लिए, कभी कभी घर वाले, शराबी की बातों को छुपा लेते हैं। घर को चलाने के लिए, और भी कड़ी मेहनत करते हैं, आप के लिए झूठ बोलते हैं और यह दिखाते हैं कि जैसे सब ठीक चल रहा है। लेकिन यह झूठ लम्बे अरसे तक नहीं चलता। बच्चों के मन की कोमल भावानाओं को बहुत आघात लगता है। बचपन का समय और बचपन की घटनाएँ, सारे जीवन याद रहती हैं। बचपन के अनुभव, उनके व्यक्तित्व का सुदृढ़ हिस्सा होते हैं और घर में शराबी पिता, माता या अभिभावक के व्यवहार तथा स्थिति का उनके भावनात्मक व्यक्तित्व पर बहुत गहरा प्रभाव पड़ता है।

> *"आप के अच्छे दिन सामने हैं। आप के जीवन का चलचित्र तब शुरू होता है जब आप अपने को संभ्रांत बनाते हैं और बुरे दिन भूल जाते हैं।"*
>
> *– बकी सिनिस्टर*

सहायता लेना

अगर आप यह मान लेते हैं कि आप को शराब की लत है, तब समझिए आप ने पहला कदम बढ़ा लिया है। शराब की लत से लड़ने के लिए और इसकी आदत छुड़ाने के लिए आदमी को साहस और दृढ़ निश्चय की ज़रूरत होती है। इस लत से मुक्ति पाने के लिए सहारों की तरफ बढ़ना, दूसरा कदम है।

चाहे आप पुनरुद्धार केंद्र (rehabilitation center) जाएँ, चाहे स्वयं सुधार के प्रोग्राम में जाएं, चाहे थेरेपी कराएं या स्वयं-चिकित्सा पद्धति अपनाएं, सहारे की ज़रूरत पड़ती ही है। शराब के नशे से छुटकारा पाने के इलाज के दौरान, आप को ऐसे साथी की ज़रूरत पड़ती है जो आप को आराम दे सके, अच्छी सलाह दे सके,

आप का उत्साह बढाए और मार्ग दर्शन करे । एक अच्छे सहायक के बिना, नशे के रास्ते में लौट जाने की नौबत फिर आने लगती है ।

इस की रोग निवृत्ति, मानसिक उत्थान और उपचार पर भी निर्भर करती है । स्वास्थ्यवर्धक रणनीतियों को अपनाना पड़ता है और जीवन को बेहतर बनाने की चुनौतियों का सामना करना पड़ता है । इसके अलावा, जिन कारणों से यह बुरी आदत पड़ी थी, उनकी खोज कर के, उसका निवारण भी करना पड़ता है | ये समस्याएं आप के जीवन की किसी घटना या कई घटनाओं से जुड़ी हो सकती हैं; जैसे कि, बचपन की कोई अनसुलझी घटना जो व्यक्ति को त्रासित करती है या कोई मानसिक विकार जो अवसाद और तनाव की स्थिति पैदा करता हो | अल्कोहल के बिना ये समस्याएं, हो सकता हैं अधिक ऊस मन को पहुंचाएं, लेकिन उस समय मानसिक स्वास्थ्य बेहतर रहने के कारण इनसे जूझा जा सकता है और इन समस्याओं का निदान कर के, शराब की लत से मुक्ति पायी जा सकती है |

किसी अपने की सहायता करना

अगर कोई अपना है जिसे, शराब की लत लगी हुई है, तब सहायक को दिल से दुःख होता है । उसे अपनी भावनाओं को काबू में रखना पड़ता है, कभी कभी शर्मिंदगी महसूस होती है, गुस्सा आता है, दुःख होता है, दया आती है, डर लगता है और कभी कभी रोगी की हालत और तड़प देख कर थोड़ी शराब दे देने का मन भी करने लगता है । ऐसे सहायक को भावनाओं पर काबू करके, अपने प्रिय को ठीक करने के लिए,

इलाज के दौरान कोई रियायत नहीं करनी चाहिए; वरना यह रियायत ही, उस व्यक्ति के लिए और नुक्सान दायक होगी ।

वे प्रतिक्रियाएं, जिन्हें कान ध्यान नही देना चाहिए

रोगी को दंड न दें, फुसलायें नहीं, धमकी न दें या उपदेश न दें । रोगी के साथ दुःख भरा कोई भावनात्मक व्यवहार कर के, उसकी भावनाओं को और न दुखाएं वरना वह शराब न मिलने पर इस दुःख को पचाने के लिए कुछ और नशा करना शुरू कर सकता है ।

शराब के दुष्परिणामों को ढकें नहीं, बहाने न बनाएं और रोगी की पर्तिक्रियाओं को उपचार करने वाले से छिपायें नहीं ।

शराब के रोगी की जिम्मेदारियां लेकर उसे उत्तरदायित्वहीन न बनायें । उसे अपना महत्व और अपनी जिम्मेदारियां समझने दें ।

रोगी से शराब की बोतलों को न तो छुपायें और न ही उन्हें कूड़े में फेंकें । उन्हें साधारण व्यक्ति की तरह ही स्वतंत्र रहने दें, इससे उसमे आत्मबल और आत्मसंयम बढेगा ।

जिस समय व्यक्ति की हालत बिगड़ी हो, उससे बहस न करें ।

शराब के रोगी के साथ बैठ कर शराब न पियें ।

शराब के रोगी के साथ रहने पर, उसके व्यवहार के लिए, किसी आपराधिक भावना या ज़िम्मेदारी की भावना महसूस न करें ।

शराब के रोगी के साथ रहने पर, कई तरह की भावनाओं के उतार चढ़ाव में डूबना उतराना पड़ता है । संयम रहें और घबराएं नहीं । अगर आप के कुछ अपने लोग आस पास रहते हों, तो उनसे बात कर के, सच्चाई और ईमानदारी से सब कुछ बता कर, अपने मन को हल्का रखें ।

बेहतर होगा कि इलाज के शुरुआती दौर से ही कोई ऐसा ग्रुप ज्वाइन कर लें जहां ऐसे ही मर्ज़ से ठीक हुए लोग या उनके सहायक हों या मरीजों के अपने लोग सदस्य हों । Al-Anon (अल-एनॉन) एक ऐसा ही ग्रुप है । इसमें बाक़ी लोगों के अनुभवों के साथ, अपने अनुभव साझा करके आप को शान्ति, संतोष तथा साहस मिलेगा । आप अपने विश्वसनीय व्यक्ति, किसी थेरापिस्ट या अपने ही समुदाय के लोगों से भी मिल कर बातें कर सकते हैं, ताकि आप के मन का बोझ हल्का हो सके ।

रोगनिवृत्ति, या स्वास्थ्य लाभ, एक लम्बी प्रक्रिया है । यह दुरूह रास्ता है और धैर्य की ज़रूरत पड़ती है । शराबखोर, एक दिन में ठीक नहीं हो जाते । यह आशा मत करिए कि दो चार दिन में वह व्यक्ति एक साधारण और संभ्रांत व्यक्ति की तरह व्यवहार करने लगेगा । साथ ही साथ, शराब की लत लगाने वाले कारण को भी जानना ज़रूरी है, ताकि इस लत को पकड़ने के कारण को जाना जा सके । उस कारण से निपटना भी इस इलाज के दौरान आवश्यक है ।

शराब की लत और बीमारी सिर्फ आप के प्रिय, अकेले एक व्यक्ति की नहीं है । दुनिया में लाखों लोग इस बीमारी से जूझ रहे हैं । अतएव यह मत सोचिए कि यह समस्या सिर्फ आप को मिली है । इसके लिए आप में कोई आपराधिक या शर्मिंदगी की भावना नहीं आनी चाहिए । हर समाज, हर जाति, हर सभ्यता के लोग शराब की बीमारी के चंगुल में फंस चुके हैं और फंस रहे हैं । लेकिन सावधानी, संयम और धैर्य से अगर आप अपने प्रिय को इससे बाहर निकालना चाहते हैं तो शर्तिया निकाल सकते हैं ।

अगर आप का किशोर शराबी बन गया, तब ?

माता-पिता या अभिभावकों को जब पता चलता है कि उनका किशोर, शराबी हो गया है, उनके जीवन को बहुत बड़ा झटका मिलता है । चिंता, डर, गुस्सा, घबड़ाहट और अन्य अनजाना, भयभीत भविष्य, उनकी आँखों के सामने छा जाता है । ऐसे समय में किशोरों से बातचीत करते समय, शांत रहना चाहिए । उनके शराब पीकर आने के समय डांट डपट न करके, जब वह सुध में हो तब बात छेड़नी चाहिए । उनके साथ शांत होकर इस विषय पर चिंता ज़ाहिर करनी चाहिए और यह बताना चाहिए आप उन्हें इतना चाहते और प्यार करते हैं, इसलिए यह चिंता है । यह ज़रूरी है कि आप का किशोर इस बात को महसूस करे कि आप उसके संरक्षक ही नहीं सहायक भी हैं ।

माता-पिता या अभिभावक के कदम

नियम बनाइए और दुष्परिणाम समझाइये: किशोर को अल्कोहल से होने वाले दुष्परिणाम को पूरी तरह बताना चाहिए और अगर हो सके तो दो एक उदाहरण देकर, कि किस तरह लोगों ने अपनी ज़िंदगी बर्बाद कर दी है, समझाना चाहिए । किशोर के लिए नियम बनाइए, धमकी दीजिए, लेकिन ऐसे नियम नहीं जो धमकी भरे तो हों और उस धमकी वाले नियम को आप पूरा न कर सकें । इसमें पत्नी का भी सहयोग लीजिए।

किशोर के कार्यक्रमों और क्रियाकलापों पर निगरानी रखिए: यह जानिए कि आप का बच्चा कहाँ जाता है और किन लोगों की संगत में रहता है । अगर आप के घर में शराब है तो उसे उसकी जानकारी और पहुँच से बाहर रखिए । वह अल्कोहल को किस किस जगह छुपा सकता है, इसकी खोज करिए; जैसे कि, बैग पैक, बिस्तर के नीचे, ड्रावर में, कपड़ों के बीच या ऐसी ही छिपाने वाली जगहों में । उसको यह जानने दीजिए कि यह खोजबीन इसलिए की जा रही है, क्योंकि उसने शराब पिया है/था ।

बच्चे को स्कूल के अलावा दूसरे कार्यक्रमों में भी शामिल कीजिए, जैसे कि स्पोर्ट्स क्लब, या कोई अच्छे शौक – संगीत, डांस आदि, स्काउट्स या आफ्टर स्कूल क्लब आदि ।

बच्चों के मन को पढ़िए: और उनके भीतर चल रही किसी समस्या को जानने की कोशिश कीजिए । शराब लेना, किसी दूसरी समस्या के कारण भी हो सकता है । आप का बच्चा किस वजह से बदल रहा है, यह जानिए । परिवार में कोई तलाक़ या झगड़े या वाद विवाद हुए हैं, इन बातों को गौर कीजिए और कारण ढूंढिए । कोई तनाव भी, शराब का कारण हो सकता है ।

बाहरी सहायता लीजिए: इसके लिए आप को स्वयं बच्चे के साथ जाने की ज़रूरत नहीं है । बच्चे अपने माँ-बाप की इस हठधर्मिता पर विद्रोह कर सकते हैं, अतः किसी प्रभावशाली व्यक्ति के ज़रिए, उनसे कहलाया जाये, जैसे कि स्पोर्ट्स के कोच से, या फैमिली डॉक्टर से, थेरापिस्ट या काउंसलर से, तब उनके साथ वे सहायक हो सकते हैं।

अगला कदम: शराब की लत का इलाज करवाइए

वैसे तो बहुत से पुनरुद्धान संस्थान हैं जो शराब के लत की आदत का इलाज करते हैं, लेकिन सिर्फ उसी से काम पूरा नहीं होता । एक अच्छा सहायक, जड़ का कारण और मानसिक दृढ़ता की बहुत ज़रूरत होती है । यह बीमारी लाइलाज नहीं है लेकिन समय और धैर्य तथा मन की दृढ़ता से एक साधारण, सुखद और अच्छी ज़िंदगी, पुनः जिया जा सकता है ।

दवाओं का नशा और दुरुपयोग

क्या आप या आप का कोई अपना, दवाओं के नशे से जूझ रहा है ? इसके चेतावनी को समझिए और लक्षणों को जानिए।

> "किसी रोग की निवृत्ति करना, कठिन है, परन्तु इसका पछतावा, और भी कठिन"
>
> – ब्रिटनी बर्गंदर

दवा का प्रयोग, कब नशे की लत बन जाता है ?

कोई भी जाति हो, कोई भी उम्र हो, कोई भी पृष्ठभूमि हो, हर एक व्यक्ति ने कभी न कभी दवा का प्रयोग अवश्य किया होगा। बीमारी के लिए दवा ज़रूरी है लेकिन एक स्वस्थ व्यक्ति के लिए दवा, ज़हर है। दवा के असर होते हैं। कुछ दवाइयां साइड इफेक्ट में नींद लाती हैं, शरीर शिथिल करती हैं, कमज़ोर करती हैं, बदन में झुनझुनाहट पैदा करती हैं। ये साइड इफ़ेक्ट स्वस्थ व्यक्ति पर नशे का प्रभाव देते हैं। कुछ लोग कई दवाओं से होती शिथिलता को मनोरंजन के तौर पर लेते हैं। दोस्तों के चक्कर में या कुसंगति से, इन दवाओं का सेवन करना शुरू कर के, अपने शरीर की थकान या मानसिक तनाव मिटाने की कोशिश करते हैं। ये दवाएं गैरकानूनी नहीं हैं; लेकिन डॉक्टर की सलाह पर ही ली जा सकती हैं। कोकेन, हेरोइन आदि पदार्थ, नशीले होते हैं और बिना किसी उचित डॉक्टर की सलाह के नहीं लिए जा सकते।

डॉक्टर्स के नुस्खे की दवाइयां; जैसे पेनकिलर्स, स्लीपिंग पिल्स, ट्रैंक्विलाइज़र्स आदि दवाइयाँ नशीली होती है। इनका गलत प्रयोग, दवाइयों के नशे की लत में पहुंचा देता है। सच बात तो यह है कि पेनकिलर, मारिजुआना जैसी ही खतरनाक होती है और अमेरिका के इसके अधिक खाने से जितनी मौतें होती हैं उतनी मौते, सड़क की दुर्घटनाओं से भी नहीं होतीं। 'ओपिओड' पेनकिलर की दवाओं का कुप्रयोग, नशे के लिए, सबसे अधिक किया जाता है। इसमें अफीम जैसा नशा होता है, जो शरीर

को शिथिल और मस्तिष्क को निष्क्रिय कर देता है। यह पेनकिलर इतना शक्तिशाली है कि हेरोइन के कुप्रयोग में इसका सबसे बड़ा इसमें माल होता है जो समाज के लिए घातक है।

यह बात सच है कि दवा का प्रयोग, चाहे डॉक्टर के नुस्खे के अनुसार हो या ग़ैर कानूनी, हमेशा दुष्परिणाम नही देता। कुछ लोग इसे मज़ा लेने के लिए प्रयोग करते हैं, कुछ औषधि के रूप में। हो सकता है कि उन पर विशेष प्रभाव नहीं होता, क्योंकि जो मनोरंजन के लिए प्रयोग करते हैं, हो सकता है कि उनकी शारीरिक क्षमता इसके दुष्परिणाम सहन कर लेती हो और जिन्हें डॉक्टर्स ने दिया है उनको और भी दवाइयां दी गयी हों ताकि खराब असर न पड़े। लेकिन कुछ ऐसे भी हैं जिन पर असर पड़ता है; और जिन पर असर नहीं पड़ता, वे अगर धीरे धीरे मात्रा बढ़ा दें या नियमित रूप से लेते रहें तो असर पड़ना शुरू हो जाता है। अतः यह नहीं कह सकते कि कोई ख़ास समय से इसका साधारण परिणाम से दुष्परिणाम की तरफ असर शुरू हो जाता है।

नशीली दवाओं में इस बात का फर्क नहीं पड़ता कि आप ने कितनी दवा लिया है या कितनी बार लिया है, फर्क इस बात पर पड़ता है कि इसका प्रभाव आप की दिनचर्या पर कैसा पड़ता है, आप के काम काज पर कैसा पड़ता है – चाहे वह आप का स्कूल हो, घर हो, ऑफिस हो या आप का सम्बन्ध और परिवार हो।

अगर आप अपने या अपने किसी प्रिय के दवा की आदत पर गंभीर हैं तो यह जानना चाहिए कि दवा की आदत और इसके दुष्परिणाम कैसे विकसित होते हैं – यह आप की ज़िंदगी को कैसे जकड लेता है – इस जानकारी से दवा के नशे की आदत से निजात पाने और इसे छुड़ाने की कोशिशों में सहायता मिलेगी। दवा के नशे या लत की पहचान करना ही, इसको छुड़ाने की पहली सीढ़ी है। वैसे दवा की लत को छुड़ाना, बहुत दुष्कर कार्य है, उसके लिए बहुत साहस और सामर्थ्य की ज़रूरत होती है ; फिर भी, अगर आप अपनी सहायता करते हैं, अपने जीवन को बेहतर बनाना चाहते हैं तो आप निश्चित रूप से, इस से मुक्ति पा सकते हैं।

नशीली दवाइयों की आदत और दुरुपयोग कैसे होता है

नियमित दवा लेना और दवा का दुरुपयोग करना, दोनों के बीच में बहुत हलकी रेखा है। इसकी लत या दुरुपयोग करने वाले लोगों को कभी कभी पता ही नहीं चलता कि वे इस रेखा को पार कर गए हैं। यद्यपि दवाइयों का बार बार लेना या मात्रा को बढ़ा देने से यह पता नहीं चलता कि दवा की लत लग रही है या नहीं, लेकिन यह लत की शुरुआत का एक संकेत है।

कोई दवा, यदि आप के किसी ज़रूरत को पूरा करती है, तो उस दवा पर आप विश्वास करने लगते हैं। गैरकानूनी तरीके से उस दवा को लेकर आप अपने शरीर या मानसिक स्थिति को संतुलित करने लगते हैं चाहे वह आप को शिथिल करने के लिए हो, या अधिक ऊर्जा का अहसास करने के लिए। डॉक्टर के नुस्खे की दवाइयों को आप उस स्थिति को नियंत्रित करने के लिए, अपने आप लेने लगते हैं चाहे वह, नींद लाने की हो, शरीर की थकान मिटाने की हो, पैन किलर हो या पढ़ाई में ध्यान केन्द्रित करने के लिए हो। अपनी ज़िंदगी के किसी खाली जगह को भरने के लिए, अगर आप दवा का सहरा लेते हैं, तो इसका मतलब है कि आप 'दवा' और 'दवा का नशा' के बीच की रेखा को लांघ रहे हैं। अपने जीवन को संतुलित बनाकर जीने के लिए, आप को बिना दवा के जीवन जीने का अनुभव करना होगा।

दवाइयों का दुरुपयोग, साधारणतः, सामाँजिक रागूहों से शुरू होता है। दोस्तों और रिश्तेदारों के बीच, एक मनोरंजन और मज़े की वस्तु के रूप में इस पदार्थ का प्रयोग किया जाता है। उन समूहों में बने रहने की प्रबल इच्छा, आप को चाह कर भी नशे की शुरुआत से अलग नहीं रख पाती है। उनके साथ समूह में रहना है, तो यह एक जोड़ बन जाती है।

यह समस्या धीरे धीरे आप में प्रवेश कर जाती है। पहली दूसरी बार ली गयी नशीली दवाइयां, धीरे धीरे आप की जीवनचर्या में प्रवेश करने लगती हैं और आप को पता ही नहीं चलता। हफ्ते के आखिरी दिनों में किसी दोस्त के साथ सिगरेट पीना, या किसी पार्टी का खुमार या पेनकिलर से कंधे का दर्द हटाना, पहले आप का हाथ थामती हैं और फिर आप इनका हाथ थाम लेते हैं।

नतीजा यह होता है कि आप की क्षमता कम होने लगती है। स्कूल हो, ऑफिस हो, बाहरी काम काज हो, रिश्ते नाते हों या कोई और समारोह, आप क्षीण होते जाते हैं, अलग होने लगते हैं। शरीर की क्षमता, मानसिक संतुलन और नशा, एक साथ नहीं चलते। एक बढ़ता है तो दूसरा गिरता है। जब आप नशे के कब्ज़े में हो जाते हैं, आप की शारीरिक और मानसिक क्षमताओं का ह्रास होने लगता है, जो एक समय इतना हो जाता है कि दवा की गिरफ्त से निकला मुश्किल होने लगता है।

मौज मस्ती के लिए लिया गया पदार्थ, एक दिन आप की ज़रूरत बन जाता है। आप कैदी बन जाते हैं!!! आप के जीवन का एक ही साथी बनने लगता है – नशीली दवाइयां की ज़रूरत, और कुछ नहीं। लोग दूर नहीं जाते आप से, बल्कि आप दूर चले जाते हैं लोगों से।

अवसाद, दुश्चिंता तथा द्विध्रुवी (बाइपोलर) विकार

(Depression, anxiety and Bipolar disorders)

> "मानसिक तकलीफ, शारीरिक तकलीफ़ की तरह नाटकीय नहीं है । यह अधिकतर लोगों को होती है लेकिन इसका सहना बहुत कठिन है । इसको छिपाने से यह और भारी हो जाती है । 'टूटा हुआ दांत' दिखाया जा सकता है लेकिन 'टूटा' हुआ दिल' नहीं ।"
>
> --- सी एस लेविस, द प्रॉब्लम ऑफ़ पेन

अवसाद के साधारण चिन्ह:

1) असहाय और आशाहीनता की भावना ।

२) दिनचर्या के क्रियाओं में दिलचस्पी न लेना ।

३) सुख का अनुभव न करना ।

4) भूख या वज़न में बदलाव ।

५) निद्रा क्रिया में बदलाव ।

६) शारीरिक ऊर्जा में कमी का अनुभव ।

७) स्वयं को निरर्थक एवं अपराधी समझना ।

८) ध्यान केन्द्रित न कर पाना ।

९) गुस्सा, शारीरिक दर्द एवं उतावला व्यवहार ।

10) दुश्चिंता के साधारण चिन्ह एवं लक्षण ।

११) बहुत अधिक चिंता एवं तनाव ।

१२) जल्दबाजी और उतावलापन ।

१३) चिडचिडा और अधीर होना ।

१४) बढी धड़कन और जल्दी जल्दी साँसे लेने वाला।

१५) मचली, कंपकंपाहट और चक्कर आना।

१६) मांसपेशियों में खिंचाव और सिरदर्द।

१७) एकाग्रचित्त होने में दिक्कत।

१८) नींद का न आना।

द्विध्रुवीय विकार (बाइपोलर डिसऑर्डर) की सनक (mania) के चिन्ह:

1) खूब उल्लास, उत्साह का अनुभव और बहुत चिडचिडापन।

२) अवास्तविक, भव्य धारणाएं।

३) नींद का कम हो जाना।

4) बढी हुई ऊर्जा।

५) तेज़ चाल और बहुत तेज़ विचार।

६) विकृत निर्णय और आवेशपूर्ण कार्य करना।

७) अतिक्रियाशील ।

८) क्रोध या उग्रता।

> "गर्व की बात, कभी असफल न होने में नहीं है; बल्कि असफल होकर भी बार बार प्रयास करने में है।"
>
> -राल्फ वाल्डो एमर्सन

ध्यान रखिए -

आशा की किरण हमेशा चमकती है। आप को सिर्फ उस रास्ते की तरफ चलना होगा। किसी भी मनोविकार, शराब और लत की आदत का उपचार हो सकता है। इन बीमारियों से निवृत्ति के लिए, समय, साहस और प्रतिबद्धता चाहिए। मनोविकार और नशीली दवाइयों की समस्या, दोनों से ग्रसित रोगी, निश्चित तौर पर, कोशिश करने से ठीक हो सकते हैं।

हाँ, यह ज़रूरी है कि उपचार के दौरान शालीनता से रहा जाय। अगर मानसिक चिकित्सा के लिए, डॉक्टर कोई दवा का नुस्खा (प्रिस्क्रिप्शन) देते हैं, तो उसे शराब या नशीली दवाइयों के साथ मिलाकर लेने से भयंकर परिणाम हो सकते हैं। दूसरी

बात यह है कि बातचीत और सलाह के जरिए जो बातें आप के मस्तिष्क को समझाई जाती हैं, वे भी नशे के दौरान बेअसर हो जाएगी ।

उपचार के दौरान ठीक होते होते फिर रोगी हो जाना (पुनरावर्तन या रिलैप्स), उपचार का ही हिस्सा है । छोटे मोटे अवरोध और समस्याए आती रहेंगी लेकिन उपचार की क्रिया अगर धैर्य के साथ की जाए तो रोग से पूरी निजात मिल सकती है ।

किसी साथी के समर्थन से और सहायता मिलती है । स्वयं सहायता समूह (सेल्फ हेल्प ग्रुप) के साथ जुड़ा जा सकता है । इस तरह के समूह में ऐसे लोगों का समर्थन मिलता है जिन्हें इस उपचार का, इन समस्याओं का और इससे गुज़री तकलीफों का अनुभव है । उनके सौहार्दपूर्ण सहायता से मानसिक भरोसा प्राप्त होता है और ठीक होने में मदद मिलती है ।

सहवर्ती (co-occurring) या दुहरे मनोविकारों के लिए :सही प्रोग्राम कैसे पायें

सबसे पहले यह सुनिश्चित कर लीजिए कि प्रोग्राम अधिकृत संस्था द्वारा अनुमोदित, शोधकृत और प्रमाणित है । यह भी सुनिश्चित करें कि मनोरोग के पुनरावर्तन पर रोगी के देखभाल का प्रोग्राम भी है । इसके अलावा, यह भी देख लीजिए कि जिस मनोरोग के लिए आप जा रहे हैं उस पर, इससे पहले उनके पास उपचार का अनुभव है कि नहीं? जैसे कि कुछ प्रोग्राम - उदाहरण के लिए, अवसाद और दुश्चिंता के उपचार पर अनुभवी हों लेकिन स्किजोफ्रेनिया (मनोभाजन) या बाइपोलर मनोरोगों के अनुभवी न हों ।

वैसे तो किसी मनोरोग की उपचार विधियां कई तरह से हो सकती हैं लेकिन मूलभूत से कुछ बातें आप को अवश्य देखनी चाहिए:

कि ऐसे प्रोग्राम में दोनों प्रकार के मनोविकार, पदार्थ सेवन के नशे का और मनोरोग का उपचार किया जाता है ।

उपचार में, आप को मनोरोग के बारे में जानकारी और उससे जुड़ी समस्याओं का आधारभूत ज्ञान ज़रूरी है ।

आपको स्वास्थ्य लाभ के लिए अच्छे तरीके बताये जाते हैं और ऐसी शैली सिखायी जाती है कि आप को उपचार के दौरान कम से कम पदार्थ सेवन (नशा) की ज़रूरत

पड़े, आप लोगों से हार्दिक सम्बन्ध बढ़ा सके, अपनी दुश्चिंताएं कम कर सकें और जीवन में आए उतार चढ़ाव को सहन कर सकें ।

दुहरे या सहवर्ती मनोरोग का उपचार (treatment of co-occurring disorders) इससे आप को सहायता मिलेगी

- जीवन की उन स्थितियों के बारे में सोचने की, जब अल्कोहल/नशीली दवाइयां आप के जीवन में जटिलता बनाए हुई थीं । यह चिंतन चुपचाप अपने मन में मंथन कर के करना चाहिए या दूसरों के साथ इस तरह करना चाहिए ताकि आप को अच्छी जानकारी मिल सके । लोगों के बीच जानकारी लेना अच्छी बात है बशर्ते, चर्चा गुप्त हो और इसका कोई कानूनी असर न पड़े ।

- अल्कोहल और नशीली दवाओं के बारे में जान सकेंगे, जैसे कि मानसिक प्रतिक्रियाए और उपचार क्या होता है ।

- किसी मनोरोग सहायता केंद्र में नौकरी पा सकते हैं तथा लोगों के उपचार में सहायक बन सकते हैं ।

- अगर आप खुद मनोरोग से ग्रसित हैं तो उपचार क्रिया में स्वयं सहायक बन सकते हैं । अगर आप महसूस करते हैं कि शराब और नशीली दवाएं आप के लिए समस्या बन रही हैं, तब आप किसी द्विध्रुवी काउंसलर की सहायता लेकर, अपने उपचार के लक्ष्य को पाने में मदद पा सकते हैं ।

- इससे आप को सहवर्ती मनोरोग की काउंसलिंग का अनुभव होगा । यह अनुभव आप अकेले भी ले सकते हैं, साथियों के साथ ग्रुप में, परिवार के साथ या दोनों के साथ ले सकते हैं ।

- सहवर्ती रोगों के उपचार में, विशेष अनुभवी लोगों के साथ काम करने में सहायता मिलेगी ।

- सहवर्ती रोग के दौरान, विशेष व्यक्ति या उमरदार लोग, प्रोग्राम में कुछ बदलाव कर सकते हैं । उपचार के दौरान होने वाला मानसिक संघर्ष, उपचार क्रिया को बिगाड़ सकता है और नशीली दवाइयों का कुप्रयोग, मानसिक संघर्ष या पुरानी दुखद यादों को पुनः ताज़ा कर सकता है । यह समस्या उस समय होने की संभावना अधिक होती है जब ये व्यक्ति, उपचार के बाद घर लौटते हैं और शुरुआती दौर में लगता है कि शायद सब ठीक ठाक चल रहा है । लेकिन ऐसा नहीं होता । बिना उपचार के, सहवर्ती मनोरोग, विकट समस्याए खडा कर सकते हैं, चाहे वह घर हो या कि काम करने की जगह ।

> *"चरित्र का निर्माण शान्ति और सरलता से नहीं होता । प्रयास और अवरोधों के अनुभव से ही मन को सुदृढ़ किया जा सकता है, लक्ष्य बनाए जा सकते हैं और सफलता पायी जा सकती है"*
>
> *– हेलेन केलर*

पदार्थ सेवन और सहवर्ती मनोविकार के (नशीली दवा) :हेल्प-लिए सेल्फ

किसी पेशेवर चिकित्सक की सहायता लेने से पहले, सेल्फ हेल्प (स्वयं सहायता) के जरिए बहुत से ऐसे कदम हैं जिन्हें उठाने से पदार्थ सेवन और सहवर्ती मनोविकारों के उपचार में सुविधा होती है । शालीन बने रहना तो पहला कदम है । मानसिक स्वास्थ्य के उपचार के दौरान, आप की लगातार सेहत में सुधार इस बात पर निर्भर करता है कि आप अच्छे स्वास्थ्य के लिए प्रतिबद्ध हैं तथा जीवन की किसी भी चुनौती को, बेहतर निर्णय लेकर स्वीकार करने के लिए तैयार हैं ।

आरोग्य प्राप्ति के लिए सलाह 1: मन में बढ़ते हुए तनाव और भावनाओं को पहचानें तथा अपने ऊपर हावी न होने दें ।

तनाव को कैसे संभालें: नशीली दवा और शराब का कुप्रयोग, अक्सर तनाव की स्थितियों में, गलत सलाह द्वारा शुरू होता है । तनाव और दबाव, जीवन का अहम हिस्सा हैं । हमे इन्हें साथ लेकर ही चलना है । अतः अपने व्यक्तित्व में हमें इतना साहस, धैर्य और सामर्थ्य रखना होगा कि हम इन्हें सह सकें, इनका मुक़ाबला कर सकें और हमे अल्कोहल या नशीली दवा की ज़रूरत न पड़े । तनाव प्रबंधन कुशलता, इस समस्या को दूर रखती है, रोग की पुनरावृत्ति नहीं होने देती तथा, रोग के लक्षण बढ़ने नहीं देती ।

अरुचिकर अनुभूति (अहसास) से मुकाबला करें: पुरानी घटनाएं, दुश्चिंता, अवसाद, अकेलापन आदि कुछ ऐसी अनुभूतियाँ या अहसास हैं, जो लोगों को काटने दौड़ती हैं। इनसे बचने के लिए, लोग नशीली वस्तुएं या शराब आदि का सहारा लेने लगते हैं। लेकिन, आध्यात्मिक अभ्यास एवं, हेल्प गाइड की मुफ्त टूल किट के जरिए तथा

काउंसलर के साथ नियमित बातचीत करके, बिना किसी नशे के सहारे, मनोरोगी इन तकलीफदेह जज्बातों का डटकर मुकाबला किया कर सकता है।

रोग के सक्रिय समय को जानिए और कार्यवाही कीजिए; जब आप मनोरोग और नशे की समस्या से मुकाबला कर रहे होते हैं, आप को यह समझ लेना चाहिए कि स्वास्थ्य लाभ के दौरान, रोग कब दोबारा सक्रिय होना शुरू हो रहा है। जैसे कि कोई तनावपूर्ण घटना, जीवन में कोई बड़ा बदलाव, सोने के व्यवहार तथा खाने पीने के व्यवहार में बदलाव – ये ऐसे संकेत हैं जो बताते हैं कि आरोग्य प्रक्रिया के दौरान रोग के पुनः लौटने की संभावना है। ऐसे समय के लिए एक योजना तैयार कर के रखिए जिसे आप अमल में ला सकें तथा जिससे नशीली दवाइयां और शराब आदि से बच सकें। सोचिए कि ऐसे समय में किससे बात करने से सांत्वना मिलेगी ? किस तरह ऐसे समय, पैर न डगमगाएं यह ध्यान रखना ज़रूरी है, ताकि नशे का सहारा न लेना पड़े।

आरोग्य प्राप्ति के लिए सलाह 2: दूसरों से जुड़े रहिए

अपने दोस्तों और परिवार के सदस्यों के साथ आमने सामने मिलते रहिए – अपने लोगों के साथ सकारात्मक रूप से बने रहना, अप के नर्वस सिस्टम को शांत रखने का सबसे अच्छा तरीका है। जो आप का ख्याल रखते हों, ऐसे लोगों के साथ नियमित रूप से मिलते रहिए। अगर आप समझते हैं कि आप के पास ऐसा कोई व्यक्ति नहीं है, तो नए दोस्तों को अपने साथ शामिल करिए ताकि वह आप के जीवन को सार्थक रूप दे सकें।

डॉक्टर की सलाह मानिए – अगर आप शालीन और सामान्य होते जा रहे हैं, तो आप को लग सकता है कि आप को और औषधि या उपचार की आवश्यकता नहीं है। लेकिन अपने आप दवा बंद करने से या उपचार छोड़ देने से, सहवर्ती मनोरोगों के पुनरावर्तन की संभावना बहुत बढ़ जाती है। अपने जीवनचर्या या उपचार में कोई परिवर्तन करने से पहले, डॉक्टर की सलाह ज़रूर लें।

थेरेपी की सहायता लें या समर्थन ग्रुप से जुड़े रहें – आप के शालीन रहने की संभावना उपचार के दौरान और बढ़ जाती है जब आप थेरेपी की सहायता लेते हैं या किसी सामाजिक समर्थन ग्रुप (सोशल support ग्रुप) स जुड़े रहते हैं।

आरोग्यप्राप्ति के लिए सलाह 3: जीवनचर्या को सेहतमंद बनाइए

नियमित व्यायाम करिए: व्यायाम, तनाव और दबाव दूर करने का प्राकृतिक तरीका है। यह मन प्रसन्न रखता है और चिंता मिटाता है। इससे अधिक लाभ पाने के लिए, प्रतिदिन कम से कम ३० मिनट की एरोबिक एक्सरसाइज का अभ्यास करिए।

विश्रांति (relax) करने के तरीकों का अभ्यास करिए: अगर नियमित अभ्यास किया जाए तो मस्तिष्क का ध्यान, मांसपेशियों को शिथिल करने की क्रिया, लम्बी सांस और प्राणायाम आदि तनाव, दबाव, दुश्चिंता, अवसाद आदि को न सिर्फ दूर भगाती हैं बल्कि एक नए शांति का अनुभव भी कराती हैं । इनसे संवेदनात्मक तनाव भी शिथिल होता है और शारीरिक विश्रांति भी ।

स्वास्थ्यवर्धक खाना खाइए: नाश्ते से दिन की शुरुआत करिए और थोड़ी थोड़ी मात्रा में दिन में कई बार पौष्टिक पदार्थ लीजिए । लम्बे समय तक खाली पेट रहने से, शरीर में 'शुगर लेवल' कम होने लगता है, जिससे चिंता और तनाव बढ़ सकते हैं । खाने में सेहतमंद वसा (healthy fat) लेने से मनोदशा प्रसन्न रहती है ।

पर्याप्त नींद लीजिए: नींद की कमी से मानसिक तंत्रों में गड़बड़ी आ सकती है । अतः सात से नौ घंटे की अच्छी नींद लीजिए, ताकि मस्तिष्क और शरीर को पर्याप्त आराम मिल सके ।

आरोग्य प्राप्ति की सलाह 4: जीवनचर्या में स्वास्थ्यवर्धक बदलाव कीजिए

शराब और नशीले पदार्थों के सेवन से दूर रहने के लिए, जीवनचर्या में नए बदलाव लाने पड़ेंगे । ये बदलाव आप को इस तरह व्यस्त रखें कि आप का शरीर और मन प्रफुल्लित रहे और नशे की तरफ झुकाव ही न हो ।

जीवनचर्या में नए कार्यक्रम और शौक को विकसित करिए । ऐसे कामों में जुट जाइए, जो आप के लिए कुछ उद्देश्य रखते हों । आप को जब आप की मनपसंद क्रियाकलापें और शौक व्यस्त रखेंगें, अल्कोहल तथा नशीली दवाइयों की तरफ आप का ध्यान भी नहीं जाएगा ।

ऐसी बातों और समूहों से बचें, जो आप को नशे की तरफ उकसाए । अगर कुछ लोग, कुछ जगहें, कुछ समूह या कुछ समारोह, जहां पर नशे की तरफ खिंचाव हो, उन सबसे से अपने को बचाएं और उनमे सम्मिलित न हों । यह सोच और दृढ़ता आप के जीवन में नए परिवर्तन ला सकती है – या तो अपने पुराने दोस्तों समूहों को ही परिवर्तित करें ताकि वहां नशे की कोई बात न हो अथवा अपने को उनसे हटा कर, नए सम्बन्ध बांयें, नए दोस्त नए समूह बनाएं और नई दिशा की तरफ बढ़ें ।

नशीली दवाओं और शराब की समस्या वालों के लिए ग्रुप सपोर्ट:

ग्रुप का समर्थन और सहायता, जैसे बाक़ी नशे के कुप्रयोग में उपचार के दौरान या बाद में बहुत सहायक होता है, सहवर्ती मनोरोग की चिकित्सा में भी होता है । इस तरह के ग्रुप के सदस्यों में रोगोपचार के प्रति गंभीरता होती है, और उपचार या उसके बाद आने वाली समस्याओं को तथा चुनौतियों को किस तरह से सुरक्षित एवं सरल ढंग से हल किया जाए, उसकी मंत्रणा भी मिलती है । अक्सर, सहवर्ती मनोरोग उपचार पद्धति में, ग्रुप सपोर्ट, प्रोग्राम का हिस्सा होता है, जो उपचार और उसके बाद के समय में भी, मनोरोगी के जीवन को हर तरह की चुनौतियों का सामना कर के एक दृढ रास्ते पर लाने में सहायक होता है । इस विषय में आप का डॉक्टर या उपचार करने वाला व्यक्ति, उन ग्रुप सपोर्ट संस्थानों से परिचय करवा सकते हैं ।

यह बेहतर होगा कि दोनों तरह के मनोरोग (सहवर्ती) के लिए कोई सहवर्ती सपोर्ट ग्रुप में शामिल हुआ जाए, इसके अलावा, १२ चरण ग्रुप (12 step group) भी इस निदान के दौरान बहुत सहायक हो सकते हैं – दूसरी बात यह भी है कि १२ चरण प्रोग्राम बहुत प्रचलित भी हैं, अतः आप के घर के आस पास ही इस प्रोग्राम का लाभ लिया जा सकता है । यह फ्री प्रोग्राम, कुछ मित्र समूहों द्वारा किया जाता है – जो कुछ ग्रुप समूह के साथ मिलकर - १२ चरणों के मार्गदर्शक सिद्धांतों पर चलते हैं ताकि मनोरोगी एक सुदृढ़ मन बना सके और नशे की तरफ के हर झुकाव का गंभीरता से परहेज़ करे ।

हाँ, इस बात को सुनिश्चित कर लें कि आप का सपोर्ट ग्रुप, आप के सहवर्ती मनोविकारों और उपचार के दौरान चल रही दवाइयां के लिए कोई बाधा न दे । इन ग्रुप के कुछ लोग, मनोचिकित्सा के दौरान चल रही दवाइयों को भी एक तरह की आदत समझने की गलती करते हैं तथा उसे लेने के लिए या तो मना कर देते हैं या रोगी को शामिल नहीं करते । याद रखिए, आप को सुरक्षित लोगों के बीच पहुंचना है, जो आप की मदद कर सकें, दबाव वाली जगह पर नहीं ।

मनोरोग तथा पदार्थ नशा की समस्या वाले किसी अपने की सहायता करना:

जब कोई अपना मनोरोग और नशीली दवाइयों के सेवन की लत से ग्रसित होता है तब उसकी सहायता करना, टेढ़े मेढ़े रास्ते पर चलने की तरह हो जाता है । उपचार

करवाने में प्रबल आनाकानी, एक बड़ी समस्या है और उपचार का समय भी लंबा हो जाता है।

किसी अपने को, इस रोग के उपचार के दौरान सहायता करने के लिए, आप को सबसे पहले यह समझना होगा कि आप क्या कर सकते हैं और क्या नहीं कर सकते हैं। याद रहे कि आप रोगी को हर समय बात मानने और शालीन रहने के लिए नहीं कह सकते, न ही उसे दवा लेने के लिए मजबूर कर सकते हैं या उपचार के लिए किसी से मिलने पर मजबूर कर सकते हैं। आप सिर्फ सकारात्मक सोच रख रोगी की बात मानते हुए उसे प्यार से किसी की सहायता लेने के लिए मना सकते हैं, जिससे उसे कोई मजबूरी महसूस न हो और आप भी इस दौरान कोई नियंत्रण न खो बैठें।

दूसरों का समर्थन लीजिए – किसी अपने की मनोरोग के उपचार के दौरान देखभाल करते वक्त, आप स्वयं एक विकट परिस्थिति से गुज़रते हैं। यह समय आप के लिए भी अकेलापन और तकलीफदेह होता है। आप के भीतर की संवेदनाएं दबी रहती हैं वे चाहे करुणा की हों या क्रोध की, जिन्हें आप रोगी के सामने उजागर नहीं कर पाते। ऐसे में अपने किसी विश्वसनीय समर्थक से मिल कर, उससे इन सबके विषय में बातें करने से, आप के मन के गुबार मिट जाते हैं और मन हल्का हो जाता है।

सीमाएं तय करिए – आप अपने प्रिय रोगी की कितनी देखभाल कर सकते हैं, उसकी सीमा तय कर लीजिए। किस बात तक आप उसके साथ खुश रह सकते हैं और कहाँ पर नाराज हो सकते हैं, उसकी रेखा बना लीजिए। उपचार के दौरान रोगी के दुर्व्यवहार बढ़ सकते हैं। ऐसे में आप उस दुर्व्यवहार को स्वीकार करने की सीमा बना लीजिए। ऐसा न हो कि भावावेश में आप कुछ कर बैठें या रोगी को कुछ नुक्सान हो जाए। यह नुक्सान प्राणघातक भी हो सकता है।

जानकारी लीजिए – अपने प्रियजन की चिकित्सा के दौरान, आप को यह पता होना चाहिए कि क्या क्या व्यवहार, घटनाएं, दुर्घटनाएं या मांग रोगी द्वारा हो सकती है। रोग, उसके उपचार की पद्धति तथा किसी काम के परिणाम और दुष्परिणाम के बारे में जान लीजिए। इससे रोगी को संभालने में सुविधा होगी और पहले से जानकारी होने से आप को भी चिड़चिड़ापन नहीं होगा और सीमा का अतिक्रमण करके आप उसकी किसी गैर जरूरी मांग को पूरा भी नहीं करेंगे।

धैर्य रखिए – सहवर्ती मानसिक रोगों से छुटकारा मिलना, रातोंरात नहीं होता। इसका उपचार लंबा समय लेता है। मन के अवचेतन मन में निराशाजनक चाहतें निकाली जाती हैं और सकारात्मक चाहतें रोपित की जाती हैं। शरीर और मन के उपचार में यही फर्क है कि शरीर का उपचार सामने दिखायी देता है लेकिन मन का नहीं।

मनोपचार में रोग के प्रत्यावर्तन (relapse) की संभावना भी होती है। यह स्थिति और भी खतरनाक है, अतएव हर पल और हर कदम सावधान रहना ज़रूरी है। सावधानी से आप अपने प्रियजन को मनोरोग से पूरी तरह बाहर लाकर स्वस्थ कर सकते हैं, सिर्फ धैर्य और समय को साथ रखिए।

कृतज्ञता का भाव
(शुक्रगुजारी का रवैया)

कृतज्ञता और प्रशंसा, हमारे मानसिक हथियार हैं जो हमारे अच्छे व्यक्तित्व और विचार को परिभाषित करते हैं । मानसिक पटल पर ये दोनों भाई हमारे जीवन की समस्याओं को कम करते हैं । कृतज्ञता और प्रशंसा, वे भाव हैं जो हमारे जीवन को सुन्दर बनाने वाले लोगों को प्रकाश बिंदु में लाते हैं । कुछ चीजें अदृश्य हो कर भी हमारे सुख के लिए काम करती हैं, जैसे दुआएं, आशीर्वाद आदि । हम ऐसी अदृश्य किन्तु उपकारी चीजों के लिए लोगों के प्रति कृतग्य होते हैं । यही अदृश्य अच्छाई हमें, खुली साफ़ सडकों, साफ़ सुथरे परिवेश, वातावरण, पर्याप्त भोजन पदार्थों और सभी के लिए स्वास्थ्यवर्धक क्रियाओं में भी देखने को मिलती है ।

लेकिन कृतज्ञता से समस्याएं और खतरे हल नही होते । हम परीक्षा में फेल हो सकते हैं, अपनी नौकरी खो सकते हैं, अपने पसंदीदा कॉलेज में प्रवेश नही पा सकते या बीमार हो सकते हैं । खतरे और समस्याएं जीवन के रास्ते में कई जगह हैं, और ये सच है कि ये हैं । एक समय हम खतरा महसूस करते हैं, समस्याओं में फंसते हैं, लेकिन तभी जीवन समाप्त नहीं हो जाता । हम अच्छे दिनों में भी थे और उन सुखी पलों को भोगे भी । वह हमारी कल्पना में है और फिर अच्छे दिन आ सकते हैं यह भी हमारी कल्पना है । फिर खतरे और समस्याओं का वजूद ? हाँ, वजूद है – ये वजूद भी आने वाले कल में कल्पना हो जायेगा । मैं आशंका हूँ और मैं ही वह आवरण पहने हूँ, जो मुझे इस आशंका से बाहर ले जाएगा ।

यही वह समय है जो मुझे कृतज्ञता या आभार की तरफ ले जाता है । अगर मैं यह कहता हूँ तो मनोवैज्ञानिक शोध के अनुसार, कृतज्ञता की बात सामने आ जाती है । तो फिर, यह कृतज्ञता है क्या ? मेरे लिए इसका क्या मतलब है ? मनोवैज्ञानिक शोध के अनुसार, यह कृतज्ञता एक अहसास है जो हमारी मानसिकता को और दृढ बना कर, हमें उन खतरों और समस्याओं से आगे बढ़ने की प्रेरणा देता है । ये खराब दिन कुछ दिनों के मेहमान हैं और इसके बाद, हम प्रकृति के कृतज्ञ हैं कि बेहतर और खुशहाल दिन आयेंगे जैसे कि बीते समय में थे । कृतज्ञता हममे एक ताकत भरती है कि हमारे आस पास के लोग और संसाधन, इतने प्रबल हैं कि हमें समस्या और संकट से निकाल लेंगे तथा मैं इन खराब दिनों को पार कर सकूँगा ।

कृतज्ञता का भाव बढ़ाने के तरीके

- कभी कदा, मृत्यु और नुकसान के बारे में सोचिए – कभी यह सोच कर देखिए कि कुछ ही पलों में मृत्यु आने वाली है। मृत्यु का अहसास, आप को जीवन में मिली सुख और खुशी का अहसास करा देगा। आप को लगेगा कि ज़िंदगी कितनी कीमती है और यह अमूल्य है। आप जीवन के प्रति कृतज्ञ हो जाएंगे। हो सकता है कि इस समय, जब कोरोना वायरस ने दुनिया में कहर ढाया हुआ है, आप के मन में ख्याल ज़रूर आया होगा कि हज़ारों लाखों लोग ऐसे हैं जो इस कोरोना की वजह से, आर्थिक रूप से बर्बाद हो चुके है। शेयर मार्केट में लाखों लोग अपनी पूंजी गँवा चुके हैं और तब आप महसूस करेंगे कि भगवान के प्रति आप कृतज्ञ हैं कि आप उस तरह के नुकसान से बचे हैं। और यदि आप भी पैसे का नुकसान भुगत चुके हैं तो यह सोचिए कि हज़ारों लोगों की जानें चली गयीं लेकिन आप उन भाग्यशालियों में से हैं जो या तो इस बीमारी से अभी तक अछूते हैं या फिर बीमारी लड़कर जीत चुके हैं। ऐसे में भी आप ईश्वर के प्रति अपनी कृतज्ञता ज़ाहिर करेंगे।

- ध्यान से सोचिए कि जो चीजें आप के पास हैं, अगर न होतीं तो: यह हमारा प्राकृतिक स्वभाव है कि जो चीज़ें हमारी हो जाती हैं, हम उनकी कद्र करना भूल जाते हैं। मनुष्य का स्वभाव, चीजों को अपने अनुकूल बना लेता है। बाज़ार से एक कीमती पेन खरीदने के बाद, हम दो एक दिन उसे ठीक से रखते हैं और फिर इधर उधर रखने लगते हैं। लेकिन जब वह पेन खो जाता है तब हमें लगता है कि काश ! वह पेन न खोया होता। कितना अच्छा पेन था वह ! पेन के आस पास दिखने तक हमारी नज़र में उसकी कीमत खत्म हो गयी थी, लेकिन पेन खोते ही हमें उसकी कमी का अहसास होने लगा। यह बात सिर्फ़ पेन नहीं, हर उस चीज़ पर लागू होती है जो हमें मिली है। वातवरण की मुफ्त ऑक्सीजन हमें फ्री मिलती है लेकिन हम इसमें कोई एहसान नही मानते परन्तु, जब वेंटीलेटर में वही ऑक्सीजन प्राण बचाती है और हज़ारों रुपयों की कीमत में भी हमें प्राणों के लिए लेना पड़ता है, तब हम भगवान के प्रति अपनी कृतज्ञता ज़ाहिर करने के लिए हम खुदबखुद झुक जाते हैं। अतः चाहे पेन हो, चॉकलेट हो, सूरज की रोशनी हो या वातावरण की प्राणवायु – इनके खोने पर हम फिर उन्हें वापस पाना चाहते हैं जब कि इनके रहने पर हम कोई महत्व नहीं देते और "यों ही" समझ लेते हैं।

यह बात आप के आस पास के लोगों के लिए भी लागू होती है: हम अपने आस पास के लोगों को कोई ख़ास महत्व नहीं देते, लेकिन कभी उनके बिना अपनी ज़िंदगी को सोचिए – आप का कलेजा काँप उठेगा और संबंधों की महत्ता के प्रति आप कृतज्ञ हो उठेंगे । जो भी हो – किसी वस्तु या व्यक्ति के कमी की कल्पना, आप को झिझोड देती है ।

यही बात अपने शरीर पर भी लागू होती है । अपने शरीर का हम ध्यान नहीं रखते, लेकिन एक नाखून भी अगर अधिक कट जाए तो पूरे शरीर में सिहरन होती है और तब आप समझते हैं कि यह शरीर आप के लिए एक दैविक उपहार है तथा आप इसके लिए कृतज्ञ हैं । एक मनोवैज्ञानिक अध्ययन के अनुसार, भोजन से पहले, ईश्वर की प्रार्थना कृतज्ञता ज़ाहिर करना है और इससे भोजन का स्वाद बढ़ जाता है । एमिली नुमन की एक रिपोर्ट के अनुसार, “लोग खाने के प्रति जितना अधिक ध्यान देते हैं, खाना उतना ही स्वादिष्ट लगता है” । वैसे भी, दुनिया के सभी लोग, चाहे बूढ़े हों या जवान, यही कहते हैं कि “माँ के हाथ का खाना जैसा स्वादिष्ट खाना, दुनिया में नहीं है” । और सब यह जानते हैं कि कोई भी माँ खाने में वही चीजें डालती है जो सब डालते हैं लेकिन माँ उसके साथ अपने बेटे के लिए “स्नेह” भी खाने में डालती है जो खाना को स्वादिष्ट बनाता है । “स्नेह” अदृश्य है, लेकिन अनूठा है । हर बच्चा हर उमर में इस “स्नेह” के लिए कृतज्ञ रहता है ।

अब आइए देखें कृतज्ञता से जुड़े कुछ तथ्य:

1) अच्छी चीजें उपहार हैं, अधिकार नहीं

कृतज्ञता का विलोम क्या है ? अधिकार – लोगों का आप के प्रति रवैया या भाव, आप के व्यवहार का प्रतिफल है । आप उनके लिए ख़ास हैं इसलिए उनका रवैया अच्छा भी हो सकता है, बुरा भी ।

“हमारे जीवन के परिदृश्य में, हम स्वयं में इतना व्यस्त हो जाते हैं कि उपकारकर्ता और उनेक उपकारों को भूल जाते हैं । जीवन की उहापोह में हम भूल जाते हैं कि तमाम लोगों ने हम पर कुछ न कुछ उपकार किए हैं और हम उनके ऋणी हैं ।” कृतज्ञता अनुभूति के क्षण, जीवन पथ की धूल में धूमिल होजाते हैं । “उलाहना और कष्ट की संख्या के आगे, आशीर्वादों की संख्या छिप जाती है ।”

इसका प्रतिकार, एक सोच है जिसे एमोंस ने इस तरह समझाया है – हम स्वयं पैदा नहीं हुए । या तो हमारा क्रमिक विकास (evolution) हुआ है, या ईश्वर ने पैदा किया है अथवा माँ बाप ने जन्म दिया है । इसी तरह हम अकेले सम्पूर्ण नहीं है । मनुष्यों को दूसरे व्यक्तियों की ज़रूरत पड़ती है, चाहे वह खाने पीने के लिए हो, किसी शारीरिक आघात में सहायता की हो, खाने के लिए अन्न की हो या और भी रोज़मर्रा की

ज़रूरतें हों । इसके अलावा, अपने विकास के लिए, परिवार संबंधी, मित्र, घरेलू पशु तथा समूह और समाज की भी ज़रूरत पड़ती है ।

इसको यदि कृतज्ञता की दृष्टि से देखा जाए तो मानव जाति का जीवन एक दूसरे से बंधा है, जिसमे सब एक दूसरे को कुछ न कुछ दे रहे हैं और एक दूसरे से ले भी रहे हैं । इसीलिए एक विनम्र व्यक्ति यही समझता है कि "जीवन एक उपहार है जिसके हम आभारी हैं, कृतज्ञ हैं । जीवन अधिकार नहीं है ।"

2) सिर्फ वस्तुओं के नहीं, लोगों के भी हम कृतज्ञ हैं:

ऐसा कोई भी व्यक्ति नहीं है जिसे दूसरे लोगों ने कभी न कभी सहायता न किया हो । जब किसी दूसरे की सहायता हमारे जीवन में कोई समस्या हल कर देती है, या कठिनाई सरल कर देती है या जीवन में सुविधा देती है, हम उसके आभारी हो जाते हैं। उपकार करने वाले और हमारे बीच एक बंधन बंध जाता है । वह हमारा विश्वासपात्र और स्नेही हो जाता है जिसे हम अपनी मानसिक तंत्रों में याद कर लेते हैं । मानसिक तंत्रों में यह उपकार का बंधन, सुख, संतोष देता है और हमारी मनोभावना उस व्यक्ति के प्रति कृतज्ञ हो जाती है । कृतज्ञता का भाव जैविक है जो मस्तिष्क में पनपता है । "आभार" प्रकट करके हम उसके प्रति कृतज्ञता दिखाते हैं और मानसिक तौर पर हम सम्बन्ध बना लेते हैं । यही सम्बन्ध की कड़ी, समाज में हमें जोड़ती है और सामजिक रिश्तों को और मजबूत करती है ।

3) कृतज्ञता को स्नेह और चाहत से प्रकट करिए, सिर्फ दिखावे के लिए नहीं ।

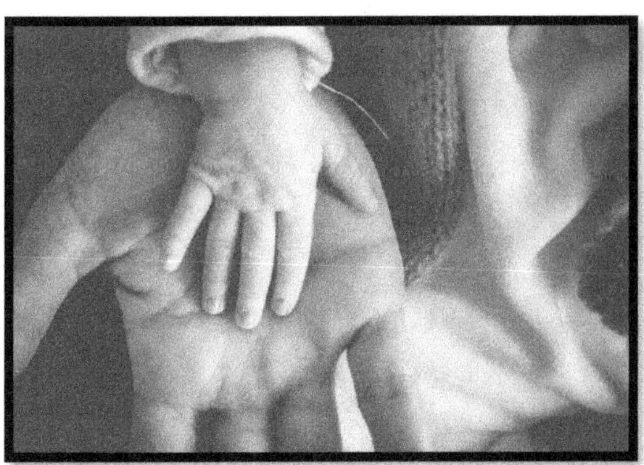

4) लीक से हटकर विशेष धन्यवाद दीजिए:

> " जीवन एक पीड़ा है, अतः आप कितना भी सकारात्मक सोच रखें, यह सत्य नही बदल सकता। "

इसलिए, लोगों को सिर्फ उत्साह बढ़ाने से, उनकी दुआएं गिनने से और लोगों से कृतज्ञता की आशा करने से आप के जीवन की पीड़ा कम नहीं होगी। लेकिन इसका मतलब यह नहीं कि लोगों की दुआएं और स्नेह का कोई मतलब नहीं। दुआएं और स्नेह आप के मन को सकारात्मकता देती हैं। इस सकारात्मक सोच और प्रसन्न मन से जीवन में पीड़ा का मुकाबला करना ही जीवन-संघर्ष है। हर चुनौती को स्वीकार कर के उसे अवसर में बदल देना, हानि में लाभ के काम करना, निराशा को आशा में बदलना, सकारात्मक सोच और मन की प्रसन्नता से शुरू होता है।

कृतज्ञता आप और आपके मन को कैसे बदलती है:

> "कृतज्ञता हमारे मानसिक स्वास्थ्य में क्या सुधार लाती है, इस पर नई खोज शुरू हो रही है"
>
> – जोएल वुंग, जोशुआ ब्राउन

स्वास्थ्य सेवा की गतिविधियों में लगातार सुधार होता रहा है। बहुत से रोग अब पहले से कम समय और कम खर्चे में ठीक हो जाते हैं। समय को कम करने और खर्च को कम करने की बात, मानसिक रोगियों के उपचार में भी एक ज्वलंत समस्या के रूप में उभरी है। स्वास्थ्य कर्मी भी यह सोच रहे हैं कि किस तरह कम समय और खर्चे में मनोरोगियों को ठीक किया जा सके ?

हाल ही में कुछ ऐसे प्रमाण मिले हैं कि मनोरोग चिकित्सा के साथ कुछ और "प्रक्रियाए" करने से मनोचिकत्सा को कम समय और कम खर्चे में विकसित किया जा सकता है। हमारी अपनी खोज के अनुसार उन क्रियाओं में एक "प्रक्रिया" कृतज्ञता का अभ्यास है। दिलचस्प बात यह है कि विगत कुछ दशकों में, यह साबित हुआ है जो लोग "कृतज्ञता" या "धन्यवाद" पाते हैं और याद रखते हैं, वे प्रसन्न और कम अवसादित होते हैं।

लेकिन एक समस्या यह है कि कृतज्ञता के ऊपर किए गए ये प्रयोग अभी तक, मनोरोगियों पर नहीं बल्कि पूरी तरह स्वस्थ लोगों पर किए गये हैं। अब बात उठती है

कि क्या मनोरोगियों पर भी "कृतज्ञता" की प्रक्रियाएं उतनी ही लाभकारी हैं, जितनी स्वस्थ व्यक्तियों पर ? यदि हाँ, तो कैसे ?

इस प्रश्न का परिणाम जानने के लिए, हमने एक मेंटल काउन्सलिंग यूनिवर्सिटी में, ३०० छात्रों पर, जो अलग अलग कॉलेज से थे और मानसिक रोग से पीड़ित थे, यह प्रयोग किया है । इन छात्रों को हमने उस समय चुना जब उनकी पहली काउन्सलिंग भी नहीं हुई थी और ये छात्र तुलनात्मक रूप से कम स्तर के मानसिक रोगी थे । इस यूनिवर्सिटी में काउन्सलिंग की सेवा लेने वाले अधिकतर लोग दुश्चिंता और अवसाद के शिकार थे ।

जानते हैं कि हमें क्या मिला ? कुछ छात्रों को नकारात्मक अनुभव लिखने को कहा गया था या वे छात्र, जिनकी सिर्फ काउंसलिंग हुई थी; उनकी अपेक्षा जो छात्र कृतज्ञता के बारे में लिखने के लिए कहे गए थे, उनमे बहुत फर्क था । उनकी राइटिंग एक्सरसाइज करने के करीब 4 से १२ हफ्ते के बाद, कृतज्ञता के लिए लिखने वाले छात्रों की मानसिक स्वास्थ्य में बेहतर सुधार हुआ था । इसके अनुसार यह प्रतीत होता है कि कृतज्ञता की बातें लिखने से न सिर्फ मानसिक रूप से स्वस्थ लोगों का मन प्रसन्न होता है बल्कि मानसिक रोगियों के स्वास्थ्य में भी आशातीत सुधार की संभावना है । अतः निस्संदेह कृतज्ञता का अभ्यास, मानसिक उपचार के साथ यदि किया जाए, तो उपचार की क्रिया बेहतर हो जाती है चाहे यह प्रक्रिया थोड़े ही समय के लिए की जाए ।

आत्महत्या की प्रवृत्ति को कैसे हराएं

> *"आत्महत्या, पीड़ा समाप्त नहीं करती, यह पीड़ा उनको दे देती है*
> *जिन्हें आप प्यार करते हैं।"*

हर व्यक्ति के लिए सफलता और सुख की परिभाषाएं अलग अलग हो सकती हैं पर मेरे अनुसार किसी मनोरोगी को दुश्चिंता, अवसाद और आत्महत्या की इच्छा से मुक्त कराना, जीवन का सबसे बड़ा संतोष है। बहुत से युवाओं के साथ मैं, सहायक बन कर मुक्त करा चुका हूँ और भविष्य में भी लगा रहूँगा। मेरा यह अनुभव है कि अगर आप में अपनापन है, स्नेह है, कटिबद्धता है और आध्यात्मिक आधार है, तो पीड़ित व्यक्तियों को इन समस्याओं से मुक्त कराना, कोई कठिन काम नहीं। अब तक हम जो चर्चा कर चुके हैं और आगे भी जो करेंगे, वह एक व्यक्ति को, इन समस्याओं से मुकाबला करने में ज़रूर सहायक होगा।

आइए, जीवन की श्रेणीक्रम और आत्महत्या की प्रवृत्ति को समझें –

इसको समझने के लिए, आइए हम एक थिएटर की तुलना कर के आगे चलते हैं। जब आप जन्म लेते हैं तब आप, माँ-बाप तथा परिस्थतियों से घिरे रहते हैं। हैं न ? यह स्थिति वैसी ही है जैसे आप किसी रोल की भूमिका निभाने के लिए स्टेज पर आते हैं और पहले से वे परिस्थितियाँ विद्यमान रहती हैं। आप रोल स्वीकार कर के ही स्टेज पर उतरते हैं। नाटक में आप की भूमिका कितनी है और क्या क्या परिस्थितियाँ आने वाली हैं, उन सब का ताना बुना, परदे के पीछे बनता रहता है। हो सकता है कि आप के रोल के लिए और भी लोगों ने गुजारिश की हो, लेकिन यह रोल आप को मिला है तो, आप को ही निभाना है।

ठीक है ! आप अपना रोल स्टेज पर बखूबी निभा रहे हैं। एक दिन आप को यह लगने लगता है कि आप का रोल, निभाने के लिए, दिन ब दिन कठिन होता जा रहा है। हो सकता है कि आप प्रदर्शन के लिए लेट हो रहे हैं। हो सकता है कि आप को संवाद की लाइन पसंद नहीं है। हो सकता है कि दर्शक आप को तंग कर रहे हों। हो सकता है कि आप का रोल, हर दृश्य में कठिन हो और आप को दम' लेने की फुर्सत

100

न मिल रही हो । यह भी हो सकता है कि आप का रोल इतना कम हो कि आप दिखते ही नहीं और आप नगण्य महसूस करते हैं । हो सकता है कि आप को साथी कलाकार पसंद नहीं हैं । हो सकता है कि नाटक के दौरान कोई आप को चोट पहुंचा रहा हो । कुछ भी, आप बस यह महसूस कर रहे हैं कि रोल अब ठीक नहीं लग रहा है और छोड़ना चाहते हैं । यही हाल हमारी ज़िंदगी में भी है । यहाँ भी हम भूमिका अदा करते हैं और बहुत सी चीजें या तो हमारे मुआफिक नहीं होतीं या हमें पसंद नहीं आतीं, तब हम अपना रोल छोड़ना चाहते हैं ।

इसको दूसरी तरह समझिए कि कोई आप का, आप के मित्रो या आप के प्रियजनों के बीच, घोर अपमान कर दे तो आप कैसा महसूस करेंगे – पूरे दिन आप के दिमाग में वही बात घूमती रहेगी । आप दुखी और तनाव पूर्ण रहेंगे । यही यादें लिए हुए आप रात को सोंयेंगे । जब सुबह आप उठेंगे तो कौन सी बात आप के दिमाग में सबसे पहले आएगी?? वही विचार, जो आप सोने से पहले अपने दिमाग में लिए घूम रहे थे, सुबह फिर आप को घेर लेंगे । इसका मतलब है कि हमारी याददाश्त, हमारे दिमाग में विचारों का जमावड़ा बना लेती है और ख़ास तौर से ऐसे विचार, जो हमारे मस्तिष्क को उद्विग्न कर दें । अतः, जब किसी व्यक्ति में आत्महत्या की इच्छा जागती है, उसका कारण, ऐसे विचारों से भरा होना होता है जो निराशाजनक, तनावपूर्ण, अवसादित, नकारात्मक, दबाव भरे, दुश्चिन्तायुक्त, आत्मविश्वासहीन किसी पर भरोसा न रखने वाले होते हैं । ऐसी अवस्था में आत्मा, इन्हीं विचारों को लेकर जाती है और अगले जीवन में यही विचार दोबारा उभरते हैं तथा अगला जीवन और भी निराशापूर्ण, दुखी, दुश्चिन्तायुक्त और कष्टकर होता है । यह उसी तरह होता है जैसे कि ६० डिग्री के तापमान में अपने कपडे उतारना । जहां कपड़ों से थोड़ी राहत मिलती थी, वहां पूरा शरीर ही गरमी से झुलसने लगता है ।

हम जानते हैं कि जीवन में कठिनाइयां हैं । कहीं कहीं कठिनाइयां असहनीय हो जाती हैं, लेकिन जीवन में आशा भी तो है । हममे से कइयों ने अपने जीवन में कभी न कभी आत्महत्या करने की बात ज़रूर सोची होगी । लेकिन क्या यह निर्णय और कोई रास्ता नही दिखाता ? मरने से पहले क्या ज़रूरी नहीं है कि और समय दिया जाए । यह देख लिया जाए कि आखिर कठिनाई हमारी कितनी दूर तक परीक्षा ले सकती है । हत्या अपराध है तो क्या आत्महत्या अपराध नहीं है ? यह मृत्यु दंड है, किसको ? स्वयं को ! किसलिए ? पता नहीं । जब आप को पता ही नहीं कि आप अपने को मृत्यु दंड किसलिए दे रहे हैं तो फिर क्यों देने की सोच रहे हैं ? अपराध दूसरों का, दूसरों के कारण आप का जीवन कठिन हो सकता है, परिस्थितियों के कारण जीवन कठिन हो सकता है, अपनों के कारण जीवन कठिन हो सकता है, तो फिर दूसरों के

लिए खुद को मृत्यु दंड !!! यह सरासर गलत निर्णय है । आप आत्मा को माने या न माने लेकिन निरपराध आत्मा को शरीर त्याग कर देने का यह निर्णय, आप को मरने के बाद भी चैन से नहीं रखेगा । जीवन संघर्ष है और संघर्ष में विजयी व्यक्ति ही उत्तम है । उत्तम बनिए । अपने को बचाहिए, दूसरों को बचाहिए । न आप अपने आप पैदा हुए हैं और न कोई दूसरा, इसलिए अपने आप अपनी जान लेने का अधिकार, अपराध है, घोर अपराध । जब आप स्वयं जन्मे नहीं तो स्वयं मरने का अधिकार किसने दिया?

नाटक की भूमिका मत छोड़िए । सहायता मांगिये । कुछ दिनों तक छुट्टी पर चले जाइए । आप का रोल उतने दिन कोई और कर लेगा । लेकिन छोड़िए मत । संवाद कठिन हैं तो और मेहनत कीजिए । रोल कठिन है तो अभ्यास बढ़ा दीजिए । निदेशक ने आप पर भरोसा कर के आप को चुना है, उसका भरोसा मत तोडिये । भगवान ने आप को भेजा है, उसका विश्वास मत तोडिये । अपनी भूमिका निभाइए । आप की क्षमता के अनुसार ही आप को रोल मिला है उसे निभाइए । अपने अंदर की ताकत को खोजिये । अपने को पहचानिए । आप मनुष्य हैं, मिट्टी की मूर्ति नहीं । आप में जान है, सोच है, बुद्धि है और सामने लंबा जीवन है । अपने अंदर की संपदा पहचानिए । किसी के मांगने पर भी, आप अपना एक हाथ, एक लाख रुपये में भी नहीं बेचेंगे । जब आप के हाथ की कीमत ही इतनी ज़्यादा है कि आप बेचना नहीं चाहते, तो आप अपने शरीर को क्यों मुफ्त में समाप्त कर देना चाहेंगे ? दूसरों से सहायता लीजिए, खुद पर भरोसा कीजिए और जीवन सुरक्षित रखिए । माँ बाप ने बहुत मुश्किलों से इसे पाल पोस कर बड़ा किया है । उनका सम्मान रखिए, अपना सम्मान करिए ।

आप अगर समझते हैं कि आप के जाने के बाद कोई आप से हमदर्दी रखेगा, तो आप की समझ गलत है । कोई नही रखेगा । जब आप को खुद से हमदर्दी नहीं तो औरों को क्या होगी ? बल्कि लोग आप को कायर समझेंगे और एक ऐसा व्यक्ति समझेंगे जो इतने बहुमूल्य जीवन को संभाल के नही रख सका ।

किसी की आत्महत्या पर, कौन सबसे अधिक कष्ट पाता है ? जी हाँ, माता पिता और अपने लोग । जिन्होंने आप को बड़ा करने में अपने सुख चैन की परवाह नहीं की, वे आप की मौत पर रोते हैं, वरना दुनिया तो बहुत बड़ी है, कौन किसके लिए रोता है ? कोई नहीं रोता । यहाँ तक कि माँ बाप भी रो रो कर दिन काट लेंगे, लेकिन सबसे बड़ा नुक्सान आप का होगा, कि आप को ज़िंदगी मिली और आप उसे रख नहीं पाए । माता पिता के जीवन में सबस बड़ा दुःख संतान की मृत्यु होता है । उनके लिए इससे बड़ा दुःख कुछ नहीं । जिस बच्चे को पैदा होने के बाद से गोद में रखते हैं, उसकी अर्थी पर उठाना, उनके लिए पहाड़ उठाने की तरह होता है । वह दुःख अथाह है,

असीम है और नासूर बन कर पूरी ज़िंदगी उनके हृदय को बींधता रहता है । आत्महत्या के बाद व्यक्ति तो मर जाता है लेकिन माँ बाप और अपने लोगों को जीवन बहर तिल तिल कर मरने के लिए छोड़ जाता है.. इससे बड़ा अपराध, और कुछ नहीं ... इसलिए जीवन जियें.. दूसरों को जीवन देने की चेष्टा करिए.. दूसरों की सहायता करिए .. अपने को बचाहिए और दूसरों को बचाहिए.. आत्महत्या का विचार आने से पहले एक बार नहीं दो बार नही हज़ार बार सोचिए.. सोचिए और सोचिय.. कि क्या अनर्थ सोच रहे हैं ... ऐसी सोच ही मत आने दीजिए ... खुद बचिए, दूसरों को बचाइए ।

दुनिया में करोड़ों लोग हैं । अगर किसी ने आप के साथ बेवफाई की है, इसका मतलब यह तो नहीं कि कोई दूसरा आप के साथ वफा नहीं करेगा । दुनिया में करोड़ों विकल्प हैं – कोशिश तो कीजिए । यही बात परीक्षा के साथ भी लागू है । एक परीक्षा में पाया गया कम नंबर या ग्रेड, आप की ज़िंदगी डुबाते नहीं है, बल्कि आप को आगाह करते हैं कि इस परीक्षा से अलग दूसरी परीक्षाएं, आप का इंतज़ार कर रही हैं जहां आप सफल होंगे और सफलताएं हासिल करेंगे ।

आप स्मार्ट नहीं दिखते, यह परेशानी की बात नहीं है, लेकिन आप नहीं दिखते, यह चिंताजनक बात है । बाहरी दिखावा, एक आभास है जो क्षीण होता रहता है लेकिन भीतरी सुन्दरता अद्भुत है जो आप को सफलता के मार्ग दिखाती है ।

आइंस्टीन को बचपन में टीचर ने मंदबुद्धि बच्चा घोषित कर दिया था, लेकिन वह शताब्दी के सर्वश्रेष्ठ वैज्ञानिक निकले । स्टेफेन हॉकिंग शरीर से विकलांग की बीमारी से ग्रसित थे, लेकिन वह भी दुनिया के मशहूर वैज्ञानिक बने । कालिदास को "महामूर्ख" समझ कर लोगों ने उनके जरिए राजकुमारी से बदला लिया था, लेकिन वह संस्कृत के श्रेष्ठ रचनाकार बने । जीवन के अगले पल ने अपने कोष में हमारे लिए क्या रखे है, यह जीवन जीने पर ही पता चलता है, जीवन समाप्त करने पर नहीं । इसलिए जियो और जी भर के जियो ।

छोड़िए मत

भाग्य तो विपरीत होते ही रहेंगे,

पथ, शिखर के भी तो दुर्गम ही रहेंगे ।

ऋण बहुत, पूंजी है कम ? परवाह ना कर,

चाह मुसकानों की रख पर, आह ना कर ।

हर तरफ दबकर भी, मत मुँह मोड तू,

दम भी ले पर, लक्ष्य को मत छोड़ तू ।

हर निराशा में ही, आशा है छिपी,

जिस तरह बादल के पीछे, रशिम-रथी ।

कौन जाने ? अगला कदम हो सफलता,

दूर मंजिल लग रही, होगी वहीं, किसको पता?

यह मान कर तू सह ले, आखिरी हर वार को,

हर कदम उपलब्धि है, मत छोड़ कर्म-व्यापार को ।

----जॉन जी व्हिट्टर (अनुवादित)

आत्महत्या, अपना जीवन समाप्त करना है । यह जीवन के चरम तनावपूर्ण स्थिति की एक दुखदायी प्रतिक्रिया है – लेकिन उससे अधिक दुखदायी बात यह है कि आत्महत्या रोकी जा सकती थी, लेकिन यह बात सोची नहीं गयी । चाहे आप में आत्महत्या की प्रवृत्ति हो या किसी और व्यक्ति में, पहले आप इसकी प्रवृत्ति और इसके लक्षण समझिए और यदि ऐसा कोई नज़र आए तो तुरंत उसकी सहायता की कीजिए या किसी पेशेवर चिकत्सक को दिखाइए । जीवन बचाहिए चाहे अपना हो या किसी या का ।

जब किसी एक समस्या या समस्यों के समूह का कोई निदान नहीं दिखता, आशाएं समाप्त हो जाती हैं, मानसिक बल पूरी तरह धराशायी हो जाता है, और मनुष्य किसी हल कि तरफ सोच नहीं पाता, जीवन नहीं जीना चाहता और तब आत्महत्या करता है ।

लक्षण

❖　आत्महत्या की सोच रखने वाले के चिन्ह या लक्षण:

❖　आत्महत्या की बातें करना, जैसे; कि "काश मैं पैदा न हुआ होता !" या "मेरा मर जाना ही बेहतर है" या "मेरे मरने से ही हर तरफ से छुट्टी मिलेगी", आदि।

❖ मरने के साधन जुटाना, जैसे; कि बंदूक या पिस्तौल लेना, 'स्लीपिंग पिल्स' इकट्ठा करना ।

❖ समाज से और लोगों से दूरी बनाए रखना तथा अकेले ही रहना ।

❖ भावावेश में बहुत अधिक उतार चढ़ाव होना, जैसे; किसी दिन बहुत खुश होना और किसी दिन बहुत अधिक अवसादित हो जाना ।

❖ मृत्यु, मरने कि क्रिगाएं और हिंसात्मक प्रवृति रखना ।

❖ किसी परिस्थिति में खुद को बुरी तरह फंसा हुआ पाना और निराश हो जाना ।

❖ नशीली दवाओं और शराब का सेवन शुरू कर देना ।

❖ नियमित कार्यक्रमों में आगूलचूल परिवर्तन । निद्रा और भोजन की समय सारिणी में भी परिवर्तन ।

❖ स्वयं को क्षति पहुंचाने वाले खतरनाक काम करना - जैसे, नशे का सेवन और अनियंत्रित गाड़ी आदि चलाना ।

❖ अपनी चीजों को बिना वजह दूसरों में बांटना । बिना ज़रूरत कुछ कामों को करना ।

❖ लोगों को अलविदा ऐसे कहना जैसे कि दोबारा मुलाक़ात ही नहीं होगी ।

❖ व्यक्तित्व और व्यवहार में विचित्र परिवर्तन जैसे कि अकस्मात विध्वंसक होना, साथ ही साथ ऊपर के लक्षण भी दिखायी देना ।

हालांकि ये प्रतीकात्मक चिन्ह, आत्महत्या की सोच का पूरा प्रमाण नहीं देते । आत्महत्या की सोच वाले व्यक्ति, कभी कभी अपने लक्षण दिखाते हैं और कभी कभी छिपाए भी रखते हैं । ये चिन्ह या लक्षण सामान्य होने के बावजूद सम्पूर्ण नहीं है और अलग अलग व्यक्तियों में अलग अलग हो सकते हैं ।

डॉक्टर से कब मिलें

जब आप में आत्महत्या की प्रवृत्ति पैदा होती है लेकिन आप खुद को चोट नहीं पहुंचाना चाहते ।

ऐसे समय अपने किसी दोस्त या नजदीकी व्यक्ति के पास चले जाइए – चाहे आप अपने जज़्बात न कह पायें फिर भी ।

किसी अधिकारी से मिलिए या किसी आध्यात्मिक गुरु के पास जाइए अथवा, अपने ही समुदाय के किसी धार्मिक गुरु से मिलिए ।

किसी आत्महत्या की समस्याओं को सुलझाने वाले "हॉटलाइन" नंबर पर फ़ोन करिए।

किसी डॉक्टर से बात करिए, किसी स्वास्थ्यकर्मी की सहायता लीजिए अथवा किसी मानसिक स्वास्थ्य कर्मचारी से संपर्क कीजिए।

❚ *"आत्महत्या की सोच, अपने आप नहीं जाती – इसलिए सहायता लीजिए"*

आशंका के तथ्य:

आत्महत्या के प्रयास महिलाओं में अधिक मिलते हैं लेकिन पुरुषों में ये प्रयास अधिकतर सफल होते पाए गए हैं। कारण यह है कि पुरुष अधिक जानलेवा तरीका प्रयोग करते हैं – जैसे कि पिस्तौल, बंदूक आदि।

आत्महत्या की आशंका उसे अधिक हो सकती है जिसने:

पहले आत्महत्या का प्रयास किया हो।

जो अपने को निराश, मूल्यहीन, क्रोधित, समाज से अलग महसूस करता हो।

जिसका जीवन तनावपूर्ण चल रहा हो जैसे कि प्रेम में बेवफाई, सैनिक सेवा में कोई समस्या, सम्बन्ध विच्छेद, आर्थिक समस्या या कानूनी समस्या।

नशीली दवाएं या शराब की बुरी लत हो, क्योंकि ये लत, मन को कमज़ोर कर देती हैं और सोच को इतना आवेशित कर देती हैं कि आवेग में मनुष्य कुछ भी कर सकता है।

जिसके मन में आत्महत्या के विचार आते हों और घर में पिस्तौल या बंदूक हो।

जो मानसिक रोगी हो जैसे कि गंभीर अवसाद, किसी दुर्घटना से मानसिक आघात या द्विध्रुवीय मनोविकार से प्रस्त।

जिसके परिवार में हिंसा, बलात्कार, मानसिक रोग, क़त्ल आदि की घटनाएं घट चुकी हों।

कोई शारीरिक गंभीर बीमारी हो जो मन अवसादित कर दे और आत्महत्या को ही निदान समझे, जैसे कि असाध्य बीमारी, कैंसर, असहनीय शारीरिक व्यथा आदि।

समलैंगिक, उभयलैंगिक या विपरीतलैंगिक (हिंजड़ा) व्यक्ति जो परिवार से निष्काषित हों बहुत प्रतिकूल वातावरण में रह रहे हों।

❚ *"जीवन में ही आशा है"*

बच्चे और किशोर:

बच्चों का मन बहुत कोमल होता है और किशोरों का अपरिपक्व । जीवन की जिन समस्याओं को, एक वयस्क संभालने की दृढ़ता रखता है, बच्चों में वह दृढ़ता थनप नही पाती और किशोरों में पूरी परिपक्व नहीं होती । अतः उन्हें छोटी मोटी समस्याएं भी जीवन से अधिक कठिन लगने लगती हैं । जैसे स्कूल की समस्या या किसी दोस्त से बिछड़ना । इसके अलावा कुछ ऐसी परिस्थितियाँ उनके मन को घात पहुंचाती हैं या उन परिस्थितियों पर वे कुछ बोल नहीं पाते जैसे कि:

मनोस्तापी विकार और अवसाद, ग्लानि, विषाद, मनोवमन, उदासी आदि ।

परिवार के सदस्य या दोस्त से अलगाव ।

शारीरिक या लैंगिक प्रताड़ना

अल्कोहल या नशीली दवा का प्रयोग

शारीरिक या चिकत्सीय समस्या जैसे कि गर्भवती होना या गुप्त रोग

स्कूल या कॉलेज के दौरान लगातार किसी दूसरे से तंग किए जाना

लैंगिक झुकाव का समझ न पाना

आत्महत्या की कहानियां सुनना या पढ़ना तथा उससे प्रेरित होना

ऐसे में यदि आप किसी अपने या दोस्त के परिवारों में किसी ऐसे किशोर या बच्चे को जानते हैं तो बेहतर होगा कि उससे आत्महत्या के विचारों को और उसकी इच्छाओं को सुने ताकि उसके मनोभाव के झुकाव का पता चल सके ।

निवारण या रोकथाम

किसी को आत्महत्या की सोच से रोकने के लिए:

उसके सोच के कारण को जानिए और उसका इलाज कराइए । अगर सोच की जड़

तक नहीं जाएंगे तो आत्महत्या की सोच, प्रवृत्ति में बदल जाएगी । हो सकता है कि व्यक्ति को मानसिक रोग के उपचार करवाने में झिझक हो रही हो, लेकिन एक बार उपचार आरम्भ होने के बाद अपने आप जो बदलाव आएगा, उसमे वह बेहतर महसूस करेगा । नशीली दवाइयों और शराब की लत से निजात पाने के बाद, स्वास्थ्य में सुधार होगा और मानसिक बल तथा आत्म विश्वास भी पैदा होगा ।

ऐसे लोगों का समर्थन और परिवेश हो, जिनसे वह व्यक्ति अपने मन की बात कह सके, अपने जज़्बात बता कर हल्का हो सके और जो उसकी बात सुन कर समस्या की जड़ तक पहुँच सकें ताकि आगे कोई हल निकाला जाए । ऐसे में दोस्त या थोड़े

बड़े और समझदार दोस्त, रिश्तेदार या आध्यात्मिक गुरु या धार्मिक गुरु, जो उसके संवेदनशील मन को कुरेद कर उससे उसके मन की पूरी जानकारी ले सकें तथा समस्या का विवरण बता सकें, आस पास होना चाहिए।

याद रखिए – आत्महत्या की प्रवृत्ति अस्थायी है। अगर आप को जीवन निराशापूर्ण लग रहा है, जीवन जीने का कोई मकसद नहीं रहा – ऐसी सोच है तो, उपचार एकमात्र उपाय है जो नई आशा दिखाता है और जीवन का आनंद लौटा देता है। अपना कदम आगे बढ़ाइए लेकिन रास्ते के लिए, खाई में कूदने के लिए नहीं।

"जीवन शतरंज का खेल है -
जीतने के लिए एक चाल चलना पड़ता है
कौन सा मोहरा सामने आ रहा है,
किसे हराना है और किससे बचना है,
इसके लिए हमें सीखना पड़ता है
कहीं हम हारते हैं कहीं जीतते हैं
इस खेल के हम मोहरे बन जाते हैं
कहीं किसी को गिरा देते हैं
और कहीं खुद गिर जाते हैं।"
जीवन एक "सैंडविच" है -
एक परत जन्म की
दूसरी परत मृत्यु की
इन दोनों परत के बीच
हम जो भरते हैं, वही
जीवन का स्वाद है।
आप ही बताएं, आप का जीवन
खुशनुमा या बेस्वाद है ?

- एलन रुफ्फुस, द मास्टर्स सेक्रेड नॉलेज (अनुवादित)

स्वार्थहीन सेवा
(निःस्वार्थ सेवा)

मनुष्य अकेला नहीं रह पाता, समाज में रहता है । लेकिन समाज में रहने पर समस्याएं भी होती हैं, क्योंकि हर मनुष्य अलग है और हर एक के सोच विचार अलग हैं, मनोभाव अलग हैं, प्रवृत्तियाँ अलग हैं । पाने की लगातार इच्छा, लालच है जो, इन मनोभाव में विशेष है और कई मानसिक रोगों को जन्म देने की ताकत रखता है जैसे कि अवसाद या डिप्रेशन । लालच में इच्छा कम नहीं होती तो संतोष नहीं होता और जब संतोष नहीं होता तो उदासी छा जाती है । लम्बी उदासी, अवसाद बन जाती है जिससे ज़िंदगी बोरिंग, अर्थहीन और बोझ लगने लगती है ...

प्रकृति का अपना समाज है, लेकिन इसकी प्रवृत्ति, मानव प्रवृत्ति के विपरीत है । यह लालच नहीं रखती, लेने की इच्छा भी नहीं रखती, बल्कि देने का स्वभाव है । लालची मानव, प्रकृति की इस विशेषता का नाजायज़ फ़ायदा उठाता है और उसे शोषित करता है । अतिशोषण, विश्व की प्राकृतिक संपदा को नष्ट करके मानव जाति के लिए एक खतरा बन गया है । पृथ्वी स्वार्थी नहीं है, लेकिन मानव स्वार्थी है और यही स्वार्थ उसे स्वयं नष्ट कर रहा है ।

कभी आप ने भी किसी की निःस्वार्थ सेवा की है ? निःस्वार्थ सेवा, मन को प्रफुल्लित करती है, हमारे भीतर एक आनंद पैदा करती है, हमारे मन को सकारात्मक ऊर्जा देती है । हमारी चेतना जागृत होती है । यही मानव की सात्विक प्रकृति है जो बाहरी प्रकृति की प्रवृत्ति से मिलती है । आपस में मिलकर बाँट लेना और एक दूसरे की देखभाल करना – यह प्रवृत्ति, अगर बढ़ते हुए बच्चों में जागृत की जाए तो उन्हें खराब दिनों में किसी चीज़ की दिक्कत नहीं होगी । यह बात ध्रुव सत्य है, क्योंकि अगर हम सब प्रकृति के साथ मिल बाँट कर और एक दूसरे की देखभाल करते हुए रहें, तो न प्रकृति को ख़तरा होगा और न ही मानव जाति को । मनुष्यों के साथ बांटने से और उनकी देखभाल करने से दुआएं मिलाती हैं जो सकारात्मक ऊर्जा है और यह ऊर्जा, सुख देती है । किसी ज़रूरतमंद की निःस्वार्थ सेवा कर के देखिए, आत्मिक सुख का अनुभव आप ज़रूर करेंगे ।

कोई ज़रूरी नही कि पैसे से ही सहायता की जाए, किसी उदास व्यक्ति को प्रोत्साहित करिए, पेड़ लगाइए, प्राकृतिक संपदा के दुरुपयोग को रोकिए, मनोव्यथा से टूटे हुए किसी व्यक्ति को सहारा देकर उसके दुःख बाँटिये । यदि आप किसी दिन उदास हों, तो बाहर जाइए और किसी ज़रूरतमंद की मदद कीजिए । निःस्वार्थ सेवा कर के आप का मन आनंदित हो जाएगा । जब आप प्रकृति के साथ सुर मिला कर गान करेंगे, तब एक अलौकिक और आनंदित स्वर निकलेगा । इसी तरह जब आप समाज की निःस्वार्थ सेवा में लगे रहेंगे, समाज भी कभी न कभी उसी तरह आप को सेवा देगा । कर्म की यही रीति है, यह अपनी चाल नही भूलता, आप जैसा करते हैं वैसा ही पाते हैं ।

इस विषय पर किए गए शोध यह इंगित करते हैं कि निःस्वार्थ सेवा, कई मायनों में उपकार करती है – मन की उद्विग्निता कम करती है, जीवन के पल बढ़ाती है, तनाव कम करती है, नैतिकता बढ़ाती है, आत्म-विश्वास और आत्म-सम्मान बढ़ाती है, स्वास्थ्य बढ़ाती है, पीड़ा कम करती है और इस तरह सर्वसुख देती है । आध्यात्मिक गुरु, श्री श्री रविशंकर के अनुसार, निःस्वार्थ सेवा का आनंद, सेवा पाने के आनंद से बहुत ऊपर है ।

> "शक्तिशाली व्यक्ति वह होता है जो संघर्ष के समय भी दूसरों की मदद करता है ।"
>
> "निःस्वार्थ सेवा, ईश्वर की ही सेवा है ।"
>
> "अगर आप अपने को खोजना चाहते हैं, तो दूसरों की निःस्वार्थ सेवा में डूब जाइए ।"

कर्मचक्र (सेवा)

एक बार, एक बहुत सफल व्यापारी, जो बीमा कंपनी चला रहा था, ऑफिस जाने की तैयारी में अपने कार के पास पहुंचा । उसने जैसे ही कार का दरवाज़ा खोला, उसकी कार के नीचे बैठा, सड़क का एक कुत्ता, अकस्मात् निकला और उसके पैर में काट लिया । व्यापारी को बहुत गुस्सा आया । उसने सड़क से कुछ पत्थर उठाए और कुत्ते को मारा लेकिन उसे एक भी पत्थर नहीं लगा और वहां से भाग गया ।

ऑफिस पहुँच कर व्यापारी ने अपने सारे मेनेजर की मीटिंग बुलाई। कुत्ते का गुस्सा उस पर अभी भी सवार था। उसने वह गुस्सा अपने मेनेजर लोगों के ऊपर उतारा। मैनेजर भी खफा हो गए लेकिन मालिक को कुछ नहीं सकते थे। उन्होंने अपना गुस्सा, अपने नीचे काम करने वाले कर्मचारियों पर उतारा। गुस्सा उतारने की श्रृंखला इसी तरह नीचे के तबके के लोगों में उतरने लगी और सबसे नीचे पहुंचते पहुंचते ऑफिस के चपरासी के ऊपर उतरी।

चपरासी के नीचे कोई नहीं था। गुस्से से भरा चपरासी घर पहुंचा। उसकी पत्नी ने दरवाज़ा खोला और सामान्य रूप से पूछ लिया, " आज देर क्यों हो गयी?" चपरासी अपने ऊपर वाले कर्मचारियों के गुस्से का भाजन बन कर खुद तैश में था। उसने पत्नी को एक चांटा मारा और कहा, "मैं ऑफिस फ़ुटबाल खेलने नहीं गया था। काम था इसलिए देर हो गयी। इस तरह के मूर्खता भरे प्रश्न क्यों करती हो?"

अब गुस्सा उसकी पत्नी के पास पहुँच गया जो बिना वजह डांट भी खाई और तमाचा भी। गुस्से में भिनभिनाती वह बेटे के पास गयी जो टीवी देख रहा था। गुस्से में तमतमाते हुए उसने एक तमाचा बेटे को जड़ दिया और बोली, "यह टीवी देखने का समय है? पढ़ाई कब करोगे ? फेल होना है क्या? टीवी ऑफ करो।"

बेवजह मार खाकर बेटा गुस्सा गया और तमतमाते हुए बाहर निकल गया। जैसे ही वह बाहर निकला, उसने देखा एक कुत्ता उसकी तरफ देख रहा है। उसने एक पत्थर उठाया और गुस्से तथा कुंठा से वह पत्थर जोर से कुत्ते पर फेंका। पत्थर कुत्ते को जोर से लगा और वह दर्द से चीखता हुआ भाग गया।

यह वही कुत्ता था, जिसने सुबह उस व्यापारी को काटा था।

कहानी यह सीख देती है कि कर्मचक्र से कोई भाग नहीं सकता। जैसा बोया है, वैसा ही मिलेगा। जीवन ऐसे ही कर्मचक्र से चलता है। हम हमेशा स्वर्ग और नर्क की चिंता में डूबे रहते हैं जबकि हमें यह चिंता करनी चाहिए कि हम कैसे जीवन यापन कर रहे हैं और कैसा व्यवहार कर रहे हैं। अच्छा कर्म करेंगे तो अच्छा फल मिलेगा और बुरा करेंगे तो बुरा। यही कर्मचक्र है।

"नि:स्वार्थ सेवा कर के मन को पवित्र करिए।"

भोजन – एक औषधि

बहुत से लोगों की यह गलत धारणा है कि भोजन सिर्फ शारीरिक ऊर्जा देता है और कुछ नहीं । भोजन ऊर्जा तो देता है लेकिन इसके अलावा, हमारे मन, मस्तिष्क, चिन्तन, विचार, बुद्धि तथा चयापचय क्रिया (metabolic reaction) पर भी असर डालता है । गलत खान-पान की वजह से यह कई बीमारियाँ भी पैदा करता है । यहाँ तक कि आज विश्व में फैली महामारी, "कोरोना वायरस", जिसने चारो तरफ हाहाकार मचा दिया है, आर्थिक अवस्था तोड़ दिया है, इसी खान-पान का परिणाम है । इस एक छोटे से वायरस के कारण लाखों लोग बीमार पड़े हैं और लाखों की जानें भी गयी हैं । हमारी लापरवाह और स्वार्थी प्रवृत्ति ने प्रकृति को असंतुलित कर दिया है, जिसका परिणाम हर व्यक्ति भुगत रहा है ।

> *"जानवरों को मारकर, सिर्फ स्वाद के लिए भोजन करना, मानव जाति का निकृष्टतम निर्णय है ।"*

- मनुष्यों द्वारा खाने लायक शरीर बनाने के लिए, जानवरों को बहुत से भोजन की आवश्यकता पड़ती है । उतने अन्न से गरीबों का पेट भरा जा सकता है और मुद्रास्फीति को कम किया जा सकता है ।

- इससे वातावरण पर भी प्रतिकूल असर पड़ता है । मिट्टी, पानी, हवा आदि प्रदूषित हो जाते हैं जिससे विश्व के वातावरण का औसतन तापमान बढ़ जाने की संभावना रहती है । कभी हमने सोचा है कि हमारे आने वाली पीढ़ी के लिए हम कैसा वातावरण छोड़ रहे हैं ? पशु उद्योग में, पशुओं द्वारा उत्पन्न मीथेन गैस, कार्बन डाइऑक्साइड की तुलना में २०% अधिक हानिकारक है । आप को यह जानकर आश्चर्य होगा कि पूरी दुनिया को, मीथेन की जो मात्रा एक वर्ष में गर्म कर देती है, उसे उतना ही गर्म करने के लिए कार्बन डाइऑक्साइड की उतनी ही मात्रा को पांच वर्ष लगेंगे । पशु उद्योग को बहुत बढ़ावा देना, वैश्विक तापमान के लिए हानिकारक है, लेकिन मांस के बढी मांग के कारण, इसमें इजाफा हो ही रहा है ।

- मांसाहारी भोजन "तामसिक भोजन" के अंतर्गत आता है । तामसिक भोजन खाने का प्रभाव, मस्तिष्क, मन और बुद्धि पर भी पड़ता है । इससे मनुष्य की प्रवृत्ति, क्रूर और हिंसक हो सकती है ।

- कई शोधों से पता चला है कि मांसाहार, पेट संबंधी कैंसर को बढ़ावा देता है । कई प्रकरण में डायबिटीज, हृदय रोग तथा उच्च रक्त चाप भी इससे सम्बंधित पाए गए हैं ।

हम जो भोजन खाते हैं वह हमारे शरीर को "जानकारी" और शक्ति देता है कि क्या काम करना है और कैसे करना है । अगर हम शरीर में पचाने वाले अंगों के हिसाब से नहीं खाए, तो हमारे चयापचय (metabolic) पद्धति में बाधा आती है और हमारा स्वास्थ्य गिर सकता है ।

अगर हम ज़रूरत से अधिक खाना खाते रहें तो शरीर के भीतरी अंग की पचाने की क्षमता से अधिक हो जाता है, जिससे हम मोटे हो सकते हैं और रोगी भी । गलत खान पान भी शरीर के भीतरी रक्षकों को मुआफिक नहीं आता और वे या तो पेट में पड़े पदार्थ को त्याग देते हैं या पेट के भीतर सड़ने देते हैं । इन दोनों अवस्थाओं में भी शरीर या तो मोटा होता है या रोगी हो जाता है । इस तरह धीरे धीरे गठिया, डायबिटीज और हृदय रोग पनपने शुरू हो जाते हैं ।

संक्षेप में हम यही समझ सकते हैं कि हमारा स्वास्थ्य, हमारे खाने पीने के ऊपर निर्भर करता है । वेबस्टर शब्दकोश में दवा (medicine) की परिभाषा पर ध्यान दीजिए – दवा मतलब; वह वैज्ञानिक कला, जो स्वास्थ्य के रखरखाव, सुरक्षा, रोग कम करने और रोग ठीक करने के काम आती है ।

भोजन दवा का काम करती है – स्वास्थ्य को सुरक्षित रखती है, रोग कम करती है और रोग ठीक करती है ।

भोजन हमारे शरीर में क्या करता है ?

भोजन में ऐसे ज़रूरी पोषक तत्व होते हैं जो हमारे शरीर को पुष्ट बनाते हैं ताकि शरीर का समुचित विकास और संरक्षण हो सके । आवश्यक पोषक तत्व, हमारे शरीर की ज़रूरत है और इनके नहीं मिलने से शरीर कमज़ोर तथा बीमार होने लगता है । शरीर के भीतर की असंख्य कोशिकाएं, शरीर को सचेत, सवस्थ और सजग रखती हैं । इनके स्वास्थ्य पर ही शरीर का स्वास्थ्य है । ये कोशिकाएं, भोजन के द्वारा, पोषक तत्व पाती हैं । अगर इन्हें लगातार पोषक तत्व नहीं मिलते हैं तो ये धीमे काम करना शुरू कर देती हैं या काम करना बंद कर देती हैं । इन पर गलत असर पड़ने से,

चयापचय (metabolic) क्रिया पर खराब असर पड़ता है और शरीर बीमार होने लगता है।

दूसरे शब्दों में, कोशिकाओं के जरिए, पोषक तत्व हमारे शरीर को क्या और कैसे काम करना है, इसकी "जानकारी" देते हैं।

भोजन के बारे में इस तरह व्याख्या करने पर हमें "पोषण या (nutrition)" पर विचार करना होगा जो कैलोरी, मात्र में ग्राम, खराब खाद्य, अच्छा खाद्य से परे है। भोजन को एक शत्रु की तरह न देख कर इसे सेहत और शरीर की ताकत देने वाला सहायक या दोस्त समझना चाहिए।

आप जो खाद्य पदार्थ लेते हैं, वह आप को स्वस्थ या बीमार बना सकता है। स्वास्थ्यवर्धक भोजन के लिए आप को अपने खाने की आदतों में कुछ परिवर्तन करना ज़रूरी है। आप को खाने के वातावरण में भी बदलाव की ज़रूरत पड़ सकती है जहां आप हैं, जैसे कि; आप का घर या ऑफिस।

स्वास्थ्यवर्धक खाने के लिए आप को बहुत बदलाव करने की ज़रूरत नहीं है। थोड़े थोड़े समय में आप कुछ आदतों को बदल सकते है और एक अंतराल के बाद, ये छोटे छोटे बदलाव, आप की सेहत में बड़ा सुधार ला सकते हैं।

यह जानकारी आप को स्वास्थयवर्धक खाने के लिए उपयोगी होगी -

अपने खाने की आदतों और वातावरण को बदलने से आप को स्वास्थ्यवर्धक चीजें खाने में सहायता मिलेगी।

स्वास्थ्यवर्धक आहार आप के पूरे सेहत को अच्छा रखेगा। इससे आप का वज़न भी ठीक और संतुलित रहेगा।

सेहतमंद खाने में सुधार के लिए आप को अपनी कार्यशैली में थोड़ा परिवर्तन थोड़े थोड़े समय में करना होगा जो एक अंतराल में आप के लिए पूरी तरह सेहतमंद हो जाएगा।

आप अपने खान-पान की आदतें कैसे बदलें ?

अपने आहार में थोड़ा थोड़ा बदलाव शुरू करें। इससे आप को दिक्कत नहीं होगी। एक साथ पूरे आहार में बदलाव से आप को खाने में अरुचिकर लग सकता है जिससे आप उसे छोड़ ही देंगे। लेकिन थोड़ा थोड़ा बदलाव करने से बदला हुआ आहार आप के स्वाद के मुताबिक़ होता चला जाएगा। कुछ दिनों बाद और परिवर्तन करके, धीरे धीरे सम्पूर्ण आहार को स्वास्थ्यवर्धक बना सकते हैं।

अपने आहार में फल, कम वसा वाले दूध उत्पाद (जैसे लो फैट दूध, लो फैट दही आदि), सब्जियां और चोकर समेत अन्न से तैयार वस्तुएं ही रखिए। सेहत बढ़ाने वाले खाद्य पदार्थ को अपने आहार में बढ़ाइए, अस्वास्थ्यवर्धक पदार्थों को कम करते जाइए। सेहत को नुक्सान पहुंचाने वाले पदार्थ, धीरे धीरे कम करिए तब, जब कि आप को पौष्टिक पदार्थ अच्छे लगने लगें।

दिन के दो बड़े भोजन, रसोई या डायनिंग टेबल पर ही लेने की चेष्टा करिए। इससे भोजन के प्रति आप का ध्यान भी रहेगा और आस्था भी।

काम पर अगर जाते हैं तो दोपहर के भोजन के लिए सेहतमंद भोजन और अल्पाहार साथ में रखिए।

अपने खाद्य पदार्थों को प्लेट में रखिए। पैकेज से सीधे मत खाइए। इससे आप को खाने की मात्रा का पता चलेगा।

अपने रोज़ के भोजन को नियत समय पर लीजिए। अल्पाहरों का समय भी निश्चित रखिए और उसी समय खाने की कोशिश करिए। इससे आप अधिक भूख में जयादा खाना या गलत खाने से बच सकेंगे।

दूसरों के साथ मिल कर साथ में खाने का प्रयास करिए। खाने को आराम से और खुश होकर लीजिए। भोजन एक उत्सव है, काम नहीं, इसे स्वास्थ्यवर्धक बनाइए।

हाई शुगर पेय (जैसे कि कोल्ड ड्रिंक्स, पैक्ड जूस) की जगह, पानी पीजिए।

जंक फ़ूड (कचरा आहार) स्वाद में अच्छे लगते हैं, तुरंत उर्जा भी देते हैं लेकिन, ये आप की मानसिक स्थिति को खराब करते हैं, इनसे पढ़ाई में एकाग्रचित्त नहीं हो सकते तथा ये कई बीमारियों की जड़ हैं।

मांसाहार आहार के अन्य दोष:

● पुरुषों में उत्थान क्षमता (erectile) को कमजोर करती है

मांस, अंडा तथा अन्य दूध उत्पाद, सिर्फ हृदय की ओर ही नहीं, शारीरिक इन्द्रियों में भी रक्त संचार को धीमा कर देते हैं। पहले उत्थान क्षमता की कमजोरी (erectile dysfunction) को मनोवैज्ञानिक कारण जैसे कि दुश्चिंता आदि माना जाता था। किन्तु, इरेक्टाइल डीसफंक्शनल इंस्टिट्यूट के मुताबिक, ९०% समस्याएँ, शारीरिक कारणों से हैं जिनमे हाई कोलेस्ट्रोल, मोटापा, डायबिटीज, प्रोस्ट्रेट कैंसर या प्रोस्ट्रेट समस्याएं अथवा हार्मोनल असंतुलन, जो मांसाहार से होता है, शामिल हैं।

अमेरिकन जर्नल ऑफ़ नुट्रीशान में हाल ही हुए अध्ययन के अनुसार, जो व्यक्ति नियमित व्यायाम करते हैं तथा हाई फ्लावोनोइड युक्त आहार लेते हैं (जो कि स्ट्रॉबेरी, ब्लूबेरी, सेब आदि में पाया जाता है) उनमे उत्थान क्षमता (erectile dysfunction) की समस्या २०% कम रहती है।

बहुत से चिकित्सक तथा आहार विशेषज्ञ भी यही सलाह देते हैं कि धमनियों में रक्त के समुचित प्रवाह तथा ब्लॉकेज (अवरोध) रोकने के लिए (जो मर्दानी ताकत कम कर देते हैं), अधिक रेशे वाला (हाई फाइबर) आहार लेना चाहिए जैसे कि फल, सब्जियां, चोकर सहित अन्न। वैसे तो मांसाहारी व्यक्ति साथ में इन पदार्थों को भी ले सकता है; लेकिन ऐसे में हाई फाइबर के पदार्थ की मात्रा कम हो जाती है और लम्बे समय में नुकसानदेह हो सकती है।

● अधिकतर मांसाहार में हार्मोन होते हैं

किसी पशु का विकास तेज़ गति से करने के लिए, पशु उद्योग उन्हें हारमोंस की तादाद अधिक देकर चारा खिलाते हैं। वैसे तो पशुओं के भोजन में प्राकृतिक रूप से हार्मोन रहते हैं लेकिन उसका स्तर कम रहता है। पशुओं को हार्मोन के इंजेक्शन आदि देकर उनका उत्पाद बढया जाता है और तब उनका मांस खाने से, मनुष्यों में तमाम तरह की बीमारियाँ फैलती हैं – यह कथन वैज्ञानिकों ने पुष्टि किया है। आप कहेंगे कि जैविक (organic) या लो हार्मोन खाने वाले पशुओं का मांस तो खाया जा सकता है, लेकिन यह मत भूलिए कि काटने के समय उनके शरीर में सेक्स हार्मोन विद्यमान रहता है और वह उनके शरीर से ही निकलता है, जिसे मांसाहार में लोग खाते हैं। अतः मांसाहार में हार्मोन का भक्षण करने से बचा नहीं जा सकता।

● मांसाहार एंटीबायोटिक का प्रतिरोधक बनाने में सहायक है

पशु विकास और पालन के कारखानों में "एंटीबायोटिक प्रतिरोधक बैक्टीरिया" की भरमार रहती है, जिन्हें "सुपर जर्म" कहते हैं। ये कारखाने, छोटे छोटे खेतों (farms) जैसे होते हैं, जिनमे कम जगहों पर पशुओं का विकास और बढ़ोत्तरी की जाती है, ताकि अधिक से अधिक मांस तैयार किया जा सके। पूरे अमेरिका के ऐसे फार्म्स में, पशुओं को जीवित रखने तथा अप्राकृतिक विकास के लिए, मनुष्यों की बीमारी से लड़ने वाला एंटीबायोटिक, भरपूर मात्रा मे इस्तेमाल होता है। उन फार्म्स की हालत बहुत खराब होती है और अगर एंटीबायोटिक्स का इस्तेमाल न हो तो वे पशु मर जाएंगे। इन एंटीबायोटिक्स से 'सुपर जर्म' तैयार होते हैं, जो पशुओं के मांस के साथ हमारे शरीर में खाने के समय चले जाते हैं, जिससे हमारे शरीर में हमारी बीमारी को ठीक करने वाले एंटीबायोटिक से ठीक होने की क्षमता कमज़ोर पड़ जाती है।

अमेरिका में तैयार की गयी ७० प्रतिशत एंटीबायोटिक्स, इन पशुओं के लिए प्रयोग की जाती है ।

ब्लड इन्फेक्शन तथा निमोनिया, (जो कि स्टेफयलोकोकस बैक्टीरिया से होता है) को ठीक करने के लिए वन्कोम्यिसन नामक एंटीबायोटिक का उपयोग "रामबाण" की तरह समझा जाता है । लेकिन इसका बनाना बंद हो गया है; क्योंकि एंटीबायोटिक का पशुओं के बढ़ोत्तरी के लिए इतना अधिक इस्तेमाल होने लगा है कि पशु का मांस खाने वाले व्यक्तिओं पर इस दवा का असर ही नहीं करता । पशुओं के जरिए मांसाहारियों के शरीर में एंटीबायोटिक इतना जा चुका है कि अब ये दवाएं उन पर असर ही नहीं करतीं ।

● मांसाहार मृत्यु दर बढाती है

जामा इंटरनल मेडिसिन की पत्रिका में मांसाहारी तथा शाकाहारी व्यक्तिओं के मृत्यु दर का तुलनात्मक अध्ययन किया गया । ७०००० लोगों पर ६ वर्ष के औसतन अध्ययन में पाया गया कि मांसाहारी व्यक्तिओं की तुलना में शाकाहारी व्यक्तिओं की मृत्यु देर से हुई और यह १२ प्रतिशत कम है । शाकाहारियों की औसतन उम्र ८३.३ वर्ष है जब कि मांसाहारियों की ७३.८ वर्ष । एडवेंटिस्ट हेल्थ स्टडी-२ ने अध्ययन करके पाया है कि, शाकाहारी महिलाओं की औसतन उम्र ८५ ।७ है जो कि मांसाहारी औरतों की उम्र से औसतन ६.1 वर्ष अधिक है । अतः बुद्धिमत्ता की सोच में यही एक बात नज़र आती है कि पशुओं की हत्या कम हो तो बेहतर स्वस्थ्य की संभावना है ।

तो फिर क्या किया जाए ? यह प्रश्न लाजिमी है । मांसाहारी लोग मांसाहार पूरा नहीं छोड़ना चाहेंगे । तो फिर मांस खाना कम कर दीजिए । अंतराल बढ़ा दीजिए । मात्रा कम कर दीजिए । अगर इसे पूरा छोड़ सकें तो इससे बेहतर क्या होगा ? आप के स्वास्थ्य में बेहतरी होगी, पशु बाटे नहीं जाएंगे, पर्यावरण अधिक प्रदूषण रहित हो जाएगा, तथा आप का स्वास्थ्य, आयु एवं सभी प्राणियों का सम्मान भी बढेगा ।

विराट कोहली ने शाकाहारी भोजन अपना लिया है और इस चमत्कारिक क्रिकेटर ने नए आयाम छूने के लिए अपने आहार प्रणाली को और भी फिटनेस के लायक बनाना शुरू कर दिया है ।

टेनिस स्टार सेरेना और वेनस विलिअम्स, चार बार फार्मूला वन चैंपियन लेविस हैमिलटन, एवं लीजेंडरी स्प्रिंटर कार्ल लेविस जैसे खेल के दिग्गजों ने हाल ही में अपने भोजन को मांसाहार से बदल कर शाकाहार में परिवर्तित कर लिया है ।

इसमें कोई दो राय नही कि कोहली इस समय दुनिया के शीर्ष खिलाड़ियों में एक हैं और शरीर की फिटनेस में उत्तम हैं। वह युवा वर्ग के लिए एक आदर्श और लोगों के बीच प्रतिमूर्ति (आइकॉन) हैं। भारत का यह कप्तान, स्वास्थ्य और योग्यता के नए लक्ष्य संधान करके सिर्फ साधारण लोगों के लिए ही नहीं, बल्कि संसार के सभी पेशेवर खिलाड़ियों के लिए एक उदाहरण प्रस्तुत कर रहा है।

बहुत से प्रसिद्ध व्यक्ति शाकाहारी या तो थे या बन गए। इनमे डॉक्टर, वैज्ञानिक, दार्शनिक, खिलाड़ी, अभिनेता, अभिनेत्री, ल्कोपकारी आदि शामिल हैं।

"आहार को दवा बनने दीजिए और दवा को आहार"
- हिप्पोक्रेट्स

आलोचना, अपमान और दोषारोपण

तीन नकारात्मक शब्द, जो आप की सफलता के साथ साथ, आप की राह में चलते रहते हैं और क्षति कर सकते हैं - आलोचना, अपमान और दोषारोपण। आप की सफलता, आप के इर्द गिर्द कई लोगों को पसंद नहीं आती, यह साधारण प्रवृत्ति कई लोगों में रहती है। आप को नीचा दिखाने के लिए, वे आप की आलोचना शुरू कर देते हैं। यह वह समय है जिसे कई सफल व्यक्ति संभाल नहीं पाते। गुस्से, नकारात्मक दबाव और अपनी छवि बचाने के लिए, वे अपनी राह भूल जाते हैं और गलतियां कर बैठते हैं।

कुछ लोग आप के अच्छाई की भी आलोचना करते हैं। मनुष्य तो क्या, इस तरह की आलोचना से देवताओं को भी नहीं छोड़ा गया था। यह भी एक सत्य है कि कुछ लोग गलत कामों की भी प्रशंसा करते हैं। नैक्सलाईट और आतंकवादियों के भी प्रशंसक होते हैं।

> “आलोचना से बचने के लिए, कुछ मत कहिए, कुछ मत करिए और उदासीन रहिए”
>
> – एल्बर्ट हब्बार्ड

अतः अपने जीवन का रिमोट कण्ट्रोल, दूसरों के हाथ में मत दीजिए। आप के अगर कोई रचनात्मक आलोचक हैं तो उन्हें स्वीकार करिए और उनकी प्रतिपुष्टि (फीडबैक) से अपने में और सुधार लाइए। आलोचना अगर हानिकारक है तो उसकी तरफ से बेपरवाह हो जाइए। रचनात्मक आलोचनाएँ, आप की कार्यशैली में सुधार लाती हैं, जबकि विध्वंसक आलोचनाएँ, इर्ष्या के कारण की जाती हैं। अतः अपने उपर गर्व करिए और सफलता की राह में बढ़ते रहिए।

> "अपने दंभ को दिमाग में मत हावी होने दीजिए, हृदय को निराश मत करिए, प्रशंसाओं को सिर पर मत चढ़ाइए, आलोचनाओं को दिल से मत लीजिए, सफलता में अभिमान से मत फूलिए और असफलता को दिल से मत लगाइए।
>
> – रॉय टी बेनेट, द लाइट इन द हार्ट"

> "आप तब तक प्रगति नहीं कर सकते जब तक आप आलोचनाओं को सिर्फ लेना ही नहीं स्वागत करना न सीखें"

अपमान, एक और घातक भाव है जो न सिर्फ मानसिक स्वास्थ्य पर असर डालता है, अपितु लक्ष्य को भी धूमिल कर देता है। कभी कभी बड़ी तनावपूर्ण परिस्थितियों में, न चाहते हुए भी कोई व्यक्ति आप का अपमान कर देता है। ऐसी स्थिति में आराम से रहिए, शब्दों को दिल पर मत लीजिए। कई अवसरों पर लोग आप का अपमान ईर्ष्या, कुंठा और निराशा से कर देते हैं। उनके इस अपमान को दिल में रखने की ज़रूरत नही है। दिल या दिमाग में ऐसे अपमान को रखकर आप अपने समय और बुद्धि को ही बर्बाद करेंगे। अतः उसे भूल जाइए, अपने काम पर लगे रहिए और नए लक्ष्य की तरफ बढ़ते रहिए। आप की सफलता, दूसरों का मुँह बंद कर देती है।

अक्सर हम, जब अपने कार्य में या लक्ष्य पाने में असफल हो जाते हैं, अपनी प्रवृत्ति के कारण, असफलता का दोष, दूसरों पर मढ़ देते हैं। दूसरों पर दोष मढने से, मूलतः हम अपना ही नुकसान करते हैं। अपने कार्य/प्रोजेक्ट या लक्ष्य तक पहुँचने के लिए सीखने और सुधार करने के रास्ते इससे बंद हो जाते हैं। दूसरों पर दोष न देकर, अपने कमियों को ध्यान से देखने और उन्हें सुधारने से हम अपने कार्य/प्रोजेक्ट या लक्ष्य को अवश्य पा सकते हैं।

> "ज़मीन पर खड़े रहने के लिए, आप को दूसरों का अनादर और अपमान करने की ज़रूरत नहीं है, अगर आप ऐसा करते हैं तो इसका मतलब है कि आप के नीचे ज़मीन खिसक रही है।"
>
> "दूसरों पर दोषारोपण करने से आप के अपने सुधार की ऊर्जा ख़त्म होती है।"

"जिसकी बुद्धि में दोष होता है वही दूसरों का दोष निकालता है। आप अपने राह से अगर थोड़ा भी हटने लगते हैं तब दूसरों पर दोष दिखाई देने लगता है।"

--परम पूज्य दादा भगवान

"जिसकी बुद्धि में दोष होता है वही दूसरों का दोष निकालता है। आप अपने राह से अगर थोड़ा भी हटने लगते हैं तब दूसरों पर दोष दिखाई देने लगता है।"

प्रसिद्ध व्यक्तित्व

आज का युवा वर्ग कुंठित और अनिर्णायक है। इसका कारण यह है कि वह नकारात्मक व्यक्तित्व वाले व्यक्तियों से प्रभावित है। मैं युवा वर्ग को दोष नहीं देता, क्योंकि उन्हें सही मार्ग दर्शन नहीं मिला। उन्हें यह नही पता कि किसे पढ़ना है, किससे प्रेरित होना है और किसके व्यक्तित्व का अनुसरण करना है। हमारी शिक्षा पद्धति में इन व्यक्तियों के चरित्र चित्रण को उचित स्थान नहीं मिला।

इन व्यक्तियों का जीवन चरित्र हमें सिखाता है कि, किस तरह विपरीत परिस्थितियों में हमें आगे बढ़ना चाहिए और उन्हें सुअवसरों में बदल कर सफल होना चाहिए। ये महान व्यक्ति हमें बताते हैं कि प्रतिबद्धता, लगन, मेहनत, देश तथा समाज के प्रति प्रेम और दृढ़ता हमें जीवन के कठिन समय में भी सफलता दिलाती है। यहाँ मैंने कुछ प्रसिद्ध व्यक्तियों के जीवन शैली को, आप के सामने एक झरोखे से, दिखाने की कोशिश की है। आप से मेरा निवेदन है कि आप इन योद्धाओं के बारे में विस्तार से पढ़ें और उनके गुणों को आत्मसात करें। और भी बहुत से महान व्यक्ति हुए हैं जिन्हें यहाँ मैं समाहित नहीं कर पा रहा हूँ, लेकिन आप से आग्रह है कि उनको भी पढ़कर, उनके जीवन से कुछ सीख लें। इन सभी से आप प्रेरित होंगे और जीवन के कठिन समय में भी आप का आत्मविश्वास आप के साथ रहेगा। इसके अलावा, आप यह भी जान पाएंगे कि जीवन की कठिनाइयां हर एक के साथ रहती हैं, चाहे वह अमीर हो या गरीब, गोरा हो या काला।

अच्छी पुस्तके अच्छे विषय, रोज़ थोड़ा थोड़ा पढ़ने का समय निकालिए। इससे आप के व्यक्तित्व को नये नए आयाम मिल सकेंगे जिनकी आप ने कल्पना भी नहीं की होगी।

छत्रपति शिवाजी महाराज

छत्रपति शिवाजी महाराज, पश्चिमी भारत में मराठा साम्राज्य के संस्थापक थे । वह अपने समय के सर्वश्रेष्ठ योद्धा माने जाते हैं और आज तक उनके जैसा शूरवीर योद्धा नहीं हुआ है । उनके पराक्रम की कहानियाँ आज लोक कथाओं के रूप में सुनायी जाती हैं । अपनी वीरता और निपुण शासन से, शिवाजी ने बीजापुर के ढहते हुए सुलतान आदिलशाह की सीमाक्षेत्र में एक परिवृत्ति (एन्क्लेव) बना लिया और क्रमशः वह मराठा साम्राज्य के संस्थापक बने । अपने शासन काल में शिवाजी ने अनुशासित सेना और कुशल शासन व्यवस्था की स्थापना की । शिवाजी को उनके रण कौशल की नई नई तरकीबों के बारे में जाना जाता है । उनका रण कौशल, देश, काल, परिस्थिति तथा भौगोलिक स्थिति के अनुसार बदलता रहता था । अपने आश्चर्यजनक तरीकों से उन्होंने बड़े से बड़े शक्तिशाली राजाओं को मात दी ।

शिवाजी एक साम्राज्य और देश निर्माता के रूप में:

वैसे तो शिवाजी के साम्राज्य विस्तार और देश निर्माण के लिए बहुत से कारक हैं, लेकिन उनके चमत्कारिक व्यक्तित्व का इस असाधारण उपलब्धि में सबसे बड़ा योगदान है । जिन अवसरों से शिवाजी ने लाभ उठाया, ऐसे अवसर पहले भी मौजूद थे, लेकिन इससे पहले किसी ने उन अवसरों का लाभ उठाने का प्रयत्न नहीं किया । शिवाजी ने अपनी बुद्धि, कौशल और शक्ति तथा दृढ़ता के सहारे सब कुछ अपने अनुसार ढाल लिया ।

शिवाजी की १२ विशेषताएं:

1) एक प्रभावशाली संगठक

भारतीय इतिहास में शिवाजी सबसे कुशल संगठक समझे जाते हैं । अपनी कुशलता और शक्ति के बल पर उन्होंने मराठाओं को एकत्र किया और एक अभेद्य सेना का निर्माण किया ।

2) प्रभावशाली सेनापति और कुशल रणनीतिज्ञ

वह एक अत्यधिक प्रभावशाली सेनापति थे तथा उन्हें रण कौशल की बारीकियों का विशेष ज्ञान था । उन्हें पता था कि शत्रु पर किस तरह वार करना है । अपनी रणनीतियों के सहारे, वह बीजापुर के सुलतान और मुग़लों की शक्तिशाली सेना का डट कर मुकाबला करते रहे ।

3) एक कुशल राजनीतिज्ञ

उन्होंने अपने शत्रुओं को कभी भी एक साथ संगठित नहीं होने दिया। अपनी कूटनीति से उन्होंने अपने पिता को बीजापुर के सुलतान की कैद से भी छुड़वा लिया था। औरंगज़ेब ने उन्हें जब आगरा में बंदी बना कर रखा था, तब अपनी कुशलता, कूटनीति और चतुराई से वह वहां से निकल गए थे। यह घटना अपने आप में एक अनोखी घटना है जो किसी भी दबाव में भी, उनके संतुलित सोच का परिचय देती है।

4) एक प्रबुद्ध शासक

शिवाजी एक प्रबुद्ध, अतिकुशल तथा प्रायोगिक दृष्टिकोण वाले शासक थे। अपने राज्य के सभी विभागों की देखभाल वह स्वयं करते थे। उनका शासन इतना अनुशासित था कि किसी भी व्यक्ति को भ्रष्टाचार या प्रजा को परेशान करने का साहस नहीं होता था।

5) सभी धर्मों के प्रति आदर

शिवाजी सभी धर्मों का सम्मान करते थे और अन्य धर्मों को मानने वालों के साथ वह पक्षपात या दुर्व्यवहार नहीं करते थे। उनके प्रमुख आलोचक, काफी खान ने भी कहा था कि "शिवाजी ने यह नियम बना दिया था, कि उनकी सेना जब लूट मार के लिए निकलेगी तब, किसी मस्जिद, पवित्र पुस्तक कुरान को क्षति नहीं पहुंचाएगी और किसी औरत पर अत्याचार नहीं करेगी।

6) एक प्रेरक नेता

उनका नेतृत्व इतना प्रभावशाली और प्रेरक था कि उनके सबसे बड़े शत्रु, औरंगजेब को भी कहना पडा, "मेरी सेना शिवाजी के विरुद्ध १९ सालों से लड़ रही है, उसके बावजूद शिवाजी का राज्य क्षेत्र बढ़ता जा रहा है।"

7) एक आज्ञाकारी पुत्र

शिवाजी को अपने माँ बाप से बहुत प्रेम था। अपनी माँ जीजाबाई को वह एक देवी की तरह पूजते थे और उनकी हर बात मानते थे।

8) एक कर्तव्यशील शिष्य

शिवाजी को अपने गुरुओं के प्रति गहरा प्रेम और अथाह श्रद्धा थी।

9) हिन्दुओं के प्रवर्तक

शिवाजी ने हिन्दुओं के भीतर एक नई ज्वाला फूँकी और उनके आत्मसम्मान का पुनर्निर्माण किया । हालांकि उन्होंने मुस्लिम औरतों और उनके पवित्र ग्रन्थ 'कुरान' का कभी अपमान नहीं किया ।

10) दयालु शासक

शिवाजी अपनी प्रजा का बहुत ख्याल रखते थे । उनके राज्य में कर्मचारी प्रजा को तंग नही कर सकते थे और रिश्वत पर कड़ा दंड दिया जाता था ।

11) महाराष्ट्र के निर्माता

शिवाजी ने मराठा जाति के लोगों का संगठन करके एक शक्तिशाली राज्य का गठन किया । इतिहासकार, जे एन सरकार के अनुसार, "उन्होंने मुग़लों, बीजापुर और पुर्तगाली जैसे शक्तियों से लोहा लेकर एक सुगठित और शक्तिशाली मराठा राज्य स्थापित किया ।"

12) शिवाजी, एक दयालु राजा

डा. आर सी मजूमदार लिखते हैं, "शिवाजी न सिर्फ एक साहसी सिपाही और कुशल रणनीति में विजेता थे, बल्कि वह एक प्रबुद्ध दयालु राजा भी थे । प्रजा उनसे कभी भी मिल सकती थी । लोगों के बीच, वह एक चहेते राजा थे । राज्य के सारे विभाग वह स्वयं देखते थे, लेकिन उनके मंत्रियों को टोली भी थी जो उन्हें सलाह देती थी । प्रजा उन्हें बहुत प्यार करती थी ।

उनके शासन की विशेषताएं

1. उन्होंने हर जाति के लोगों को अपने कर्मचारी समूह में नियुक्त कर रखा था, ताकि संतुलन बना रहे ।
2. उन्होंने हर मंत्री को अलग अलग कार्यभार सौंप रखा था, जो उनके प्रति, उस काम के लिए ज़िम्मेदार था ।
3. उन्होंने कार्य विभागों के उपविभाग नही बनाए थे ।
4. अपने सैनिक तथा असैनिक अधिकारियों को साधारणता, उन्होंने जागीर नहीं बांटी थी ।
5. किले का कार्यभार देखने के लिए उन्होंने विशेष टीम तैयार की थी ।
6. शासन समबन्धी कार्यों के लिए, उन्होंने सैनिक अधिकारियों से अधिक, असैनिक अधिकारियों को उच्च पद प्रदान किए थे ।

7. राजस्व शासन के लिए उन्होंने रायतवाडी प्रथा चालू की थी । राज्य का किसानों से सीधा संपर्क होता था ।

शिवाजी ने यह ख़ास ध्यान रखा था कि उनका शासन लोगों की ज़रूरतों से जुड़ा हो । ईश्वरी प्रसाद लिखते हैं कि "उनका शासन में जो प्रभाग और संस्थाएं थीं, वे नियम कानून को लागू करने और कानून व्यवस्था में कोई सुधार लाने के लिए रहती थीं ।"

केन्द्रीय शासन

शिवाजी को राज्य में शासन संबंधी मंत्रणा देने के लिए, 'अष्ट प्रधारी', मंत्रियों की एक परिषद भी थी, लेकिन परिषद् की बात मानना उनके लिए अनिवार्य नहीं था । वह उनमे से किसी को भी निष्कासित या किसी अन्य व्यक्ति का चयन कर सकते थे । यह निर्णय परिषद् के मंत्री की क्षमता और सूझ बूझ पर निर्भर करता था । मंत्रियों की परिषद् में सबसे उच्च मंत्री को 'पेशवा' कहा जाता था । पेशवा शब्द का मतलब, सबसे उच्च या नेता होता है ।

शिवाजी ने औरंगजेब का प्रतिरोध करते हुए एक कडा पत्र लिखा था । उन्होंने लिखा था कि, "ईश्वर, दुनिया के सभी मनुष्यों का स्वामी है, सिर्फ मुसलमानों का नही । मानव जाति का चित्र बनाने के लिए, ईश्वर के रंगों में इस्लाम और हिन्दू धर्म, दो रंग हैं। औरंगजेब की कट्टर धर्मांधता के बावजूद, उससे दुश्मनी होते हुए भी, शिवाजी ने मुस्लिम धर्म से कभी भी घृणा नहीं की । वह मुसलामानों के व्यक्तिगत आस्था का सम्मान करते थे ।

स्वामी विवेकानंद

स्वामी विवेकानद का नाम लेने से, पूरा विश्व एक आतंरिक आदर और प्रेरणा से ओतप्रोत हो जाता है। उनके शब्द और सीख ने, विख्यात वैज्ञानिक निकोल टेस्ला, दूरदर्शी जे आर डी टाटा तथा देश विदेश के अन्य गणमान्य अधिनायकों को प्रभावित किया है।

१८९१ में अमेरिका के धार्मिक सभा में जब उन्होंने धर्म पर व्याख्यान दिया था, तब पूरे विश्व में 'वसुधैव कुटुम्बकम' का प्रवाह बहने लगा था। उनके जीवन दर्शन तथा धर्म की परिभाषा ने, भारतीय दर्शन और सर्वधर्म समभाव का पाठ पढ़ाकर, पूरे विश्व की आखे को, भारत के महाशक्तिशाली संस्कृति और सभ्यता की तरफ देखने के लिए विवश कर दिया था।

स्वामी विवेकानंद की सीख, एक आम आदमी को आदर्श जीवन जीने और अपने लक्ष्य को प्राप्त करने की प्रेरणा देती हैं। वह ऐसे अधिनायक थे जो आने वाली पीढ़ी के संस्मरण में बस गए और भविष्य के लिए मार्गदर्शक तथा प्रेरक बन गए।

स्वामी विवेकानंद ने त्याग, समर्पण, सेवा तथा कर्म को पूरी प्रतिबद्धता के साथ करने की सीख दी है। उन्होंने यह बताया कि हर व्यक्ति में अलौकिक ईश्वरीय शक्ति है, तथा वह संसार में हर कार्य को कर सकता है।

भारत उनका जन्म दिवस, राष्ट्रीय युवा दिवस के रूप में मनाकर, उनकी बुद्धि, प्रज्ञा, सीख तथा लक्ष्य को आदर सहित सम्मान देकर, उस महान आत्मा को सादर याद करता है; जिसने पूरे संसार को सभ्यता और संस्कृति का अलौकिक पाठ पढ़ाया।

स्वामी विवेकानंद की सात नेतृत्व विशेषताएं

1) अपने ऊपर विश्वास रखो

उन्हीं के शब्दों में,

> "अपने ऊपर विश्वास रखो और संसार तुम्हारे कदमों में होगा"

एक आधिनायक को अपने ऊपर, अपने लक्ष्य और अपने कर्म पर, विश्वास रखना चाहिए। जब आप का विश्वास और आस्था अडिग रहते हैं, लक्ष्य पाने के मार्ग अपने आप खुलने लगते हैं। कठिनाइयां, अवरोध तथा संघर्ष को झेल कर आगे बढ़ने से आप के अंदर एक प्रतिबद्ध नायक का जन्म होता है।

2) कार्य के प्रति समर्पण

युवा दिवस

स्वामी जी कहते हैं कि,

> *"बड़े से बड़ा मूर्ख भी उस काम को कर सकता है, जिसे वह पसंद करता है; लेकिन बुद्धिमान तो वे व्यक्ति हैं, जो किसी भी काम को करते हुए, उसे अपनी पसंद का बना लेते हैं।"*

समस्त महान नेता, अपने काम को मन लगा कर करते हैं। उनके लिए यह फर्क नहीं पड़ता कि वे क्या कर रहे हैं; बल्कि उनके लिए यह अधिक मायने रखता है कि कैसे कर रहे हैं। पूरा मन लगाकर समर्पित हुए किसी कार्य को करना, बहुत से नए अवसर प्रदान करता है।

3) चुनौती स्वीकार करो

नेतृत्व के इस पक्ष पर स्वामी जी का कहना है कि,

> *"अगर तुम्हें किसी परिस्थिति पर डर लग रहा है, तो उस परिस्थिति की चुनौती को स्वीकार करो, डर कर मत भागो।"*

एक सच्चा लीडर अपने जीवन के किसी भी काम के लिए अपना लक्ष्य निर्धारित करता है, उसे पाने के लिए पूरी दुनिया से लड़ने के लिए तैयार रहता है। आप समस्या से भाग कर समस्या का हल नहीं निकाल सकते। एक न एक दिन चुनौती स्वीकार करनी ही पड़ेगी और आगे बढ़ने के लिए जीतना पड़ेगा। अच्छे लीडर, चुनौतियां स्वीकार करते हैं, उसका हल निकालते हैं और दूसरों को भी इसके लिए प्रेरित करते हैं।

4) सार्वभौमिक नेतृत्व के लिए

> *"तुम जो कार्य कर रहे हो, उस पर पूरी तरह केन्द्रित रहो। अगर आखेट कर रहे हो तो, शिकार पर पूरा ध्यान रखो और अगर पढ़ाई कर रहे हो तो पूरा ध्यान पाठ पर ही रखो।"*

दो व्यक्तियों की विशेषताओं में सबसे अधिक फर्क इस बात का पड़ता है कि कौन अपना ध्यान अपने काम पर अधिक केन्द्रित कर पाता है। जब आप अपना मस्तिष्क, ऊर्जा और कार्य, किसी लक्ष्य पर पूरे मन से लगाते हैं, सफलता अवश्य मिलती है। सफल नेता, अपने लक्ष्य को निर्धारित करके ही आगे बढ़ते हैं।

5) अभिप्रेरक

महान नेतृत्व

> *"सारी शक्तियां तुम्हारे भीतर हैं । तुम चाहो तो कुछ भी या सब कुछ कर सकते हो।"*

अधिनायक, अपने समूह पर पूरी तरह विश्वास रखता है और उन्हें प्रेरित करता रहता है । वह खुद भी कर्मठ रहता है और अपने लोगों में भी कर्म का सन्देश देकर उनकी ऊर्जा बढ़ाता रहता है । स्वामी जी हमेशा यह कहते थे कि हम सबके भीतर एक अद्भुत अपार शक्ति है ,जो दुनिया का कोई भी काम कर सकती है ।

6) पक्का इरादा और स्थिर मति

दृढ़ता

> *"अच्छे अधिनायकों के शब्दकोष में " असंभव' शब्द नहीं है । वे हर चुनौती का मुकाबला करते हैं और अपनी इच्छा शक्ति तथा स्थिर मति से उस पर विजय प्राप्त करते हैं । "*

एक लीडर की इच्छाएं बहुत प्रबल होती हैं ,बड़ा दृष्टिकोण होता है और जब तक विजय न मिल जाए उसका इरादा दृढ रहता है । जब आप किसी भी अच्छे काम में जुट जाते हैं, उसमे कई तरह के अवरोध आने की संभावनाएं रहती हैं ;लेकिन मजबूती से लगे रहने से ,अंततः विजय आप की ही होती है । किसी भी लक्ष्य की कार्यशैली में सबसे महत्वपूर्ण है कि ध्यान केन्द्रित करें, अपने मार्ग से न हटें और बीच में न छोड़ें।

7) अनुशासित रहें

> *"एक कुशल अधिनायक वही होता है जो लोगों को आज्ञा देने से पहले ,यह जानता है कि आज्ञा का पालन कैसे करना चाहिए । अनुशासन ज़रूरी है ।"*

एक अधिनायक, खेल के नियमों को जानता है और उनका सख्ती से पालन करता है। दूसरों के लिए सीमा निर्धारित करने से पहले वह स्वयं सीमा तक पहुंचता है और तब सभी को आगे बढ़ने के लिए प्रेरित करता है । एक लीडर को स्वयं अपने मानक , आशाएं और विचार ऊंचे रखने चाहिए ,तभी वह ऊंचे आदर्शों और विचारों वाले सेना की अपेक्षा कर सकता है ।

स्वामी जी के नेतृत्व को संक्षेप उन्हीं के शब्दों में इस तरह समझा जा सकता है, "जीवन छोटा है और इसमें अभिमान भरे पड़े हैं । लेकिन दंभ और अभिमान छोड़ कर ,जो दूसरों के लिए जीता है ,वही जीवित है ;बाक़ी जीवित होते हुए भी मृतक की तरह हैं । "

प्रवीन कुमार गौदर ,रामकृष्ण मिशन में २००९ से २०१६ तक जुड़े रहे । उन्हीं के शब्दों में-

स्वामी विवेकानंद, करुणा और स्नेह की प्रतिमूर्ति थे । विश्व के लिए वह अद्वितीय व्यक्तित्व हैं ,जिन्हें हम संसार के लिए एक वरदान कह सकते हैं । न सिर्फ भारत के लिए, बल्कि पूरे विश्व के लिए उनका योगदान अथाह है । स्वामी जी अपूर्व प्रतिभावना व्यक्तित्व के धनी ,आध्यात्मिक दूरदृष्टि रखने वाले और और आध्यात्मिक लक्ष्य के साधक थे । उनके विचार में प्रत्येक मनुष्य ,परमब्रह्म का एक छोटा अंश है और यह शरीर उस दिव्यांश का धारक। शरीर को जीवन में संघर्ष करना पड़ता है ,ताकि कर्म किए जा सकें और प्रकृति का संतुलन बना रहे। शरीर के माध्यम से दिव्यांश उस परम ब्रह्म से जुड़ सकती है और इसके लिए कठिन साधना की आवश्यकता होती है ।

उनके अनुसार ,वह समाज सबसे उच्च है ,जिसमे मनुष्यों को उस दिव्य परमपिता ब्रह्म से जुड़ने का संयोग बनाया जाता है। इस तरह मनुष्य अपने भीतर छिपी आध्यात्मिक शक्ति को पहचान सकता है। इस अलौकिक शक्ति के द्वारा महिला या पुरुष अपनी पवित्र मानसिक ताकत को पा सकता है तथा पवित्र विचार की धारणाएं बन सकती हैं ,जो जीवन के हर क्षेत्र में प्रभावशाली होंगी – सिर्फ कला, विज्ञान साहित्य, सभ्यता, सामाजिक रीति और रिवाज़ और संस्थायें में ही नहीं ,बल्कि जीवन के हर क्षेत्र में ।

यद्यपि स्वामी विवेकानंद पूरे विश्व के धर्मगुरु के रूप में जाने जाते हैं और उनकी आध्यात्मिक शिक्षाओं ने कई देशों के हर वर्ग को प्रभावित किया है ,लेकिन इससे अधिक ,वह युवा वर्ग के अधिनायक के रूप में देखे जाते हैं । भारत के लिए उन्होंने अथक परिश्रम किया है, इसलिए नहीं कि वह भारत में जन्मे थे बल्कि इसलिए कि वह जानते थे कि भारत की' सहिष्णु विचारधारा 'और वसुधैव कुटुम्बकम' की सोच, पूरे विश्व को शान्ति तथा सुख का मार्ग दिखा सकती है।

उनकी नज़र में यह बात थी कि भारत की आध्यात्मिक विचारधारा पूरे विश्व को एक नया आध्यात्मिक सन्देश दे सकती है और आने वाली पीढ़ियों के लिए यह एक वरदान सिद्ध होगा । उनके विचार और आदर्श आज ,विश्व और भारत में संघर्ष कर रहे तथा कुंठा से जूझ रहे युवा पीढ़ी के लिए ,रामबाण की तरह उपकारी हो सकते हैं। स्वामीजी बहुमुखी प्रतिभा के धनी और अद्वितीय व्यक्तिव रहे हैं । उनकी प्रतिभा, उनका ज्ञान, उनका नेतृत्व और विश्व के प्रति कल्याण की भावना ,अतुलनीय है । वह एक ऐसे देवदूत हैं ;जिन्होंने सर्वधर्म समभाव का सन्देश दिया तथा भारतीय सभ्यता ,

संस्कृति का सन्देश दुनिया के कोने कोने में फैलाया । वे शांतिदूत तथा समभाव के प्रतीक हैं ।

स्वामी विवेकानंद की शिक्षा, व्याख्यान, कविताए एवं पत्रों मे ,मानव कल्याण के लिए, बुद्धिजीवी ,भावनात्मक तथा आध्यात्मिक रंग झलकते हैं । अमीर भारतीयों द्वारा गरीबों को ,अपने ही देश में शोषित करते हुए देख कर उनका दिल भर आता था। इस विषय पर उन्होंने दुखी होकर अमीरों के प्रति तमाम व्याख्यान दिए हैं और लेख लिखे हैं । अपनी एक भावनात्मक वक्तृता में उन्होंने अमीरों से अपील करते हुए कहा था,**" मेरे साहसी भाइयों ! महसूस करो ! भाइयों, महसूस करो ! गरीब, दलित, पिछड़े हुए लोगों की समस्याएं महसूस करो ! उनकी पीड़ा, दुःख और दर्द को तब तक महसूस करो, जब तक तुम्हारा हृदय थम न जाए ,मस्तिष्क चकराने न लगे और सारे विचार मूक होकर बंद न हो जाएँ । "**स्वामी जी का कहना था कि गरीबी उन्मूलन के लिए शिक्षा बहुत ज़रूरी है । शिक्षा के अभाव में गरीब लोग ,धर्मांध और दकियानूसी लोगों का शिकार हो जाते हैं । भरी सभा में वह उद्घोषित करते हुए समाज पर कडा प्रहार करते हैं और कहते हैं:

"भारत में हर बुराई की जड़ गरीबी है । पश्चिमी देशों के गरीब, शैतान हैं और उनकी तुलना में भारत के गरीब देवदूत हैं । अतः हमारे यहाँ गरीबों का उत्थान करना सरल है । हमें उनकी यही सहायता करनी है कि उनको अच्छी शिक्षा देनी है ,जिससे वह अपना अस्तित्व पहचान सकें । हमारे राजकुमारों और लोगों के बीच ,यह सबसे बड़ा काम है । इस क्षेत्र में अब तक कोई काम नहीं हुआ है । राजाओं की ताकत और विदेशियों की आधीनता ने उन्हें सैकड़ों वर्षों से रसातल में धकेल दिया है ,जिससे भारत का गरीब आज अपना अस्तित्व भूल गया है ।"

डॉ. अब्दुल कलाम

डा .अवुल पकिर जैनुलब्दीन अब्दुल कलाम का जन्म तामिलनाडू प्रान्त के रामेश्वरम में ,१५ अक्टूबर १९३१ को हुआ था । उन्होंने मद्रास इंस्टिट्यूट ऑफ़ टेक्नोलॉजी से , एरो इंजीनियरिंग में विशेष योग्यता प्राप्त की थी ।

भारत के राष्ट्रपति बनने से पहले वह डीआरडीओ तथा आईएसआरओ में, एयरोनॉटिकल विभाग में काम करते थे । भारत में बैलिस्टिक मिसाइल तथा राकेट टेक्नोलॉजी में विशेष योगदान के लिए, उन्हें' मिसाइल मैन ऑफ़ इंडिया 'के नाम से जाना जाता है । भारत में एक इंजिनियर और वैज्ञानिक के रूप में उनका नाम बड़े आदर से लिया जाता है ।

भारत में ,१९७४ में पोखरन के पहले न्यूक्लीयर टेस्ट के बाद ,१९९८ में न्यूक्लीयर टेस्ट २ करने का श्रेय उन्हें जाता है और इस तरह वह संस्थाओं ,राजनीतिक और वैज्ञानिक क्षेत्र में एक ख्यातिप्राप्त व्यक्ति के रूप में पहचाने जाने लगे । वह अन्ना यूनिवर्सिटी (चेन्नई) में प्रोफेसर थे और भारत के विभिन्न शिक्षण संस्थाओं में , विजिटिंग फैकल्टी बन कर भी जाते रहे ।

राजनैतिक विचार

एपीजे कलाम के विचार, उनकी पुस्तक'' इंडिया बाई २०२० ''में पूरी तरह स्पष्ट किए गए हैं । उनका मत है कि भारत को' ज्ञान का सुपर पॉवर' बन कर दुनिया में उभरना चाहिए । देश का सम्पूर्ण विकास ,उनका सपना था । कलाम चाहते थे कि भारत के साथ अन्य राष्ट्रों के सम्बन्ध ,और भी सुगठित तथा महत्वपूर्ण हों तथा अंतर्राष्ट्रीय संबंधों में भारत की भूमिका और अहम् होनी चाहिए । उनके विचारों में ,भारत एक सुपरपॉवर के लिए सक्षम है और उन्होंने न्युक्लीयर शक्ति के विकास में भारत को एक सुपर पॉवर की तरफ बढाने के लिए जीवन भर योगदान दिया ।

कलाम ने विज्ञान और प्रौद्योगिकी के क्षेत्र की हर शाखा में भी विकास के लिए प्रोत्साहित किया । बायो-इम्प्लान्ट्स के विकास के लिए उन्होंने ,इस क्षेत्र में शोध संस्थाओं को स्थापित करने के लिए भी प्रस्ताव दिया । उन्होंने तकनीकी क्षेत्र में उन्नति के लिए और प्रतिभाओं का अधिकतम उपयोग करने के लिए, प्रोप्राइटरी सलूशन की अपेक्षा, ओपन सोर्स सॉफ्टवेर का समर्थन किया । उनका मानना था कि ओपन सोर्स सॉफ्टवेर के प्रयोग से अधिक से अधिक लोग' इनफार्मेशन टेक्नोलॉजी' का उपयोग कर सकेंगे । उनका मानना था कि विज्ञान के क्षेत्र में ,समाज के भीतर

इसका उपयोग समान नही है, जिससे समाज का चहुँदिशि विकास नहीं हो पा रहा है। विज्ञान और प्रौद्योगिकी के द्वारा विज्ञान में फैली विषंगतियों को सुधारने की उनकी यह सोच, अनूठी और अत्यधिक आधुनिक थी। इस विषय में भारत के अग्रणी व्यापारियों ने, जो इनफार्मेशन टेक्नोलॉजी के क्षेत्र से जुड़े हैं, उनका समर्थन भी किया। इन्फ़ोसिस और विप्रो जैसी भारत की दिग्गज कंपनियां ,उनके इस विचार से सहमत थीं और इस क्षेत्र में आगे बढ़ने का निश्चय भी किया था।

व्यक्तिगत जीवन

कलाम के पिता एक धर्मनिष्ठ मुसलमान थे। वह मछुआरों को नावें किराए पर देते थे। उनकी मित्रता कई हिन्दू धार्मिक नेताओं से थी और रामेश्वरम स्कूल के कई अध्यापक भी उनसे दोस्ती रखते थे। एपीजे कलाम ,अपनी जीवनी में लिखते हैं कि अपने स्कूल की पढ़ाई के खर्चे को संभालने के लिए, उन्होंने अखबार बेचने का काम भी किया है। "एक बालक के स्वप्न" (ए बॉय विथ ड्रीम्स) नामक तीन कहानियों की एक पुस्तक में ,लेखिका विनीता कृष्णा ने भी डा .कलाम के बचपन की जीवनी में यह बात लिखी है। रामेश्वरम के जिस मकान में कलाम का जन्म हुआ था ,वह आज भी मस्जिद रोड, रामेश्वरम में है और उनके भाई की उसी इमारत से जुडी ,कलाकृतियों की दूकान भी वहीं है। भ्रमण करने वाले दर्शकों के लिए यह स्थान ,एक दर्शनीय स्थल बन गया है।

कलाम का बचपन प्रकृति की गोद में बीता। अपनी पुस्तक" द विंग ऑफ़ फायर "में वह लिखते हैं कि उन्होंने कभी नहीं सोचा था कि पानी में इतनी विध्वंसक शक्ति हो सकती है ,जैसी उन्होंने उस समय देखी ,जब वह ३३ वर्ष के थे। १९६४ के उस भयानक तूफ़ान ने उनके गाँव धनुषकोडी के साथ साथ, पंबन पुल पर आ रही यात्री ट्रेन को उखाड़ कर पानी में मिला दिया था।

वह' तिरुक्कुरल 'के महान ज्ञाता थे और अपने भाषणों में' कुरल 'की किसी न किसी पंक्ति का उल्लेख अवश्य करते। कलाम ने बहुत सी प्रेरणात्मक पुस्तकें लिखी है। इनमें" विंग्स ऑफ़ फायर "उनकी जीवनी वृत्तांत है और युवा वर्ग के लिए प्रेरक प्रसंगों के कारण बहुत लोकप्रिय हुई है। उनकी एक और पुस्तक" गाइडिंग सोल्स : डायलॉग्स ऑन द परपज़ ऑफ़ लाइफ", उनके व्यक्तित्व के आध्यात्मिक पहलू को स्पर्श करती है। उन्होंने तमिल भाषा में कविताए भी लिखी हैं। कहा जाता है कि उनकी रचनाओं के अनुवादों की साउथ कोरिया में खूब मांग है।

कलाम ने बहुत सी नवीन पद्धतियों के विचारों वाली संस्थाओं का संरक्षण भी किया। वह चाहते थे कि भारत में नवीन खोजें, नवीन पद्धतियाँ और नवीन सिद्धांतों को बढ़ावा मिले। वह" हनीबी नेटवर्क और नेशनल इनोवेशन फाउंडेशन"जैसी संस्थाओं

से बहुत करीबी से जुड़े रहे । एनआईऍफ़ ,एक सरकारी संस्था है जिसका मुख्यालय, अहमदाबाद, गुजरात में है । उनके विचार में सभी धर्म आदरणीय हैं, चाहे हिन्दू हो, सिख हो या इस्लाम हो ।

कलाम ,शाकाहारी थे और शराब छूते भी नहीं थे .

कलाम, एक इंजिनियर के रूप में

अब्दुल कलाम ने मद्रास इंस्टिट्यूट ऑफ़ टेक्नोलॉजी से, एयरोनॉटिकल इंजीनियरिंग में डिग्री हासिल की । एक प्रोजिक्ट डायरेक्टर के रूप में वह, भारत में प्रथम बार निर्मित सॅटॅलाइट लांच वेहिकल) एसएलवी-III (से ,पूरे मनोयोग के साथ जुड़े रहे । इंटीग्रेटेड गाइडेड मिसाइल डेवलपमेंट प्रोग्राम) आईजीडीपी (के चीफ एज़ीक्यूटिव के रूप में, उन्होंने' पृथ्वी' और' अग्नि' जैसी मिसाइल्स तैयार करने में मुख्य भूमिका निभाई । यह बात अन्य है कि समयावधि बढ़ने और अच्छे प्रबंधन न होने की वजह से, ये प्रोग्राम, आलोचना का शिकार रहे ।

डिपार्टमेंट ऑफ़ डिफेन्स रिसर्च एंड डेवलपमेंट ,मिनिस्ट्री ऑफ़ डिफेन्स और सेक्रेटरी के ,वह जुलाई १९९२ से दिसम्बर १९९९ तक, मुख्य वैज्ञानिक सलाहकार थे । पोखरण- २ का सफल परीक्षण ,उनकी अगुवाई में, इसी दौरान किया गया था ।

कलाम ,चिंतन से वैज्ञानिक थे और हृदय से मानवता प्रेमी । वह चाहते थे कि उनकी हर वैज्ञानिक उपलब्धि, समाज के हित में लगे । उन्होंने' अग्नि' में प्रयोग किया गया कार्बन कंपाउंड पदार्थ ,बहुत हल्का होने की वजह से ,पोलियो पीड़ित व्यक्तियों के 'कैलिपरस 'में प्रयोग करने की सलाह दी । इस पदार्थ के कारण,' कैलिपरस का वज़न, जो पहले प्रायः 4 किलोग्राम हुआ करता था, घट कर ४०० ग्राम तक आ गया। निज़ाम इंस्टिट्यूट ऑफ़ मेडिकल साइंसेज में डिफेन्स की इस टेक्नोलॉजी का प्रथम प्रयोग किया गया ,जिसे कलाम ने डिफेन्स रिसर्च डेवलपमेंट एंड टेक्नोलॉजी , डिफेन्स मेटलर्जिकल रिसर्च लैब और रिसर्च सेंटर इमारात के लैब में देश की सुरक्षा में प्रयोग के लिए काम में लाया जाता था। ग्रीस के अर्थेंस में आयोजित एक समारोह में बोलते हुए कलाम ने कहा था, " हलके कैलिपरस के साथ अपने बच्चों को दौड़ के खेल में हिस्सा लेते हुए देख कर ,उनके माता पिता के आँखों में आंसू आ जाते हैं। ये खुशी के आंसू देखकर ,मेरे मन को अपार शान्ति मिलती है ।"

सम्मान (honours)

२९ अप्रैल २००९ को ,अमेरिका के सर्वोच्च इंजीनियरिंग प्राइज" हूवर मैडल "से , उन्हें असाधारण जनसेवा के लिए सम्मानित किया गया । एशिया में यह प्राइज पाने वाले वह पहले व्यक्ति हैं ।

उनके सम्मान जो कहा गया वह यहाँ अद्भुत है,“ he is being recognised for making state-of-the-art healthcare available to the common man at affordable prices, bringing quality medical care to rural areas by establishing a link between doctors and technocrats, using spin-offs of defense technology to create state-of-the-art medical equipment and launching tele-medicine projects connecting remote rural-based hospitals to the super-specialty hospital. A pre - eminent scientist, a gifted engineer, and a true visionary, he is also a humble humanitarian in every sense of the world.”

यह सम्मान ,उनके अप्रतिम प्रतिभा और समाज के प्रति लगाव तथा समर्पण के भाव को प्रदर्शित करता है ।

“मिसाइल मैन ”अब्दुल कलाम के जीवन से 10 सीख, जो उद्यमियों के लिए गुरु मन्त्र की तरह हैं–

1) नेतृत्व करिए:

उन्होंने स्वयं का उदाहरण देकर लोगों को प्रोत्साहित किया । १९८० के तत्कालीन प्रधानमन्त्री ,श्रीमती इंदिरा गांधी को उन्होंने अपने निर्देशन में एयरोस्पेस प्रोजेक्ट के लिए धन देने के लिए राजी कराया । दिलचस्प बात यह है कि कैबिनेट ने इस राशि की मंजूरी के लिए मना कर दिया था । उनके इन प्रोजेक्ट्स ने, भारत के एयरोस्पेस प्रोग्राम को बढ़ावा देने में ,बहुत बड़ी भूमिका निभायी है ।

उन्हीं के शब्दों में- “एक अच्छे लीडर की परिभाषा यही कहती है कि उसे दूरदर्शी और धीरज रखने वाला होना चाहिए । लीडर समस्याओं से डरता नहीं है ,बल्कि डटकर उसका मुकाबला करता है । ईमानदारी और सबको साथ लेकर चलने की कला, एक लीडर की मुख्य विशेषता है । ”

सच में ,उनके आखिरी शब्द ,एक आदर्श लीडर से ही सम्बंधित थे ।

2) स्वप्न देखिए:

उनके नेतृत्व में, इंटीग्रेटेड गाइडेड मिसाइल डेवलपमेंट प्रोग्राम के लिए, सरकार ने ३८८ करोड़ रुपयों की मंजूरी दी थी । यह प्रोग्राम १९८२-८३ में शुरू हुआ और १५ वर्षों तक चला । पृथ्वी और अग्नि का क्रमशः ,जब १९८८ तथा १९८९ में सफल प्रक्षेप परीक्षण हुआ, तब दुनिया के तमाम देशों ने, ऐसी टेक्नोलॉजी जो इस दिशा में भारत को बढाए, देने पर प्रतिबन्ध लगा दिया । डा .कलाम ने अविचलित होकर देश

के संसाधनों से ही ,सारी टेक्नोलॉजी का इंतज़ाम किया और अंततः सफल रहे । सच्चे उद्यमी ,बड़े सपने देखते हैं और उसे पूरा करने का भरसक प्रयत्न करते हैं। उन्हीं के शब्दों में,“ सपने पूरे करने से पहले, आप को सपने देखना है”

3) सीमाएं बढ़ाइए:

एम्आईटी के युवा छात्र ,कलाम को एक बार उनके प्रोफेसर ने चुनौती दिया कि या तो विमान की संरचना ,मूल आधार से पुनः बनाएं या अपनी स्कालरशिप से हाथ धो बैठें । सिर्फ यही नहीं, जिस काम को करने में कई हफ्ते लग सकते थे, उसे करने के लिए ,उन्हें सिर्फ तीन दिन दिए गए । अपनी दृढ़ता और कड़ी मेहनत से उन्होंने यह संरचना तैयार की और जिस प्रोफेसर ने उन्हें लताड़ा था, उसी ने उनकी भूरि भूरि प्रशंसा की ।

नए उद्यमी भी“ ,करो या मरो ”की चुनौती के साथ अपना कठिन काम शुरू करते हैं । इसका एक ही हल है और वह है कि समस्याओं का हल खोजो और लगे रहो । कलाम के शब्दों में” ,दुनिया में असंभव जैसी कोई सीमा नहीं है ।”

4) उत्तरदायित्व लीजिए:

एयरक्राफ्ट सर्विलैंस सिस्टम के विकास के दौरान एक बार ,एक टेस्ट फ्लाइट में विमान क्रेश कर गया । विमान में सवार चालक दल समेत सभी आठ लोगों की मृत्यु हो गयी । कलाम को बहुत दुःख हुआ और यह दुर्घटना उनके हृदय को भेद गयी । उस दिन उन्होंने महसूस किया कि किसी न किसी घटना के लिए, दूसरा व्यक्ति भी ज़िम्मेदार होता है ।

एक नवोदय उद्यमी के रूप में हम एक टीम का नेतृत्व करते हैं । टीम की अगुवाई करना एक चुनौती भरा काम है । सिर्फ यही नहीं, प्रोजेक्ट की सफलता को सारे लोगों में बांटना और असफलता में अपनी हिस्सेदारी रखना भी ,एक लीडर के लिए चुनौती है ।‘ सिर्फ दीपक बन कर प्रकाश फैलाने की प्रशंसा मत लो, पतंगा बन कर भी देखो कि उस दीपक के जलने में किसका किसका योगदान है ।”

5) समस्याओं को परास्त करो और सफलता की ओर बढ़ो:

“अगर आप का कोई नया लक्ष्य है है जटिल कार्य है तो उसमें समस्याओं और चुनौतियों की आशा भी करनी चाहिए । समस्याओं को अपना लीडर मत होने दीजिए ,बल्कि आप समस्याओं को अपने कब्जे में रखिए ,उन्हें हल करिए और उन पर विजय प्राप्त करिए ।”

ये शब्द डा .अब्दुल कलाम के प्रोफेसर ने कभी उन्हें कहे थे जिसे उन्होंने जीवन भर माना और आने वाली पीढ़ी तथा उद्यमशील व्यक्तियों को भी उन्होंने यही सलाह दी । यह सलाह आप सब उद्यमशीलियों के लिए भी उतनी ही कारगर है चाहे वह कोई भी क्षेत्र हो । इस सार्वभौमिक सलाह को आप निर्णय लेने में, पूंजी बढ़ाने में, उपकरण खरीदने और उन्हें बिठाने में, ऋण वापस करने में, लोगों को अपने यहाँ काम देने में, ट्रेनिंग देने में ,अपना उत्पाद बिक्री करने में या फिर दिन ब दिन होने वाली हर कार्यचर्या में लगा सकते हैं ।

6) स्वस्थ रहिए:

सफल लोग यह जानते हैं कि स्वस्थ शरीर और स्वस्थ मन ,सफलता के लिए बहुत आवश्यक है । वे यह भी जानते हैं कि ये दोनों एक दूसरे से बंधे हैं और दिनचर्या में हर काम को सुचारू रूप से चलाने के लिए शरीर और विचारों को सक्षम बनाते हैं । ऐसे लोग नियमित जीवनचर्या का पालन करते हैं, स्वस्थ और पौष्टिक भोजन लेते हैं , समय से खाते हैं ,अपनी उम्र के अनुसार रोज व्यायाम करते हैं, अच्छा विचार रखते हैं तथा सकारात्मक सोचते हैं । यह प्रमाणित हो चुका है कि पहली तीन दिनचर्याए , चौथी को स्वतः बना लेती है ।

7) अटल रहिए:

कलाम की इंडियन एयर फ़ोर्स में पायलट बनने की महात्वाकांक्षा पूरी न हो सकी । यह कल्पना चूर होने पर उन्होंने अपने मन को समझाया और मिनिस्ट्री ऑफ़ डिफेन्स में अवसर पाने पर, पूरे मन और लगन के साथ नए लक्ष्य की तरफ मुड़ गए । उन्होंने अपने मन को समझा लिया कि और भी बेहतर मौके, सामने इंतज़ार कर रहे हैं । उन्हीं ने शब्दों में“ ,मनुष्य को जीवन में कठिनता ज़रूरी है ,वरना सफलता की खुशी महसूस नहीं होती” ।

8) अलग सोच रखिए:

कलाम ने इस बात पर कभी भरोसा नहीं किया कि लोग भेड़ चाल चलें और घिसे पिटे रास्ते पर दौड़ें । वह ख़ास तौर पर युवा वर्ग को सलाह देते थे कि हमेशा अलग सोच रखो । वह चाहते थे कि उद्यमवृत्ति का पाठ स्कूल के विषयों में जोड़ना चाहिए, तथा इसे प्रायोगिक उदाहरणों के द्वारा पढ़ाना चाहिए । सिर्फ किसी पाठ को रट लेने से ,उद्यम कौशल नहीं आता ।

अपने एक भाषण में उन्होंने कहा था,“ मेरा सन्देश उस युवा वर्ग को जो अलग सोचने की शक्ति रखते हैं, नई खोज करने का सहस रखते हैं, नई राह में चलने की हिम्मत रखते हैं, असंभव को खोजते हैं तथा उन पर विजय पाते हैं, समस्याएं सुलझाते है और

सफल होते हैं । किसी युवा में अगर ये विशेषताएं हैं तो फिर उसकी उन्नति का रास्ता कोई नहीं रोक सकता । उनके लिए यही मेरा सन्देश है ।''

9) लोगो से जुड़िए:

सफलता के पागलपन की दौड़ में, अक्सर हम गिनतियाँ जोड़ने लगते हैं और लोगों से दूर होते रहते हैं । अगर यह अनजाने में हुआ है ,जानबूझ कर नहीं, तब यह व्यक्ति के मन को एक आघात पहुंचाता है । मानव प्रकृति, मिलने जुलने की है ,अतः यह हमारे पक्ष में होगा कि हम अपने साथियों, पड़ोसियों, सगे संबंधी तथा आस पास के लोगों से मिलते जुलते रहें । इस तरह लोगों के बीच बने रहने से हमें अपनी अंतरात्मा में झाँकने का और अपने विषय में सोचने का मौक़ा मिलता है ।

10) मेहनत कीजिए:

अपने जीवन के अंतिम दिन भी कलाम ने दुनिया को मेहनत करने का सन्देश दिया । उनका आखिरी भाषण कहता है कि,'' पूरा ब्रहमांड, हमारा मित्र है लेकिन यह उसी को सब कुछ देता है जो सपने देखते हैं और उसे पाने के लिए मेहनत करते हैं । ''उनके या आखिरी शब्द यही कहते हैं कि डा .कलाम कड़ी मेहनत को कितना महत्त्व देते थे और हर व्यक्ति से मेहनत की आशा रखते थे ।

स्टीव जॉब्स

अमेरिका के व्यापार प्रबंधकर्ता, कंप्यूटर प्रोग्रामर और उद्यमी

कंप्यूटर डिज़ाइनर और कापोरेट एग्जीक्यूटिव, स्टीव जॉब्स, एप्पल कंप्यूटर के सहसंस्थापक हैं। साधारण लोगों की जेब में रखे पैसों के हिसाब से कंप्यूटर बनाने की उनकी दूरदृष्टि ने, कई दशकों में आश्चर्यजनक, अकेला एक विशाल उद्योग क्षेत्र खडा कर दिया। इस सफलता को उन्होंने २५ वर्ष की उम्र के आस पास ही हासिल कर लिया। अमेरका के प्रौद्योगिकी जगत में वह सबसे अधिक अन्वेषक तथा उर्जावान मस्तिष्क के व्यक्ति हुए हैं।

जीवन का प्रथम चरण

स्टीव जॉब्स का जन्म २४ फरवरी १९५५ को, फ्रांसिस्को, कैलिफ़ोर्निया में हुआ था। पॉल और कार्ला ने उन्हें गोद लिया था। बहन, पैटी के साथ ही उनका पालन पोषण हुआ। पॉल जॉब्स, मशीन पर काम करते थे और गाड़ियां ठीक करना उनका शौक था। याद करते हुए, जॉब्स कहते हैं कि उनके पिता अपने काम में बहुत कुशल थे।

उनका परिवार १९६१ में, माउंटेन वैली, कैलिफ़ोर्निया चला आया। पालो आल्टो के दक्षिणी भाग में स्थित यह क्षेत्र, इलेक्ट्रॉनिक्स का केंद्र बन रहा था। इलेक्ट्रॉनिक्स; रेडियो, टेलीविज़न, स्टीरियो, कंप्यूटर आदि उपकरणों का आधार है। उस समय इस क्षेत्र को लोगों ने" सिलिकॉन वैली "के नाम से पुकारना शुरू कर दिया था। 'सिलिकॉन' एक ऐसा पदार्थ है जो इलेक्ट्रॉनिक उपकरणों में बहुतायत से प्रयोग किया जाता है।

बचपन में ही जॉब्स ने खुद से काम करने को ही प्राधमिकता दी। तैराकी तथा अन्य समूह वाले खेलों में सबके साथ भाग लेने से वह कतराते थे। वह शुरू से ही इलेक्ट्रॉनिक्स तथा इसके यंत्रों में दिलचस्पी लेते रहे। वह अपने पड़ोसी के एक गेराज वर्कशॉप में बहुत समय गुजारते थे जो इलेक्ट्रॉनिक्स निर्माता, हेवलेट पैकर्ड के लिए काम करते थे।

जॉब्स ने भी हेवलेट पैकर्ड क्लब ज्वाइन कर लिया। वहां उन्होंने इंजिनियरस को कंप्यूटर बनाकर उसके बारे में लोगों को बताते हुए देखा। जॉब्स ने पहला कंप्यूटर, बारह वर्ष की उम्र में देखा था। उन पर इसका बहुत प्रभाव पडा और उन्होंने ठान लिया कि वह कंप्यूटर के क्षेत्र में ही काम करेंगे।

अपने स्कूल के दिनों में, जॉब्स को हेवलेट पैकर्ड के कारखाने में लेक्चर सुनने का मौक़ा मिला । ऐसे ही एक मौके पर उन्होंने, विलियम हेवलेट) १९३१-२००१(, कंपनी प्रेसिडेंट से, अपने स्कूल प्रोजेक्ट को पूरा करने के लिए कुछ पुर्जों की मांग की । हेवलेट इस बात पर इतना प्रभावित हुए कि न सिर्फ उन्होंने पुर्जे दिए, बल्कि जॉब्स को समर इंटर्नशिप) गरमी की छुट्टियों में प्रशिक्षण (के लिए न्योता भी दिया ।

सफलता के लिए स्टीव जॉब्स के 10 नियम-

1) सीमाबद्ध जीवन मत व्यतीत करिए:

"आप का समय सीमित है अतः दूसरों के भरोसे रहकर इसे बर्बाद मत करिए । रूढ़वादिता में फंसे रहने से कोई लाभ नहीं – क्योंकि यह दूसरों की सोच है । दूसरों के शोर में अपनी भीतर की आवाज़ को मत डुबाइए । और सबसे महत्वपूर्ण है कि अपने दिल और अपने अंतरात्मा के अनुसार चलने का साहस रखिए । बाक़ी दूसरी बातें, कम महत्वपूर्ण हैं ।"

2) काम के प्रति आवेश रखिए:

अगर आप अपने काम के प्रति शुरू से ही आवेशित नहीं हैं, तो आप अधिक दूर तक चल नहीं पाएंगे । कोई भी काम हो, उसमे कठिनाइयां और कुंठाएं आती ही हैं – संसार का सबसे कठिन काम भी, आप दिक्कतों के बावजूद करते रहेंगें, अगर आप का उस काम के प्रति आवेश और अनुराग है ।

3) अपने लिए डिजाईन करिए:

"दूसरों की सलाह के शोरगुल में अपनी अंतरात्मा को मत डुबाइये – "स्टीव जॉब्स

हम जानते हैं कि यह लीक से हटकर एक मुहावरा है लेकिन, सच है । आप अपने जहाज के कप्तान हैं अतः किसी दूसरे को चलाने के लिए नियंत्रण मत दीजिए । अपने जीवन की रूप रेखा स्वयं बनाइए क्योंकि यह मौका बार बार नहीं मिलेगा । अतः इसे या तो अभी तैयार कीजिए या बाद में पछताइए ।

4) कबाड़ मत बेचिए:

हमेशा उत्तम गुणवत्ता वाली वस्तुएं बेचिए । यह बात थोड़ी अटपटी लग सकती है लेकिन सत्य है । कुछ लोग चाहे न माने, लेकिन एप्पल के उत्पाद गुणवत्ता में शीर्ष पर हैं और इसीलिए एप्पल कंपनी आज भी शीर्ष स्थान पर है । वह अच्छे उत्पाद ही बेचते हैं, इसीलिए आज भी उनके ग्राहक उनसे जुड़े हैं और कुछ भी नया लेने के लिए एप्पल के शो रूम में ही जाते हैं ।

5) एक अच्छी टीम बनाइए:

जो लोग आप के चारो तरफ रहेंगे, वही आप का भविष्य बनायेंगे । अगर आप के आस पास स्मार्ट और सकारात्मक विचारों वाले लोग हैं, तब निश्चित ही आप का भविष्य सुरक्षित है । याद रखिए कि हमारे आस पास कम से पांच व्यक्ति ऐसे होते हैं जो हमें प्रभावित करते हैं अतः उनको बुद्धिमानी से चुनिए ।

6) सिर्फ पैसे के लिए मत करिए:

ऐसा काम चुनिए जिसे आप पसंद करते हैं, प्यार करते हैं । इससे आप को किसी दिन काम नहीं करना पडेगा । स्टीव जॉब की कीमत उस समय ही १०० मिलियन डॉलर हो चुकी थी, जब वह २५ वर्ष के थे । लेकिन उन्होंने पैसों के लिए काम नहीं किया । उनका ध्येय दूसरा था । यह संसार में कुछ बदलाव लाना चाहते थे । वह प्रवर्तक (Innovative) थे ।

7) अपने उत्पाद पर गर्व कीजिए:

आप का उत्पाद ऐसा हो जिसे आप दोस्तों और परिवार के सदस्यों के लिए सिफारिश कर सकें । आप का उत्पाद अगर अच्छा है, तो पैसा अपने आप आएगा । यह भी ध्यान रहे कि उत्पाद की गुणवत्ता अच्छी हो और लोग इसे प्रयोग करते हुए खूब पसंद करें ।

8) अपने ग्राहक तैयार कीजिए:

ग्राहक एक दिन में तैयार नहीं होते । वे आप के उत्पाद पर तभी विश्वास करेंगे जब उसका प्रयोग करेंगे । यह विश्वास तैयार होने में समय लगता है । अपने उत्पाद की गुणवत्ता अच्छी रखिए तो ग्राहक बने रहेंगे, क्योंकि आप का उत्पाद वे न सिर्फ अपने घरों में प्रयोग करते होंगे, बल्कि हो सकता है अपने सामान बनाने की तैयारी में भी करते हों । यदि आप के उत्पाद के कारण उनका उत्पाद खराब हो जाएगा तो वे आप पर विश्वास नहीं करेंगे । अपने ग्राहकों को समझिए, उनकी ज़रूरतों को जानिए और उनकी चुनौतियों को जानने की चेष्टा करिए । उनका फीडबैक, आप के उत्पाद को बेहतर और ग्राहकों के अनुकूल बनाएगा । ग्राहकों का अध्ययन, किसी भी उत्पाद के लिए बहुत ज़रूरी है । अगर आप के उत्पाद से उनका विश्वास उठ गया तो ग्राहकों का लौटना मुश्किल है । यही नहीं, वे अपने जान पहचान के लोगों से भी आप के उत्पाद की बातें करते हैं । अतः एक ग्राहक अगर संतुष्ट है, तो आप को उसके जरिए और भी ग्राहक मिल सकते हैं । यह एक श्रृंखला से जुड़ा सम्बन्ध है ।

9) बिक्री प्रतिष्ठा (value) की होती है:

क्या आपने कभी' नाइके 'का विज्ञापन देखा है, जिसमे वह अपने को' आदिदास' और' प्यूमा' से बेहतर दिखाते हैं । नही, शायद आप ने ध्यान नहीं दिया । जी हाँ ! वे महान खिलाड़ी, माइकल जॉर्डन को दिखाते हैं । वे यह दिखाते हैं कि उनका उत्पाद एक महान व्यक्ति प्रयोग में लाता है । महान व्यक्ति महान वस्तुएं प्रयोग करते हैं और यही उनके उत्पाद का मूल्यांकन है ।

10) आगे की भूख रखिए ताकि लोग मूर्ख समझें:

संतुष्ट होने से आप की यात्रा समाप्त हो जाती है । आगे बढ़ने की भूख रखिए और आगे चलिए (कोशिश करते रहिये) । आप अपना लक्ष्य ऐसा रखिए कि लोग कहने लगें ऐसा नहीं हो सकता । आप के जुनून को लोग आप का पागलपन या मूर्खता समझें ।

स्टीव जॉब्स की 10 उपलब्धियां–

1) पर्सनल कंप्यूटर में क्रांति का लाना:

एप्पल२ एवम मसिन्तोश को साथ लेकर, उस समय की एप्पल कंपनी के जरिए, पीसी जगत में एक क्रान्ति ला दी गयी है । १९७७ में, बाज़ार में आने वाला एप्पल ॥, साधारण लोगों के बीच बहुत प्रचलित हुआ । १९८४ में तैयार किया गया मसिन्तोश, 'माउस 'तथा' ग्राफ़िक यूज़र इंटरफ़ेस 'के प्रयोग के साथ, सबसे सफल पीसी था जो लोगों ने हाथों हाथ लिया ।

2) माउस तथा ग्राफिकल यूज़र इंटरफ़ेस का प्रवेश:

जॉब्स ने, टेक्स्ट आधारित पीसी के प्रयोग को,' माउस' तथा' ग्राफिकल यूज़र इंटरफ़ेस' के जरिए से प्रयोग में बनाकर, कंप्यूटर में काम करने की पद्धति में, आमूल चूल परिवर्तन कर दिया । कंप्यूटर पर लिख कर कमांड देने की बजाय, माउस के जरिए ही काम किया जा सकता है । यह पद्धति लोगों के लिए सरल हो गयी और कंप्यूटर पर काम करने के लिए, लोगों की क्षमता भी बढ़ गयी । इस सरलता से कंप्यूटर प्रयोग करने के कारण, साधारण लोग भी कंप्यूटर पर काम कर सकते थे । अतः यह पद्धति पूरे विश्व में बहुत प्रसिद्ध हो गयी । जॉब्स ने ज़ेरॉक्स, पालो आल्टो रिसर्च सेंटर से भी, तकनीक लेकर इस्तेमाल करने की सोची थी, लेकिन वह कामयाब नहीं रही ।

3) लोगों के लिए, साथ ले जाने वाला म्यूजिक प्लेयर लाना:

जब कि दूसरे लोगों ने हलके और साथ ले जाने वाले म्यूजिक प्लेयर बनाए थे, जॉब्स ने २००१ में आईपेड बना कर इस जगत में भी तहल्का मचा दिया । सुन्दर, पतला

और हथेली के बराबर का फैशनेबल आईपेड, हजारों गाने रखने की क्षमता वाला था। लोगों को यह बहुत पसंद आया और बाज़ार में यह उत्पाद छा गया।

4) संगीत बिक्री में क्रान्ति:

आईट्यून (ITune) स्टोर से अपने कंप्यूटर और आईपेड में म्यूजिक डाउनलोड करने की सुविधा देकर, जॉब्स ने संगीत को सीधे लोगों के कानों तक पहुंचा दिया। जो लोग अपने प्रिय संगीत तथा गानों के लिए इधर उधर हाथ पैर मारते थे, उन्हें उँगलियों से कुछ बटन दबाते ही मनचाहे और असंख्य गाने मिलने लगे। इस तरह आईट्यून ने संगीत की चोरी पर एक लगाम भी लगायी और लोगों का समय भी बचा दिया।

5) कंप्यूटर से एनीमेशन तैयार करने की शुरुआत:

कंप्यूटर में तैयार पूरी एनिमेटेड फिल्मों को बनाने की प्रक्रिया, जॉब्स से आगे बढी। उन्होंने पिक्सर एनिमेटेड स्टूडियो में पैसा लगा कर और इस प्रोजेक्ट की अगुवाई करके इस प्रक्रिया को आगे बढाया। १९८६ में जॉब्स ने जॉर्ज लुकास से उनका स्टूडियो खरीदा और इस स्टूडियो के जरिए बहुत ही लोकप्रिय एनिमेटेड फ़िल्में बनाई।" टॉय स्टोरी", जो १९९५ में बनी, ने दर्शकों का मन मोह लिया। यह सिलसिला चलता रहा। जॉब्स की नज़र पड़ने से पहले, पिक्सर एक मामूली कंपनी थी, लेकिन उनके आने के बाद इसकी प्रतिष्ठा बढ़ती गयी। वाल्ट डिज्नी ने पिक्सर कंपनी को २००६ में ७.४ बिलियन डॉलर में खरीद लिया।

6) एप्पल स्टोर्स के शोरूम की शुरुआत:

२००१ में जॉब्स ने, एप्पल के अपने रिटेल स्टोर्स खुलवाने शुरू कर दिए। यह उनकी नई तरकीब थी, जिसे लोग सफल कदम नहीं मान रहे थे। लेकिन एक नए ढर्रे की शुरुआत कर के उन्होंने इसकी सफलता दिखला दिया। इन स्टोर्स की वजह से लोग, एप्पल उत्पादों को सीधे सीधे उन्हीं स्टोर्स से लेने लगे जिससे ग्राहकों का फीड बेक भी एप्पल को सीधे मिलने लगा और उन्होंने उस फीड बेक को अपने उत्पाद के और भी सुधार या नए खोजों के लिए प्रयोग किया। मार्केटिंग की यह नई चाल, एप्पल के लिए बहुत लाभप्रद रही। दुनिया में एप्पल के ३५० अपने स्टोर्स हैं।

7) पर्सनल कंप्यूटर को आकर्षक बनाना:

शुरुआत से ही एप्पल कंप्यूटर दिखने में खुबसूरत रहे हैं। आईमैक के प्रथम कैंडी-कलर से लेकर बहुत पतले मैक-एयर तक, एप्पल के सारे उत्पाद, ग्राहकों को लुभाते

रहे हैं । एप्पल के उत्पादों को हर तरफ आकर्षक और गुणवत्ता की दृष्टि से उत्तम बनाने के लिए, जॉब्स ने, पैर से लेकर चोटी तक की मेहनत लगा दी थी ।

8) स्मार्ट फोन के क्षेत्र में क्रान्ति:

जॉब्स ने एप्पल कंपनी को जब स्मार्ट फ़ोन के व्यापार के लिए उतारा, उन्होंने २००७ में आइफोन बना कर इस दुनिया में भी एक नया कीर्तिमान स्थापित किया । उन्होंने सिर्फ सेलुलर फ़ोन को आइपाड के साथ नहीं जोड़ा बल्कि लोगों की आशा से भी अधिक, एक नया उपकरण ही तैयार कर दिया जिसमे बहुत सी सुविधाएं थीं । इन्होंने आईपेड, इन्टरनेट ब्राउज़र तथा सेलुलर फ़ोन की सुविधाओं को एक साथ जोड़ कर जो उत्पाद तैयार किया, वह स्मार्ट फ़ोन के रास्ते में एक मील का पत्थर साबित हुआ । इसमें मल्टी टच स्क्रीन की सुविधा भी थी । लोगों ने इस उत्पाद को हाथों हाथ लिया । यह उत्पाद इतना मशहूर हुआ कि बाकी स्मार्ट फ़ोन भी इसी की नकल में बनने लगे ।

9) सॉफ्टवेर एप्लीकेशन बेचने का नया तरीका:

सॉफ्टवेर एप्लीकेशन का तरीका भी जॉब्स ने प्रयोग कर्ताओं की ज़रूरत के हिसाब से देना शुरू किया । उन्होंने आइफोन और आईपेड के सॉफ्टवेर डाउन लोड करने के लिए, एप्पल के रिटेल स्टोर्स डिस्ट्रीब्यूटर को ही यह अधिकार दे दिया था । इससे यह लाभ हुआ कि अपनी भौगोलिक स्थिति, समाज की ज़रूरत और अपने पसंद के अनुसार लोग ये सॉफ्टवेर, अपने उपकरणों में डलवाने लगे । इससे लोग सिर्फ अपनी ज़रूरत के हिसाब से ही सॉफ्टवेर ले सकते हैं और प्रयोग में न आने वाले सॉफ्टवेर डाउनलोड करने की आवश्यकता नहीं ।

10) टेबलेट की शुरुआत:

जॉब्स के इस नए उत्पाद की सफलता पर लोगों को संदेह था । लेकिन २०१० में लाया गया यह उत्पाद भी, लोगों ने बहुत पसंद किया ।

जॉब्स अपने उत्पादों को दिमाग से डिजाईन करते थे और दिल से बनाते थे । उनका हर काम उनके भीतर के उत्सर्ग और उत्साह पर केन्द्रित रहता था । अपने काम को भगवान समझना और उसको पूरी श्रद्धा तथा भक्ति से एक रूप देना, उनके व्यक्तित्व का अहम पहलू था ।

रतन ढाढा

विश्वास और निष्ठा के प्रतीकों का अगर नाम लिया जाए तो एक नाम सबसे पहले उभर कर आता है और वह नाम है – रतन टाटा। २८ दिसम्बर १९३७ को सूरत में जन्में, रतन नवल टाटा, टाटा ग्रुप के चेयरमैन थे। टाटा ग्रुप का यह समूह ऑफिस, मुंबई में है जिसमे वह १९९१ से २०१२ तक चेयरमैन रहे। व्यापार और उद्योग के क्षेत्र में, अपनी विशेष उपलिब्धयों की कारण, उन्हें २००० तथा २००८ में, पद्म विभूषण तथा पद्म विभूषण के सम्मान से विभूषित किया गया। उनकी दूरदर्शिता तथा क्षमता से, टाटा ग्रुप ने भारत में आधारित होकर, पूरे विश्व में व्यापार फैलाया। आज के ७८ वर्षीय टाटा ने अपना करियर १९६१ में, टाटा ग्रुप में शामिल होकर शुरू किया था और अपनी क्षमताओं तथा नेतृत्व के सहारे कंपनी के राजस्व को १.५ बिलियन से १०० बिलियन डॉलर तक पहुंचाया। इस प्रसिद्ध युवा ने देश विदेश में तमाम लोगों को नेतृत्व की सीख दी।

श्री रतन टाटा–

टाटा ग्रुप के चेयरमैन रहे, रतन टाटा का नाम भारत के अग्रणी औद्योगिक सम्राट के रूप में गिना जाता है। अभी वह एमेरिटस टाटा संस के चेयरमैन के रूप में कार्यरत हैं। यह टाटा ग्रुप की होल्डिंग कंपनी है, जो टाटा ग्रुप के कई मुख्य कंपनी का नियंत्रण करती है। उन मुख्य कंपनी में टाटा पॉबर, टाटा कंसल्टेंसी, टाटा स्टील्स, टाटा मोटर्स, इंडियन होटल्स और टाटा टेली सर्विसेज शामिल हैं। माता- पिता के अलगाव के बाद, रतन टाटा, 10वर्ष की उम्र से ही अपनी दादी के पास रहे और ग्रेजुएशन करने के बाद, घर के व्यापार से जुड़ गए। उन्होंने टाटा स्टील पर बाक़ी कर्मचारियों के साथ ही, वर्कशॉप में काम करना शुरू किया और इस तरह अपने पारितारिक व्यापार को ज़मीनी स्तर से समझ सके। जे आर डी टाटा के अवकाश प्राप्त के बाद रतन टाटा, टाटा ग्रुप समूह के चेयरमैन बने। उनके नेतृत्व में समूह ने, नई ऊँचाइयाँ छुआ तथा विदेशों में अपार धन कमाया। टेटली, जगुआर लैंड रोवर तथा कोरस को, उनकी अध्यक्षता में ग्रहण कर लेने के बाद, टाटा का नाम विदेशों में भी, ब्रांड के रूप में छा गया। वह समाज सेवा में भी एक अग्रणी व्यक्तित्व हैं और उनके ग्रुप के आधे शेयर, समाज के लिए दान और धर्मार्थ में लगे हैं। हाल ही में हुए 'कोरोना' वायरस की वैश्विक महामारी में, सरकार को एक बड़ी धन राशि देने के अलावा, उन्होंने अपने तमाम होटल्स को चिकित्सा कर्मियों की सुविधा के लिए दे दिया है, ताकि वे सुरक्षित और सुविधापूर्वक रह सकें तथा समाज को एवं उनके परिवार को भी किसी तरह की

छुआछूत की बीमारी इस दौरान न हो सके। उनके अग्रणी विचार और सकारात्मक सोच से, उनके रिटायर होने के बाद भी, समाज लाभान्वित हो रहा है।

बचपन:

रतन टाटा का जन्म २८ दिसम्बर १९३७ को, सूरत, भारत में हुआ था। उनके माता पिता का नाम नवल टाटा एवं सोनू था। नवल टाटा, जम्सेतजी टाटा के सबसे छोटे, दत्तक पुत्र रतनजी टाटा के पुत्र थे। जमसेतजी टाटा, टाटा ग्रुप के संस्थापक थे। रतन टाटा के एक भाई जिमी और सौतेले भाई नोएल टाटा हैं। जब वह 10 वर्ष के थे, उनके माता पिता के बीच सम्बन्ध विच्छेद हो गया और तब वह तथा उनके भाई, दादी के हाथों पाल पोस कर बड़े हुए। उनकी प्राथमिक शिक्षा, कैंपियन स्कूल मुंबई से हुई और कैथेड्रल तथा जॉन केनन स्कूल, मुंबई से स्कूल की शिक्षा प्राप्त की। १९६२ में उन्होंने, कॉर्नेल यूनिवर्सिटी, यूएसए से, स्ट्रक्चरल लेकर, आर्किटेक्चर इंजीनियरिंग में बीएस किया।

बाद में उन्होंने हारवर्ड स्कूल में भरती होकर, १९७५ में एडवांस्ड मैनेजमेंट प्रोग्राम पूरा किया।

उद्यमी व्यक्तियों के लिए रतन टाटा की ज़िन्दगी से 10 सफलता के सूत्र–

1) दूरदृष्टि रखिए:

रतन टाटा जब टाटा ग्रुप में शामिल हुए, कंपनी विदेशों में न के बराबर काम कर रही थी। उनके आने के बाद, और लोगों के संदेहों के बावजूद, उन्होंने यह बात हमेशा कही कि विदेश में भी पैर फैलाने हैं। आज टाटा की आधे से अधिक आय विदशों से होती है। उनके नेतृत्व में, टेटली, जगुआर लैंड रोवर तथ ताज बोस्टन जैसी कंपनियां टाटा ग्रुप में शामिल हो गयी हैं।

2) नम्र रहिए :

रतन टाटा अपनी नम्रता के लिए मशहूर हैं। उन्होंने अपनी ही कंपनी, टाटा स्टील में फ्लोर पर काम करने वाले कारीगरों की तरह काम करना शुरू किया। २६/११ में होने वाले आतंकवादी हमले से प्रभावित, ८० परिवारों के यहाँ वह खुद मिलने गए थे। वह लोगों को उनके पहले नाम से याद रखते हैं और इसमें वह कोई भूल नहीं करते।

3) अपनी और उत्पाद की कीमत बनाए रखिए:

हर कंपनी पर लोगों का और उसके कर्मचारियों का विश्वास होता है। यही विश्वास, कंपनी का मूल्यांकन है, वैल्यू है। सामाजिक सुरक्षा और अपने कर्मचारियों का कल्याण, टाटा की प्राथमिकता है। टाटा ग्रुप की यह परिपाटी रतन टाटा ने बखूबी

निभाई। पश्चिम बंगाल के सिंगुर में एक प्लांट के विरोध में लोगों ने जब उनके एक इंजिनियर की हत्या कर दी थी, रतन टाटा ने बिना कोई चर्चा किए, उस प्रोजेक्ट में लगे ९ करोड़ से अधिक रुपए की परवाह न करते हुए, सिर्फ एक कर्मचारी के मृत्यु की वजह से, इतना बड़ा प्रोजेक्ट वहां से हटा लिया था। उसके बाद से आज तक, वह उस प्रांत में दोबारा व्यापार के मकसद से नहीं गए।

4) खतरे उठाइए:

खतरे उठाना व्यापार का ख़ास नियम है। एक अग्रणी के नाते, व्यापार में खतरे उठाकर अपनी दूरदृष्टि से व्यापार को आगे बढाने की क्षमता रखना, एक कुशल व्यापारी का काम है। एक व्यापारी परिवार से आने के कारण, ये शिक्षा उन्हें बचपन से ही मिली थी। उन्होंने एक बार कहा भी था," मैं सही निर्णय लेने में निश्वास नहीं रखता, मैं निर्णय लेकर उन्हें सही करने में विश्वास रखता हूँ।"फोर्ड कम्पनी से जगुआर एवं लैंड रोवर बिज़नस तथा कोरस लेने के बाद, यूरोप के द्वितीय सबसे बड़े स्टील निर्माता रतन टाटा का, यह कदम बहुत ही जोखिम भरा था, लेकिन उन्होंने इसे भी अपने पक्ष में डाल लिया।

5) दूसरों को प्रोत्साहित करिए:

एक लीडर की मुख्य विशेषता दूसरों को प्रोत्साहित करने की होती है। रतन टाटा में यह गुण भरपूर है। उन्होंने समाज सेवा और चैरिटी के जरिए देश और समाज की जो सेवा की है, उससे कई बड़ी बड़ी कम्पनियां प्रेरित और प्रोत्साहित हुई हैं तथा टाटा के कदम पर चलने लगी हैं। टाटा ग्रुप के कर्मचारी, नियमित रूप से ब्लड डोनेट करते हैं और टाटा कंपनी ऐसे कर्मचारियों को, एक हफ्ते की छुट्टी तथा पौष्टिक पदार्थ खाने के लिए प्रोत्साहन के रूप में कुछ बोनस भी देती है।

६) आत्म विश्वास रखिए :

जब आप जीवन की ऊहापोही में चल रहे होते हैं, हर कदम पर आप को निर्णय लेना पड़ता है। कुछ निर्णय सही हो सकते हैं लेकिन कुछ निर्णय, दूसरे राह की तरफ मोड देते हैं। ऐसे समय में लोगों का आप के ऊपर और आप का अपने ऊपर विश्वास डगमगा सकता है। लेकिन एक संयम सोच के साथ, पूरे आत्मविश्वास से, हमको ऐसी परिस्थितियों पर विजय पाकर, अपने मार्ग को सही बनाना है। हताश नहीं होना है।

7) आलोचना स्वीकार करिए:

रतन टाटा कहते हैं,“ लोगों के फेंके पत्थरों को पकड़ कर इकट्ठा करिए और उनसे अपने लिए स्मारक बनाइए” । आप जब भी कोई काम करना चाहेंगे, आप को तमाम विरोध करने वाले मिलेंगे । वे आप को नीचे गिराना चाहेंगे और आप को हतोत्साहित करना चाहेंगे । आप इन सभी की तरफ से बेपरवाह हो जाइए और अपने लक्ष्य पर ध्यान केन्द्रित रखिए ।

8) कुछ रचनात्मक करते रहिए:

आलोचनात्मक न हो कर, रचनात्मक होना, आप के सकारात्मक सोच की निशानी है। एक उद्यमी के लिए, आगे से ही तैयार रहना तथा आने वाली समस्याओं को हल करना, महत्त्वपूर्ण गुण है । एक व्यक्ति को किसी प्रतिक्रिया पर परेशान नहीं होना चाहिए बल्कि पहले से ही ऎसी तैयारी रखनी चाहिए कि आने वाली चुनौती का जम कर मुकाबला कर सके । ऎसी सोच रखने वाला उद्यमी, हमेशा सफल होता है ।

9) बचाव में चलने वाली स्थिति से बचें:

व्यापार में सफल होने के लिए, खतरे लेना ज़रूरी है । बिना जोखिम के मकाम पर नहीं पहुंचा जा सकता । रतन टाटा ने खतरे लिए हैं, और उन पर कड़ी नज़र रखते हुए सफलता भी प्राप्त की है । उनके लिए हुए खतरों का परिणाम, आज नज़र आ रहा है । यह भी हो सकता है कि आप कुछ खतरा लें और बचाव भी रखें । यह आधी अधूरी स्थिति, आप को सफलता दिला सकती है, लेकिन सम्पूर्ण सफलता मिलने की संभावना बहुत कम है । उन्होंने एक बार कहा भी था,“ मैं सही निर्णय लेकर चलने पर विश्वास नहीं करता, बल्कि निर्णय लेकर उसे सही बनाने की कोशिश करता हूँ ।”

10) एक ही साधन में पूरा दाँव मत लगाइए) :Don't put all your eggs In one basket(

श्री रतन टाटा, अलग अलग कम्पनियों में निवेश करने पर विश्वास रखते हैं ताकि निवेश सुरक्षित रहे । एक ही टोकरी में सारे अंडे भर देने से, अंडे टूटने का डर रहता है। निवेश भी तब तक कमज़ोर है जब तक कुछ वापस नहीं आता, जैसे कि अंडे जब तक उबाले नहीं जाते टूटने का डर रहता है । रतन टाटा ने चीन की उभरती विशाल कंपनी ज़िओमी तथा ई-कॉमर्स कंपनी, स्नेपडील में पैसा लगाया । अलग अलग कंपनी में निवेश करने से सारा निवेश एक जगह डूबने की संभावना कम हो जाती है, यद्यपि लाभ भी कम होने की संभावना रहती है ।

पेले

"सफलता अचानक नहीं आती। यह कड़ी मेहनत, दृढ़ता, सीख, अध्ययन, बलिदान और सबसे अधिक उस प्यार से आती है, जिसके जरिए आप इसे पाना चाहते हैं या सीखना चाहते हैं।"- पेले

ये शब्द उस महान व्यक्तित्व ने कहे हैं जिसे लोग एडसन अरांटेस डो नासिमैन्तो या अत्यधिक प्रचलित, पेले के नाम से जानते हैं। वह २३ अक्टूबर १९४० को ब्राज़ीयां के ट्रेस काराकास में पैदा हुए थे।

गद्यपि उनका प्रचलित नाम पेले था लेकिन उनके हमवतन उन्हें' पेरोला। नीग्रा।' या 'ब्लैक पर्ल' के नाम से भी बुलाते हैं। पेले ९ वर्ष की उम्र में स्कूल से ड्राप आउट हो गए थे तब उनके पिता, जोओं रामोस दो नासिमैंतो, जो स्वयं ब्राजीलियन सॉकर क्लब के माइनर लीग की तरफ से सेंटर फॉरवर्ड में खेलते थे, उन्हें शिक्षा देना शुरू किया।

मुझे यकीन है -उस समय उनके पिता ने यह कल्पना भी नहीं की होगी कि एक दिन उनका बेटा, असाधारण सॉकर खिलाड़ी बनेगा जो इस खेल के दुनिया की भूमिका ही बदल देगा। युवा बालक पेले की आंतरिक इच्छा थी कि वह एक पेशेवर सॉकर खिलाड़ी बनें। लेकिन गरीबी में पले पोसे एक बालक के लिए यह एक सिर्फ कल्पना थी।

पेले के बचपन का समय तंगहाली में गुज़रता था, और उन्हें पता था कि ज़िंदगी उनके लिए कांटे भरे रास्ते ही है। इसके बावजूद उनकी आकाश छूती उपलब्धियां सिर्फ उनके कड़ी मेहनत और दृढ़ता का ही परिणाम हैं।

पेले साधारण खिलाड़ी नही थे। इसमें कोई दो राय नहीं कि वह एक प्रतिभावान असाधारण खिलाड़ी थे। काफी हद तक यह उनके वीरता और मानसिक दृढ़ता का परिणाम है। वह जिस तंगहाली के दिनों से गुज़रे थे, वे दिन उनको हर चुनौतियां स्वीकार करके लड़ने की क्षमता दे गए। लड़ने की क्षमता और चुनौतियां स्वीकार कर के विजय पाने की शिक्षा, उन्हें अपने बचपन के संघर्षमय जीवन से मिली तथा खेल में अद्वितीय निपुणता और कौशल, खेल के प्रति उनके समर्पण, भक्ति और दिल से खेल को चाहने की प्रवृत्ति से मिली; जो उनको तो खेल जगत में चमका गयी, दूसरों के लिए प्रेरक भी रही।

सभी जानते हैं कि पेले का शुरुआती जीवन कितनी तंगहाली में बीता। उनके पास यह विकल्प भी नहीं था कि जिस खेल को वह दिल से चाहते हैं, उसे किसी क्लब में उचित प्रशिक्षण लेकर और कुशल बना सकें। लेकिन उनके मानसिक दृढ़ता और खेल के प्रति दिली लगाव ने, उन्हें कहीं भी खेलने के लिए प्रेरित किया। अमूमन, वह सडकों पर ही फुटबाल खेलने का अभ्यास करते। किसी खर्चीले क्लब में दाखिला लेकर सीखने की उनकी माली हालत नहीं थी। सड़क पर भी अभ्यास करने के लिए उन्हें फुटबाल नहीं मिलता, क्योंकि इतने पैसे भी नहीं रहते कि फ़ुटबाल तक खरीदा जा सके। तब वह चकोतरा (ग्रेपफ्रूट) लेकर या मोज़े को अखबार में भरकर और उसका गोला बना कर ही खेलने का अभ्यास करते थे (पेले की जीवनी)। कड़े मौसम और और अनियंत्रित साधनों में भी वह दृढ़ता से लगे रहे; यह उनकी विशिष्टता है, जो उन्हें विश्व का नंबर एक और शताब्दियों का अकेला खिलाड़ी बना पायी।

पेले के लिए तो न सुविधाएं थीं और न ही मौसम का वह वातावरण था जो उसे कुशल खिलाड़ी बनाता। लेकिन इन सब चुनौतियों के बावजूद, वह दुनिया के सर्वश्रेष्ठ खिलाड़ी बने। यह उनके ध्येय को पाने की दीर्घ इच्छा, लगन और समर्पण का परिणाम था कि वह अपने ध्येय में सफल हो सके। इसके अलावा, पेले को असाधारण खिलाड़ी के रूप में देखा जाता था। जैसा कि कहा जाता है, "चोट के कारण १९६२ के दूसरे विश्व कप खेल में, जिसे ब्राज़ील ने जीता, वह बाहर रहे, लेकिन यूरोप के खिलाफ उनके नेतृत्व में कोपलिबेराटेस और इंटरकांटिनेंटल कप क्रमशः १९६२ तथा १९६३ में जीता। जैसे जैसे पेले की ख्याति बढ़ती गयी, अंतर्राष्ट्रीय खेलों में प्रतिस्पर्धा तथा ईर्ष्या एवं जलन भी बढ़ने लगी। संटोस क्लब के विरोधी खिलाड़ियों ने खेल के दौरान अपना ध्यान, पेले को चोट पहुंचाने पर अधिक रखा (सं: "पेले"- डिस्कवरिंग)। पेले इस बात को समझते थे, अतः वह खेल के दौरान इस बात का भी ख्याल रखते थे कि उनको चोटिल न होना पड़े।

पेले अपने जीवन में इतना दबाव कैसे सहन कर पाए? निश्चित ही वह इन सब बातों पर कुंठित और क्रोधित होते रहे होंगे, लेकिन उन्हें खेल के प्रति असीम रुझान और प्यार, सबसे अधिक था। अतः वह इन सब अवरोधों को भी पीछे धकेलते गए। बेशक, उनका साहस अदम्य था, जो उन्हें मैदान पर और मैदान से भी बाहर, मानसिक रूप से संतुलित और संयम रखता था।

पेले एक धीर, समर्पित तथा देदीप्यमान खिलाड़ी थे। खेल के प्रति श्रद्धा और प्रेम उनकी कुशलता से ही झलकता है; जो सॉकर के खेल को नए आयाम तक ले जाता है और मैदान में बैठे दर्शकों को चकित कर देता है। इस कथन में यह बात स्थापित हो जाती है, **"१३ वर्ष की उम्र में ही पेले, विश्व के महान खिलाड़ी, वाल्देमर डे**

बरतो, जो बुरु जूनियर टीम के मेनेजर थे, की नज़र में उतर चुके थे और पेले तब तक क्लब के सबसे अच्छे खिलाड़ी जाने जाते थे ।" (पेले, यू#क्स#एल) इससे पता चलता है कि पेले में सॉकर खेलने की और जीतने की जलन थी । मै सोच भी नहीं सकता कि उन्होंने इस खेल के लिए कितनी मेहनत की होगी कि इतनी कम उम्र में वह एक उच्च स्तर के कोच की नज़र में उतर गए ।

खेल के अनुसार, पेले के बारे में, संक्षिप्त में कहा जा सकता है कि **"वह फॉरवर्ड में, लोगों की साँसें थमा देने वाले, सटीक पास देने वाले और लक्ष्य पर गोल मारने वाले खिलाड़ी थे । ब्राज़ील के सारे बड़े बड़े रिकॉर्ड उनके नाम से दर्ज हैं । अपने खेल के दौरान, १३६३ मैचों में १२८१ गोल, उनके हिस्से के हैं । अपने करियर में १००० से अधिक गोल बनाने वाले, पेले एकमात्र खिलाड़ी हैं - (सं: पेले की जीवनी")** । क्या असाधारण खिलाड़ी, क्या असाधारण कौशल!! कभी कभी तो यह किंवदंती लगती है कि पेले ऐसे खिलाड़ी थे!! खेल के प्रति उनका प्यार और समर्पण इसी बात से सिद्ध हो जाता है कि उन्होंने १३६३ मैच खेले, खेल को इतना मशहूर बनाया और असंख्य प्रशंसकों की भीड़ इकट्ठा की ।

उनकी इस खेल में उपलब्धियाँ इतनी अधिक हैं कि सॉकर के नाम से ही पेले का नाम सामने आ जाता है । सॉकर में प्रशंसकों का उत्साह और प्रशंसा का पागलपन, पेले ने तैयार किया है । पेले के लिए यह खेल इतना सरल और प्रवाहपूर्ण था कि जैसे खेलते समय वह फुटबाल से बातें करते थे । वह फुटबाल लेकर उस समय खतरे उठाते थे, जैसे कि हर खतरा उन्हें उद्देश्य तक ले ही जाएगा । उनकी रणनीतियां खेल को नए आयाम दे गयीं और लोगों ने उनके खेल की शैली से कई तकनीकियाँ सीखीं। संक्षेप में, पेले की निष्ठा और लगन, उन्हें इस स्तर तक ले गयी कि आने वाले खेलों में उनका गहर असर देखा गया ।

उनकी कुशलता, समर्पण, मानसिक दृढ़ता और ज्ञान, पेले को सर्वश्रेष्ठ खिलाड़ी बनाता है । इससे भी अधिक, मै समझता हूँ कि एडसन अरांटस का खेल के प्रति सच्चा प्यार, उन्हें मेरा हीरो बनाता है और मुझे प्रोत्साहित करता है । मैंने अपना यह लेख, पेले के ही एक उद्धरण से शुरू किया था, क्योंकि मै समझता हूँ कि वही उनका व्यक्तित्व है । उन्होंने जो कहा वही किया । उन्होंने वही सीखना शुरू किया जो उनकी क्षमता में था ताकि वह न सिर्फ इससे आनंदित हो सकें बल्कि इसमे सफल भी हो सकें ।

वह कहते हैं कि इसमें बहुत या अथाह मेहनत और उतना ही बलिदान देना पड़ता है और हम जानते हैं कि हम इतना नहीं कर सकते । फिर भी प्रोत्साहित तो हो सकते हैं । कम उम्र में ही उन्होंने एक पेशेवर खिलाड़ी बनने की सोची थी और न सिर्फ उसे प्राप्त

किया बल्कि उससे भी ऊपर निकल गए। उनके लिए कहा गया यह कथन, लोगों को प्रोत्साहित कर के ऊर्जा भरता है,“ मैंने पेले को बाद में न्यूयोर्क, कॉसमॉस के लिए खेलते हुए देखा। उनमे पहले जैसी चपलता नहीं थी, लेकिन वह अब भी उतने ही उल्लासित थे जितने हमेशा रहते थे।   ”

तब तक पेले एक संस्था बन चुके थे। आधुनिक खिलाड़ियों में बहुतों ने, उनको खेलते हुए नहीं देखा होगा लेकिन वह भी अपने खेल में पेले की उर्जा और उत्साह महसूस करते होंगे। **पेले “सुपर स्टार से एक किंवदंती बन गए”। (सं: पेले की जीवनी)**। इसके अलावा, ‘टाइम’ भी उनके बारे में यही कहता है कि, **“हीरो अकेले ही चलते हैं लेकिन वे अलौकिक बन जाते हैं, जब लोगों में प्रकाश देते हैं और उनके हृदय को छू जाते हैं। जो सॉकर को प्यार करते हैं, उनके लिए एडसन अरांटेस डो नासिमैन्तो, पेले के नाम से जाने वाले, एक हीरो हैं।”** (सं: पेले की जीवनी) पेले ने सॉकर के खेल में बहुत कुछ नयापन शामिल किया है जो दर्शकों को बांधे रखता है। जैसा कि आप ने देखा कि पेले की दृढ़ता, लगन, वीरता और खेल के प्रति चाहत ने खेल को हमेशा के लिए बदल दिया है और इसलिए आज मैं यह गर्व से कह सकता हूँ कि वह मेरे लिए प्रणा के स्रोत ही नहीं, जीवन का हिस्सा हैं, मेरे हीरो हैं।

नेल्सन मंडेला

अपने बड़ों से, युद्ध के दौरान अपने पुरखों के वीरता की कहानियां सुनकर, उनके मन में भी अपने लोगों को स्वतंत्रता दिलाने के लिए, संघर्ष करने की इच्छा प्रबल हुई और उन्होंने अपना योगदान देने का दृढ़ निश्चय किया।

उन्होंने बीए की शिक्षा साउथ अफ्रीका से ली और फिर ग्रेजुएशन करने के लिए १९४३ में, वापस फोर्ट हरे आ गए। इसी बीच, विटवाटरसरंड यूनिवर्सिटी से उन्होंने एलएलबी की पढ़ाई शुरू कर दी। वह एक अच्छे छात्र नही थे, अतः उन्होंने स्वतः १९५२ में, बिना डिग्री लिए ही, पढ़ाई छोड़ दी। उसके बाद, जेल जाने के पश्चात, १९६३ में उन्होंने लंदन यूनिवर्सिटी से फिर पढ़ाई शुरू किया लेकिन उसे भी पूरी नहीं कर पाए। १९८९ में, काराग्रह के अंतिम महीनों में, अंततः उन्होंने साउथ अफ्रीका यूनिवर्सिटी से एलएलबी की डिग्री पूरी की।

राजनीति में प्रवेश–

मंडेला ने राजनीति में १९४२ से ही दिलचस्पी लेना शुरू कर दिया था, लेकिन वह पूरी तरह से १९४४ में सक्रिय हुए; जब वे अफ्रीकन नेशनल कांग्रेस के सदस्य बने और अफ्रीकन नेशनल कांग्रेस यूथ लीग) एएनवाईसीएल (के निर्माण में सहायता की। १९४४ में उनका विवाह एवयेलीन मास, जो एक नर्स और वाल्टर सिसुलु की चचेरी बहन थी, से हुआ। उनके दो बेटे हुए, मेदिबा ठेम्बेकीले“ ठेम्बी ”और मक्गाठो। उनकी दो पुत्रियाँ भी हुई और दोनों का नाम मकज़िवे रखा, जिसमे एक की शैशवास्था में ही मृत्यु हो गयी। १९५८ में मंडेला और उनकी पत्नी का तलाक हो गया।

मंडेला एएनवाईसीएल में सम्पूर्ण रूप से सक्रिय रहे और उनकी उग्रवादी नीतियों के कारण उन्होंने पार्टी में, १९४९ में अच्छी पकड़ पा ली।

१९५२ में उन्हें, डेफयांस कैम्पेन का नेशनल वालंटियर्स इन चीफ चुना गया तथा मौलवी चाच्लिया उनके सहायक बने। छः अन्यायी कानूनों के विरोध में, एएनसी तथा साउथ अफ्रीकन इंडियन कांग्रेस यह साझा संगठन एक साथ मिलकर, जन असहयोग आन्दोलन की समरभूमि थी। मंडेला को उनके और १९ साथियों के साथ, सप्रेशन ऑफ़ कम्युनिज्म एक्ट के तहत, इस आन्दोलन के कारण, आरोप लगाया गया और ९ महीनों तक कड़े परिश्रम के साथ, २ वर्षों तक सस्पेंड कर दिया गया।

बीए के बाद कानून की २ वर्षों तक डिप्लोमा के तहत, मंडेला को कानून में प्रैक्टिस की इजाज़त मिल गयी । १९५२ में उन्होंने ओलिवो तंबो के साथ मिलकर, साउथ अफ्रीका का पहला, काले लोगों का कानून लड़ने के लिए, ऑफिस बनाया (लॉ फर्म), जिसका नाम मंडेला एंड तंबो रखा ।

१९५२ के अंत में उन्हें पहली बार प्रतिबंधित कर दिया गया । २६ जून १९५५ में, क्लिप् टाउन के फ्रीडम चार्टर के तहत, उनके अधिकार सीमित कर दिया गये । वह किसी कार्यवाई को सिर्फ चुपके से देख सकते थे, सक्रिय भाग नहीं ले सकते थे ।

राजद्रोह का मुकदमा-

५ दिसम्बर १९५६ को, पूरे देश में पुलिस ने छापा मारा और उन्हें पकड़ लिया गया तथा उन पर राजद्रोह का मुकदमा चला । देश के सारे नागरिक, चाहे किसी भी जाति धर्म के हों, अपने को तब कैदी सा महसूस करने लगे, जब उनका यह मुकदमा बहुत लम्बे अरसे तक चला । अंत में १९६१ में मंडेला और उनके २८ साथियों को छोड़ दिया गया ।

२१ मार्च, १९६० में, पुलिस ने शर्पविल्ले में, ' पास लॉ'ज़ का विरोध प्रदर्शन कर रहे, निहत्थे ६९ लोगों को मार डाला । इसके बाद पूरे देश में पहली बार ८ अप्रैल को इमरजेंसी लगानी पड़ी और एएनसी तथा पैन अफ्रिकानिस्ट कांग्रेस के ऊपर प्रतिबंध लगा दिया । मंडेला, उनके साथी और हज़ारों लोगों को हिरासत में ले लिया गया ।

मुकदमा समाप्त होने के कुछ दिन पहले, मंडेला, आल इन अफ्रीका कांफ्रेंस में बोलने के लिए, पीटरमर्तिंज़बर्ग पहुंचे । वहां यह निश्चय किया गया कि वह, प्रधानमंत्री वेरोवेरेड को एक पत्र लिखकर प्रार्थना करेंगे, जिसमे इस बात पर राष्ट्रीय करार किया जाय कि देश में रंगभेद का कोई कानून लागू नहीं होगा । उनसे यह भी लिखने को कहा गया कि अगर ऐसा समझौता नहीं किया गया तो साउथ अफ्रीका को गणराज्य बनाने के लिए, देश व्यापी हड़ताल होगी । मंडेला और उनके साथियों के मुकदमे से छूटने के बाद वह स्वयं भूमिगत हो गए और २९, ३० तथा ३१ मार्च को व्यापक राष्ट्रीय हड़ताल की योजना बनाने लगे ।

देश में हर तरफ सुरक्षा दलों के व्यापक इंतज़ाम के कारण, उस हड़ताल को जल्दी ही समाप्त कर दिया गया । जून १९६१ में उनसे, हथियार युक्त संघर्ष दलों का नेतृत्व करने के लिए कहा गया और राष्ट्रधार) Spear Of The Nation, Umkhonto We Sizwe (के संगठन में सहायता करने को भी कहा गया । इस संगठन ने १६ दिसम्बर १९६१ को देश में कई जगह बम से धमाके किए ।

"मैंने गोरे लोगों की निर्दयता के विरुद्ध संघर्ष किया है और काले लोगों के विरुद्ध संघर्ष किया है। मुझे एक समान अधिकार वाले प्रजातंत्र एवं स्वतंत्र समाज की चाहत है, जिसमे समाज के सभी वर्ग और जाति के लोग, एक साथ बिना किसी भेदभाव के समान अधिकारों के साथ रहा सकें। इस आदर्श स्थिति की मैं आकांक्षा करता हूँ और इसी के लिए मेरा जीवन है। और अगर ज़रूरत पड़ी, तो मैं इसके लिए मरने को भी तैयार हूँ।"

---२० अप्रैल १९६४ को, डॉक से नेल्सन मंडेला का भाषण।

११ जून १९६४ को मंडेला तथा उनके सात सहयोगियों को आरोपी बना कर) वाल्टर सिसुलु, अहमद कथराडा, गोवन मबेकी, रेमंड मह्हाबा, डेनिस गोल्द्बर्ग, एलिओस मत्सोलेबेदी और एंटू ग्लान्गेनी(, सज़ा सुना दी गयी और पूरे जीवन के लिए कारागृह भेज दिया गया। गोल्डबर्ग को प्रीटिरिआ जेल में रखा गया क्योंकि वह गोरे व्यक्ति थे और बाक़ी आरोपियों को रोब्बों आइलैंड में रखा गया।

मंडेला की माँ का देहांत १९६८ और उनके पुत्र ठेम्बी का १९६९ में हो गया, लेकिन उनके अंतिम संस्कार के लिए भी मंडेला को रिहा नहीं किया गया।

३१ मार्च १९८२ के दिन, मंडेला को सिसुलु, महालाबा और मलेंगी के साथ, कैप टाउन के पोल्स्मूर जेल में स्थानांतरित कर दिया गया। कथराडा को अक्टूबर में वहां लाया गया। १९८५ में प्रोस्ट्रेट सर्जरी के बाद जब उन्हें जेल वापस लाया गया, जेल में वह अकेले ही रखे गए थे। न्याय गंत्री कोबी कोअत्सी, अस्पताल में उनसे मिलने गए थे। बाद में मंडेला ने रंग भेद के विषय पर सरकार और एएनसी के बीच से आखिरी मीटिंग की पहल की।

जेल से मुक्ति:

१२ अगस्त १९८८ को उन्हें फिर अस्पताल ले जाया गया जहां उनके टीबी) क्षय रोग (के बारे में पता चला। दो अस्पतालों में, तीन महीने से भी अधिक रहने के बाद, उन्हें पार्ल के पास विक्टर वेस्टर जेल के एक घर में, ७ दिसम्बर १९८८ को रखा गया। यहाँ उन्होंने अपने कारागृह की अवधि के आखिरी चौदह महीने काटे। एएनसी तथ पीएसी से नौ महीने प्रतिबन्ध उठाने के बाद तथा अपने रोविनिया के सहयोगियों के चार महीने पहले ही छूट जाने के बाद, ११ फरवरी १९९० को उन्हें कारागृह से बाहर लाया गया। कारागृह की पूरी अवधि में, कैद से छुटकारा पाने के लिए, उनके पास लाये गए तीन प्रस्तावों को उन्होंने ठुकरा दिया था।

गोरे लोगों की अल्पमत सरकार से छुटकारा पाने में मंडेला आधिकारिक तौर पर सक्रिय रहे और अपने बीमार साथी ओलिव तंबो कि जगह, १९९१ में उन्हें एएनसी का राष्ट्रपति चुना गया। १९९३ में राष्ट्रपति ऑफ़डब्ल्यू दे क्लर्क के साथ उन्हें नोबेल प्राइज से सम्मानित किया गया। २७ अप्रैल १९९४ में उन्होंने पहली बार अपने मताधिकार का प्रयोग किया।

राष्ट्रपति:

10 मई १९९४ को मंडेला, साउथ अफ्रीका के प्रथम गणतांत्रिक राष्ट्रपति चुने गए। १९९८ में अस्सी वर्ष की उम्र में, गर्क मचेल से उन्होंने तीसरी शादी की। अपने वादे के अनुसार, १९९९ में मंडेला ने राष्ट्रपति पद का एक सम्पूर्ण काल पूरा करके, इस पद की बागडोर नए वर्ग के हाथों सौंप दी। हालाँकि १९९५ में खुद के द्वारा स्थापित किए गए, नेल्सन मंडेला चिल्ड्रेन'स फण्ड, नेल्सन मंडेला फाउंडेशन तथा मंडेला रोडेज फाउंडेशन संस्थाओं से जुड़े रहे और देश तथा समाज के लिए कार्य करते रहे।

२००७ में उनके पुत्र, मंडला मंडेला को, एक समारोह में म्वेजो ट्रेडिशनल कौंसिल का अध्यक्ष बनाया गया। यह समारोह म्वेजो ग्रेट प्लेस में संपादित हुआ था।

नेल्सन मंडेला प्रजातंत्र की मांग, समान अधिकार और सीखने सिखाने की विधाओं से कभी विचलित नहीं हुए। तमाम उत्तेजनाओं और उकसाने के बावजूद, उन्होंने, जातिवाद का जवाब जातिवाद से नही दिया। रंगभेद की नीति से वह घृणा करते थे। उनका मन्त्र, सबके लिए समान अधिकार था, जिसके लिए वह जीवन भर यातनाएं सहते रहे फिर भी लड़ते रहे। उनका जीवन, दलित और शोषित लोगों के लिए प्रेरणा है और जो इसको बढ़ावा देते हैं उनके लिए सीख।

५ दिसम्बर २०१३ को, अपने घर पर, जोहनेस्बर्ग में उनका निधन हो गया।

थॉमस एडिसन

थामस अल्वा एडिसन का जन्म ११ फरवरी १८४७ में मिलन, ऑहियो में हुआ था। वह अपने माता-पिता समुअल तथा नैंसी एडिसन की सातवीं तथा आखिरी संतान थे। एडिसन जब सात वर्ष के थे, उनका परिवार ह्यूरोन, मिशिगन आ गया। एडिसन को बहुत कम स्कूली शिक्षा प्राप्त हुई थी। बचपन में वह कुछ महीने ही स्कूल जा पाए थे। उनकी माँ ने ही घर पर उन्हें लिखना, पढ़ना सिखाया और अंकगणित की शिक्षा दिया। वह बहुत जिज्ञासु प्रकृति के थे और स्वयं से पढ़ने की चेष्टा करते। स्वाध्ययन की यह आदत उन्हें जीवन भर लगी रही।

उस समय के अनुसार, बाक़ी बच्चों की तरह एडिसन ने भी कम उम्र में काम करना शुरू कर दिया था। १३ वर्ष की उम्र में वह ह्यूरोन से डेट्रॉइट जाने वाली ट्रेन मे अखबार और कैंडी बेचने का काम करने लगे थे। अपना खाली समय वह विज्ञान और प्रौद्यगिक पुस्तकें पढ़ने में बिता दिया करते थे और इसी बीच उन्होंने टेलीग्राफ चलाना भी सीख लिया था। सोलह वर्ष की उम्र तक पहुंचते पहुँचते, एडिसन, टेलीग्राफ चलाने में इतना माहिर हो गए कि एक टेलेग्राफर के रूप में काम करने लायक हो गए।

मेनलो पार्क में, टिन फॉयल फोनोग्राफ का प्रदर्शन, उनका पहला सफल और बड़ा आविष्कार था। ध्वनि को रिकॉर्ड करके पुनः सुनने वाला यह आविष्कार, दुनिया का प्रथम और अनोखा आविष्कार था, जिसने उन्हें अंतरराष्ट्रीय ख्याति प्रदान की। एडिसन टिन फॉयल फोनोग्राफ लेकर पूरे देश में घूमे और वाइट हाउस से उन्हें राष्ट्रपति रुठेर्फोर्ड बी हायेस की ओर से, इसको प्रदर्शित करने के लिए निमंत्रित भी किया गया।

एडिसन ने एक और चुनौती स्वीकार कर के, प्रायोगिक विद्युत् प्रकाशीय बल्ब बनाने की योजना की। बिद्युत से प्रकाश पाना उस समय तक विकसित हो चुका था तथा बहुत से लोगों ने विद्युत् प्रकाश के तरीके भी निकाल लिए थे; लेकिन विद्युतीय प्रकाश का ऐसा प्रयोग, जिससे घर घर बिजली की रोशनी हो सके, अभी तक विकसित नहीं हुआ था। एडिसन की उपलब्धि, सिर्फ इलेक्ट्रिक बल्ब के खोज की नहीं थी, बल्कि उन्होंने इससे संबन्धित बल्ब बनाने के सारे साधन तरीके भी खोजे जो किफायती, प्रायोगिक और सुरक्षित हो सकें।

डेढ़ साल की मेहनत के बाद, उनको सफलता हाथ लगी और इलेक्ट्रिक बल्ब का आविष्कार हुआ, जिसका फिलामेंट कार्बन के धागे जैसा था और वह साढ़े तेरह घंटे तक अनवरत जल सका। जन समूह के लिए एडिसन का पहला इलेक्ट्रिक बल्ब का प्रदर्शन दिसम्बर १८७९ में मिन्लो पार्क में हुआ, जहां की प्रयोगशाला, प्रदर्शन के समय, विद्युत् बल्ब के प्रकाश की चमक से जगमगा उठी। एडिसन ने उसके बाद कई वर्ष इलेक्ट्रिक उद्योग के विकास में लगा दिए। सितम्बर १८८२ में लोअर मेनहट्टन के पर्ल स्ट्रीट पर इलेक्ट्रिक पॉवर स्टेशन स्थापित किया गया और एक वर्ग किलोमीटर के दायरे में लोगों के यहाँ, घरों में पहली, बार इलेक्ट्रिक पॉवर व्यावसायिक तौर पर प्रकाश लेकर सफलता से पहुंचा। इस तरह दुनिया में पहली बार, विद्युत् की शक्ति ने पैर पसारे।

विद्युतीय प्रकाश ने एडिसन को धन संपत्ति और ख्याति से मालामाल कर दिया। इलेक्ट्रिसिटी दूर दूर तक पहुँचने लगी। एडिसन की तमाम अलग अलग कमानियां विकसित होती रहीं और अंत में १८८९ में सारी कम्पनियां मिलकर, एडिसन जनरल इलेक्ट्रिक बन गयीं। एडिसन नाम की कम्पनी होने के बावजूद, एडिसन ने कभी भी इस कंपनी का नियंत्रण अपने हाथों में नहीं लिया। विद्युत प्रकाश की इस कंपनी को बड़े रूप में विकसित करने के लिए बहुत अधिक निवेश की आवश्यकता थी, जिसकी वजह से कंपनी को जे पी मॉर्गन बैंक की तरफ ऋण के लिए जाना पडा। एडिसन जनरल इलेक्ट्रिक का विलय जब एक बड़ी प्रतियोगी कंपनी, थोम्पसन-हस्टन से हुआ, तब कंपनी से एडिसन नाम हट गया और दोनों कम्पनियाँ मिल कर जनरल इलेक्ट्रिक कंपनी बन गयीं।

एडिसन के सफलता की स्थितियाँ उस समय चोटिल हो गयीं जब १८८४ में उनकी पत्नी मैरी की मृत्यु हो गयी। एल्क्ट्रिक उद्योग में अधिक समय लगाने के कारण, एडिसन मेनलो पार्क की प्रयोगशाला में कम समय दे पाते थे। मैरी की मृत्यु के बाद यह समय और भी कम हो गया। वह न्युयोर्क सिटी में अपने तीन बच्चों के साथ रहते थे। एक वर्ष बाद, अपने दोस्त के यहाँ न्यू इंग्लैंड में छुट्टियां बिता रहे एडिसन की मुलाकात मीना मिलर से हुई और वे एक दूसरे को चाहने लगे। १८८६ में एडिसन और मिलर का विवाह हो गया। एडिसन, इसके बाद न्यू जेरेसी आ गये जहां उन्होंने अपनी नवविवाहिता के लिए भूसंपत्ति, ग्लेमोंट खरीदी थी। थोमस एडिसन यहाँ पर अपनी पत्नी के साथ जीवन पर्यंत रहे।

एडिसन, न्यू जेरेसी आकर, हैरिसन के नजदीक, अपनी इलेक्ट्रिक लैंप फैक्ट्री के कारीगरों की मेकशिफ्ट) सामयिक (ड्यूटी बनने की प्रायोगिक तैयार कर रहे थे। शादी के कुछ महीनों बाद, एडिसन ने वेस्ट ऑरेंज में, जो उनके घर से आधे मील की

दूरी पर था, अपनी एक प्रयोगशाला) लेबोरेटरी (बनाने की सोची । एडिसन के पास संसाधन भी थे और एक लंबा अनुभव भी । एक ऐसी प्रयोगशाला जो,“ किसी खोज के में तेजी लाने और बाक़ी किसी प्रयोगशाला से भी विशाल तथा अच्छी ऐसी प्रयोगशाला जिसमे सारे उपकरण और संसाधन किसी बनाए खोज में सहायता कर सकें”, के लिए, एडिसन के लिए कोई कमी नहीं थी। नई प्रयोगशाला पांच बिल्डिंग्स को लेकर बनायी गयी और विशाल प्रयोगशाला का उदघाटन १८८७ में किया गया।

एक तीन मंजिला इमारत में पॉवर प्लांट, मशीन शॉप, भण्डार कक्ष, प्रयोगशाला तथा पुस्तकालय था । बाक़ी चार छोटी एक मंजिला इमारतों में, फिजिक्स लैब, केमिस्ट्री लैब, मेटालार्जिकाल लैब, पैटर्न शॉप तथा रासायनिक भण्डार थे । ये चारों इमारतें, मुख्य इमारत के लम्बवत थीं । विशाल प्रयोगशाला में एडिसन को सिर्फ किसी बड़े प्रयोग परीक्षण की ही सुविधा नहीं थी, अपितु कई प्रोजेक्ट्स पर एक साथ परीक्षण करने में भी सुविधा होती थी । एडिसन की प्रायोगिक परीक्षाओं के दौरान किसी सुविधा या संसाधन में परिवर्तन, एडिसन की ज़रूरत के मुताबिक़ कर लिया जाता था। ये बदलाव उनके अध्ययन, खोज और नए परीक्षणों के मुताबिक़ होते थे । एडिसन की यह ज़रूरत उनके पूरे जीवन काल तक बनी रही क्योंकि अंतिम समय तक वह अपनी खोजों के लिए, इन प्रयोगशालाओं से जुड़े रहे । १९३१ में उनका निधन हो गया । उनके जाने के बाद, उनकी प्रयोगशाला के आसपास बहुत सी फैक्ट्री का निर्माण हुआ, जो एडिसन के खोजों के अनुसार, सामानों को बनाती थीं । धीरे धीरे इस परिसर का विस्तार २० एकड़ से भी अधिक हो गया और यहाँ १०००० से भी ऊपर व्यक्ति काम करने लगे। प्रथम विश्व युद्ध के समय) १९१४-१९१८(, यहाँ सबसे अधिक व्यस्तता रही । शायद, युद्ध के हथियारों के कल पुर्जों के ज़रूरती सामान की आपूर्ति यहाँ से भी होती थी   .

युवाओं का दृष्टिकोण

जब हम युवा वर्ग को अपने विचार देने के लिए कहते हैं, तो उनकी अभिव्यक्ति किस तरह की होती है, यह हमारी कल्पना से परे है । अगर हम याद करें तो अहसास होगा कि हममे से अधिकतर लोगों के लिए, उस उम्र में इस तरह अभिव्यक्ति करना बहुत कठिन था । अत: आज के युवा को संतुलित और संयम तरीके से, समझाने और संभालने में हमको अपनी ज़िम्मेदारी तथा कर्तव्य निभाना पडेगा । यह कुछ उसी तरह है जैसे कि घुड़सवारी करते हुए घोड़े को संभालना । अगर लगाम बहुत ढीली छोड़ दिया तो नियंत्रण करना मुश्किल और बहुत खींच लिया तो इधर उधर मुड़ना भी मुश्किल, और यह विध्वंसक भी हो सकता है । यही विचार हमारे जीवन में भी लागू होते हैं । अत: संतुलित जीवन ही, जीने की सुन्दर कला है ।

अमेय मनोज सातपुते

इंजीनियरिंग

व्यक्तिगत रूप से मैं क्या महसूस करता हूँ ।

हम जैसे युवा वर्ग से, यह समाज, यह देश, हमारा परिवार ढेर सारी आशाएं रखता है । लेकिन आज यहाँ अपनी अभिव्यक्ति देने का, युवा वर्ग के लिए भी बहुत बड़ा मौक़ा है । हमने अक्सर लोगों को यह कहते सुना है कि " मेरी संतान मेरी आशाओं के मुताबिक़ रही है", लेकिन कोई बच्चे से यह नहीं पूछता कि वह अपनी आशाओं के अनुसार जी रहा है या नहीं । मेरे इस लेख यही मेरा सबसे बड़ा प्रश्न है ।

बेशक !भारतीय सभ्यता और भारतीय समाज का इतिहास गौरवपूर्ण रहा है । हमारी परम्पराएं और हमारी जीवनचर्या, जीने की उत्तम और महत्वपूर्ण शैली रही हैं तथा, इनका इसी तरह परिपालन करना चाहिए । हमे सब समय यह बताया गया है कि बड़ों की बात को हमेशा मानो, लेकिन अक्सर लोग इस बात को नहीं मानते कि बड़े भी गलत हो सकते हैं । मैं यह बात इसलिए कह रहा हूँ, क्योंकि, कभी कभी बड़ों के कुछ विचार या बातें हम पर थोप दी जाती हैं । इससे आज की पीढ़ी," जैसा कहा, वैसा

करो ''टाइप की पीढ़ी बन जाती है । इससे हमारी रचनात्मक क्षमता मंद होती है । स्कूल के दिनों से ही हमें पाठ पढ़ाये जाते हैं, प्रश्नोत्तर रटाये जाते हैं, जिसे हम परीक्षा के कागजों में उगल देते हैं । फिर संक्षिप्त में इस प्रक्रिया का आकलन होता है, एक कागज़ और तैयार किया जाता है जिसे हम रिपोर्ट कार्ड कहते हैं । मैं यह नहीं कह रहा कि यह गलत है, लेकिन इससे बेहतर भी हो सकता है । यही प्रक्रिया स्नातक तथा परास्नातक के दर्जों तक जाती है और जब हम बाहर निकलते हैं तो दोषारोपण होता है कि आज की पीढ़ी, प्रौद्योगिकी या अन्य बाहरी कामों के लायक नहीं है । विडम्बना यह है कि कोई यह नहीं देखता कि हम सिर्फ अपने कक्षा में अपने ही साथियों के साथ, प्रतिस्पर्धात्मक (mutual competitlv) बने रहते हैं और कौन ''कितना रट सकता है'', उसी कुशलता को तैयार करने में लगे रहते हैं ।

इस पद्धति से अंततः, किसी भी युवा में नए खोज की सोच या विचार पल्लव विकसित नहीं हो पाते । दुनिया की समस्याओं के सामने पढ़े लिखे युवा वर्ग के पास कोई प्रायोगिक हल नहीं रहता और उत्कृष्ट विचारों की कमी हो जाती है । मै चाहता हूँ कि आने वाली पीढ़ी, बेहतर निर्णय रखने की क्षमता रखे, बेहतर तथा लीक से हटकर सोचे, दुनिया की सच्चाई को समझे और उसका बेहतर हल निकाले । इसकी शरुआत स्कूल के स्तर पर ही, कुछ और वैकल्पिक विषयों को लेकर और चुनने का निर्णय देकर की जा सकती है । वैकल्पिक विषयों में से चुनाव करना, एक निर्णय लेने की प्रक्रिया है जो बच्चे को वहीं से सीख देती है । इससे बच्चा अपने दिलचस्प विषय को चुन सकता है और उसके मस्तिष्क को उसी दिशा में सोचने तथा विकास करने की क्षमता को बढ़ा सकता है ।

वैकल्पिक विषय, कला से संबंधित, खेल कूद, भौतिकी या आर्थिक विषयों से सम्बंधित आदि कोई भी ऐसे विषय हों, जिनमे छात्र की दिलचस्पी हो और कौतूहल भी । नियमित पढ़ाई से थोड़ा अवकाश लेकर जब वह अपने विषय को पढ़ता या पढ़ती है, उसे मानसिक थकान से भी आराम मिलता है और नए विचार भी आते हैं । इस तरह के छोटे छोटे बदलाव, बड़ा परिवर्तन ला सकते हैं ।

उच्च शिक्षा के लिए हमें बुनियादी तौर पर ही परिवर्तन करने पड़ेंगे । एक इंजीनियरिंग का छात्र होने के नाते मुझे तीन महीने असाइनमेंट लिखने में लग गया, एक महीने मौखिक और प्रायोगिक परीक्षा में तथा एक महीने आखिरी सेमेस्टर के इम्तहान में लग गया । इस पद्धति से मुझे इंजीनियरिंग विषय को सीखने का पर्याप्त समय ही नहीं मिला, क्योंकि सिर्फ किताबें और सिद्धांत पढ़ लेने से मैं एक प्रायोगिक इंजिनियर नहीं बन सकता । मैं किताब में पढ़े हुए सिद्धांतों का, जीवन में किस तरह का उपयोग है, वह भी पढ़ाई के दौरान देखना चाहता हूँ; सिर्फ किताबों के ज्ञान को आज पढ़ कर,

कल भूलना नहीं चाहता । मैं भाग्यशाली हूँ कि मेरे गाइड्स ऐसे हैं जो थ्योरी के अलावा उसका प्रयोग भी बताते और सिखाते हैं, लेकिन तमाम ऐसे कई मेधावी छात्र हैं जिनके साथ ऐसे गाइड नहीं है । वे अगर प्रायोगिक ज्ञान में पीछे हैं तो इसका मतलब देश भी पीछे ही है ।

हमारा जीवन उस तरह नहीं बीत रहा जैसा कि हम बचपन में चाहते थे, लेकिन अगर आज के युवा की बात सुनी जाए, और उस पर कुछ कार्यवाही की जाए तो स्थिति बदल सकती है । मैं इस विषय का विशेषज्ञ नहीं हूँ, लेकिन मैं समझता हूँ कि यदि ये बदलाव हमारे साथ किए गए होते तो हम और हमारे साथी इंजिनियर, आज के इंजिनियर से बेहतर होते ।

स्वप्निल संजय जयसवाल

इंजीनियरिंग

युवा वर्ग की समस्याएं–

युवा वर्ग के लिए चुनौतियां:

1. हमें अपने किसी काम में लगातार लगे रहने में कठिनाई होती है ।
2. और सबसे अधिक समस्या आजकल की सोशल मीडिया है, जो अनचाही ज़रूरतों में भी हमें काफी समय तक व्यस्त रखती है और समय नष्ट करती है ।
3. लोगों को हमसे ”आशाएं रखना“, हमारे लिए बहुत बड़ी चुनौती है ।
4. असफलता को एक निराशापूर्ण स्थिति समझना और इससे मर्माहत होना भी बड़ी चुनौती है ।
5. हम अपना क्रोध नियंत्रित नहीं कर पाते और यह समझते हैं कि अधिक क्रोध करने से सब कुछ नियंत्रण में आ जाएगा । यह समझ एक चुनौती है ।
6. अपने उद्देश्य तक पहुँचने के लिए अपने आप को लगातार प्रोत्साहित करना एक चुनौती है ।
7. कठिन समय में तनाव को संभालना भी बड़ी चुनौती है ।
8. ज़रुरत से ज़्यादा सोचना तथा नकारात्मक विचारों का आना, हमारा हर पल खराब करता है ।
9. युवा वर्ग से आशाएं:
10. अधिकतर युवा बिना मेहनत किए ही अच्छा परिणाम पाना चाहता है ।

11. आज का युवा प्यार और सहानुभूति का भूखा है।

12. हम अपने दोस्तों, अपने जीवन साथी, यहाँ तक कि किसी अजनबी से भी, निष्ठा तथा प्रतिबद्धता की आशा करते हैं; लेकिन हम स्वयं उनके ऐसा साथ नहीं करते।

13. और हम हमेशा यह आशा करते हैं कि हमको किसी भी खराब परिस्थिति का सामना न करना पड़े तथा हमें दुःख न मिले।

14. हमारी आशाएं एक अच्छी और आरामदेह ज़िंदगी गुजारने की ही होती है।

15. हम टीवी का हर सीरियल और हर फिल्म देखना चाहते हैं और यह भी चाहते हैं कि परीक्षाओं को अच्छे अंकों से उत्तीर्ण करें।

16. हम आशा करते हैं कि सारी चीजें वैसी ही हों, जैसा हमारे कल्पना की सोच में है।

17. हम आशा करते हैं दूसरा व्यक्ति हमारी चाहत और गैरचाहत के अनुसार ही काम करे।

मृण्मयी दादासाहेब गायकवाड़

१२वीं विज्ञान

यौवन, जीवन काल नहीं है, एक मनोस्थिति है। यौवन गुलाबी गाल, लाल होंठ, नर्म घुटनों का प्रतीक नही, यह इच्छाशक्ति, उत्तम कल्पना, भावनाओं का सामर्थ्य और जीवन के स्रोत का उछाल है।

युवा वर्ग ऐसे लोगों का समूह है जो देश के भविष्य हैं। लेकिन इनको अधिकतर बहिष्कृत कर दिया जाता है। न इन्हें इस श्रेणी में रखा जाता है कि दुलार किया जा सके और न इन्हें वयस्क समझ कर, इनके कन्धों पर कोई भार दिया जाता है।

अतएव असुरक्षा और संदेह के घेरे में बंध कर, आज का युवा बीमार बन गया है। इनके जीवनशैली को हर कदम पर चुनौती का सामना करना पड़ता है – चाहे वह भावनात्मक हो, शारीरिक हो, शैक्षणिक हो या आपसी संबंधों और व्यवहारों की परिस्थिति हो। समस्याएं, आने वाले कल में किसी हल और नए रास्ते की ओर इशारा ज़रूर करती हैं।

मूल्य-वर्धित) value based (शिक्षा पद्धति, प्राथमिकता है और हर एक का जन्म सिद्ध अधिकार भी। लेकिन आज की शिक्षा पद्धति धन निर्धारित हो गयी है; तथा

उसके अनुसार वर्गों में बंट गयी है । आज का एक युवा वर्ग ख्याति प्राप्त संस्थानों से ढेर सारी डिग्री लेकर, अच्छी नौकरी पा जाता है और आराम की ज़िंदगी गुजारता है । संगठित क्षेत्रों में जॉब्स भर गए हैं । बहुत कम रिक्त स्थान हैं, जिनके लिए मारा मारी होती है । प्रतियोगितात्मक परिवेश में, जब कि लोग अपने जगहों पर चिपके रहते हैं, नए लोगों के लिये संभावनाएं कम हो जाती हैं । इसके अलावा, ऐसा नहीं है कि इंटर्नशिप नियमित नहीं है, लेकिन काम देने वाला इसका लाभ उठाता है । इंटर्न पर काम करने वाले को कम राशि देकर अधिक से अधिक काम दे देता है या कहीं कहीं तो कोई राशि भी नहीं देता । सीखने के अनुभव की यह यात्रा बोझ बन जाती है ।

३० %से अधिक युवा बेरोज़गार हैं और किसी शैक्षणिक या ट्रेनिंग संस्था से नहीं जुड़े हैं । गरीबी, बाल अपराध तथा नशीली दवाइयों के कुप्रयोग का यह मुख्य कारण है ।

आज के स्कूल और कॉलेज इस योग्यता की तरफ ध्यान ही नहीं देते, जिससे छात्र आगे चल कर आधुनिक प्रोफेशनल चुनौतियों को संभाल सके । प्रोत्साहन और रचनात्मकता की कमी है । हम युवाओं को बस इतना बताते हैं कि कोई काम करना है, लेकिन उदाहरण देकर कि कैसे करना है, यह नही बताते । आज का युवा, भविष्य की योजना नहीं बनाता, निर्णय लेने की क्षमता नहीं रखता और टालमटोल कर के कामों को टालता रहता है । वे यही समझते हैं कि फिल्मों की तरह हर स्थिति अपने आप सुधर जाएगी और वस्तुतः परिस्थिति नहीं समझते । युवाओं को हर वस्तु आराम से मिल जाती है अतः वे इसके पीछे का मूल्य और भावनाओं की कद्र नहीं करते । अनैतिकता और अनाचार भी युवाओं के साथ एक समस्या है, जिसे आज का समाज महसूस कर रहा है । अगर हम नैतिक मूल्यों को बचपन से बताना और समझाना शुरू कर दें तो समाज की तमाम समस्याएं जैसे कि अशांति, सामाँजिक बिखराव, अपराध, अलगाव, वर्ग भेद, अकेलापन, अच्छी जीवन शैली का अभाव तथा दूरत्व का भाव आदि कम हो जाएंगे ।

हम सोच के अनुसार काम करते हैं और काम के अनुसार हमारी आदत बनती है । आदत हमारा चरित्र बनाती है । विश्व में, हर उम्र के प्रायः २६४ मिलियन लोग अवसाद, दुश्चिंता तथा अन्य मानसिक बीमारियों से दुखी हैं । इन बीमारियों के कई कारण हैं जैसे कि मोटापा, भौतिकवादिता, बहस, मानसिक और शारीरिक रूप से तंग किए जाना, स्कूल में हिंसा, जल्दी वयस्क होना, माता पिता में अलगाव, या सिर्फ तनाव । एक एक व्यक्ति की समस्या समाज की समस्या बन जाती है और व्यक्ति अपने इन्हीं दुश्चिंताओं में घूमता रहता है तथा अपने को निरर्थक एवं मूल्यहीन पाता है। ये नकारात्मक स्थितियां, एक आशा के किरण की खोज में रहती हैं, जो जुनून,

शान्ति, सहानुभूति , धैर्य और सहिष्णुता में मिल सकती है । आज का युवा इन्हीं निराशाओं के चक्रजाल में फंसा है। बच्चे उसी तरह पलते और बड़े होते हैं जैसा उन पर विश्वास किया जाता है लेकिन बच्चों को भी ऐसा कोई कंधा चाहिए जिन पर वह विश्वास कर सकें और अपने मन की बात कह सकें।

ये समस्याएं सामान्य बात हो गयी है। जब कोई बात सामान्य हो जाती है, उसे अपना लिया जाता है । जब अपना लिया जाता है तब उन्हीं बातों की आशा भी की जाती है।

जीवन, उन गलत बातों से परिभाषित नहीं होता जो हमने अपना लिया या अपना लेंगे, बल्कि इस बात से होता है कि हमने जितना लिया है उससे अधिक जीवन को दे रहे हैं या नहीं ।

सिद्धि सारंग मोदी

१०वीं सीबीएसई

युवा काल – सरल नहीं

जीवन...जैसा कि हम सब जानते हैं – उतार चढ़ाव है, जीत और हार है, मित्र और शत्रुओं का योग है, प्रेम और घृणा है, यश और अपयश है; लेकिन युवा काल, जीवन का बहुत कठिन, निर्णायक और महत्वपूर्ण काल है । यह दुःस्वप्न जैसे समय को, बहुत परिस्थितियों को, समझदारी से तथा अपना बनाकर पार करने की ज़रूरत है । इसका रास्ता, आप को अक्सर दोराहे पर पहुंचा देता है, जहां आप असमंजस में पड़ जाते हैं। ऐसे समय में बड़ी बुद्धिमानी और होशियारी से ऐसा रास्ता चुनना पड़ता है जो आप को, आप की मंजिल तक पहुंचा दे । आने वाली ज़िंदगी का यह ऐसा मोड़ है, जो आप के पूरे जीवन की राह को इंगित करता है । पिछले और अगले जीवन का यह पुल ऐसा है, जिसके नीचे विशाल समुद्र है । इस पुल से पार करना सरल नहीं है ! लोगों का दबाव, दोस्त, माँ बाप की झिड़कियां, टीचर्स के ताने, लोगों की धौंस, सोशल मीडिया ..आदि साथ में ही हैं । किशोरावस्था और तरुणाई से ही कक्षा में अपने ही साथियों से अधिक अंक लाने की होड़ लगी रहती है । अक्सर सारी जटिलताए, जो बताई जा सकती हैं, हमे खुद में ही समा लेना पड़ता है । तेज़ी से बदलती दुनिया के हिसाब से चलने पर, घर परिवार और माँ बाप के सामने कठिन हो जाता है । इसे' जनरेशन गैप 'कहते हैं ! बोर्ड की परीक्षायें, शिक्षा में राह के मील का

पत्थर होती हैं । इन्हें भी बदलते मूड और व्यवहार के बीच संभालना ही पड़ता है । किशोरावस्था में हमारे भीतर हार्मोनल बदलाव भी होता है और तमाम चुनौतियों के बावजूद, यह हम पर विजय पा ही लेता है । हमारे माँ-बाप भी हम पर हर समय नज़र रखते हैं, अशिष्ट और असभ्य समझते हैं और यह उलाहना देते हैं कि दोस्तों के कारण हम खराब होते जा रहे हैं । गुस्सा, घृणा, चिडचिडापन जैसी भावनाएं, हर समय मन में उफान मारती रहती हैं । किसी न किसी बात पर हमें लताड़ दिया जाता है । अगर हम गलत भी हों तो भी हम सहारा चाहते हैं, प्यार चाहते हैं, प्रोत्साहन चाहते हैं और अपनी पीठ पर किसी का हाथ चाहते हैं जो हमे संभाल कर पुचकार सके, हमारे भीतर के आत्मसम्मान और अहम् को समझ सके । हमारे अंदर समझदारी का अहसास खत्म हो चुका है । दोस्त, गर्ल फ्रेंड्स, बॉय फ्रेंड्स, अब महत्वपूर्ण हो गए हैं । भद्दी भाषा में बात करना, जो मर्ज़ी हो देखने देना, जहां इच्छा हो वहां जाने देना, हमारी ज़रूरतें बन गयी हैं । हमारे लिए, किसी व्यक्ति को तौलने के लिए उसकी सुन्दरता, कपडे, ब्रांड, वज़न ऊंचाई आदि ही मापदंड बन गए हैं ।

इन सबके लिए हम पर ज़िम्मेदारी नही थोपनी चाहिए । युवा होना हमारे हाथ में नहीं है, यह जीवन की राह में एक पड़ाव है ।

लेकिन हाँ, यह बात ज़रूर है कि यह जीवन का सबसे अच्छा पड़ाव है । हमारी खूबसूरती, हमारी विशेषताएं युवा काल में ही सबसे अधिक फलती फूलती है । जीवन के पूरे रास्ते में यही एक ऐसा समय है जब हम सबसे अधिक खूबसूरत होते हैं। इसके अलावा, युवावस्था, हमारे जीवन के भविष्य की सीढियां हैं, अतः हमें इसे मजबूत बनाना चाहिए ।

अतएव ज़िंदगी से बच नहीं सकते और यह इतनी सरल नही है ।

अदिति रामदास साकुंके

११वीं विज्ञान

जेईई परीक्षाओं की छात्रों को चुनौतियां और समस्याएं

मैं इस बात से खुश और संतुष्ट थी कि मैं अपने पढ़ाई काल में हमेशा टॉप पर रही हूँ। इससे प्रोत्साहित होकर मैं अपने पढ़ाई की तरफ पूरी लगन से आगे बढ़ रही थी । फिर १०वीं कक्षा में ९७ %पाना थोड़ा हतोत्साहित कर गया, क्योंकि मैं ९८ %तक की आशा कर रही थी, लेकिन फिर भी यह खुशी का समय था । यह एक मील का पत्थर

था और इसके बाद मैं अगले बड़े मील के पत्थर के लिए सोच रही थी, और वह था आईआईटी में जाना । अतः जेईई लिए मैंने एक बहुत ही मशहूर कोचिंग सेंटर में प्रवेश लिया । यह वह समय था जब मैंने, और भी जेईई में बैठने वाले परीक्षार्थियों से बात चीत शुरू की । मेरा तो दिमाग ही घूम गया । मुझे लगा कि जो कुछ हमें पढ़ाया गया है वह इस प्रतियोगिता के लिए निरर्थक है । मेरी पढ़ाई की धुरी और उसका रूटीन अब सिर्फ जेईई के हिसाब से ही बन गया ।

पहले कुछ महीनों के टेस्ट, सुखद परिणाम दिखाए । मैं खुश थी कि बहुत मेधावी छात्रों के बीच, मैं अच्छी स्थिति में हूँ । लेकिन जेईई के एडवांस पैटर्न जैसे टेस्ट में, मैंने जब परीक्षा दिया, उसका परिणाम मेरे लिए आघात था । मैं रोते हुए घर आई । जीवन में मैंने कभी सोचा नहीं था कि मेरा स्थान) रैंक (१०० के निचे भी उतर सकता है, लेकिन ऐसा ही था । मेरी रैंक सौ के भी नीचे थी । बहुत मुश्किल से मैं प्रीमियम बैच में अपना स्थान रख पायी थी । मेरे लिए यह शर्म की बात थी!!!

अब जब मुझे पता चल गया था कि मेरी स्थिति कहाँ पर है, मैंने लेक्चरर्स, मित्रों तथा जिन बच्चों ने आईआईटी में प्रवेश पा लिया था, उनसे संपर्क करके सलाह लेने लगी। अकस्मात मैं इस असमंजस में पड़ गयी कि मेरी पढ़ाई का डेली रूटीन किस तरह बनाया जाए । मैं रोज नये नये रूटीन बनाने लगी और अंततः इसी उधेड़बुन में खो गयी, और कुछ ठोस नियमावली नहीं बना पायी । समय गुजरता गया । न तो मैं अपना पहले का सिस्टम फॉलो कर पा रही थी और न दूसरों का बताया । अंत में असमंजस की परिस्थिति बढ़ती देख कर, धीर स्थिर हो कर मैंने आत्ममंथन किया । सम्पूर्ण विश्लेषण करके, मैंने अपने पुराने सिस्टम और सहपाठियों के बताये सलाह के अनुसार मिलाकर, अपना टाइम टेबल बनाया । आशा थी कि अब कुछ बहेतर परिणाम निकलेंगे ।

आइए, मेरे विचारों को दो संक्षिप्त हिस्सों में बाँट लेते हैं:

कहा जाता है कि ...आईआईटी, एक आंतरिक परिवर्तन है !!! मैं समझती हूँ यह परिवर्तन, जेईई की तैयारी से ही शुरू हो जाता है । छात्र इसकी तैयारी में अपनी तरुणाई के सारे मजेदार स्थितियां, छेड़खानियाँ, हँसी मज़ाक आदि बंद कर देते हैं, और वह भी सिर्फ एक आशा लिए कि शायद वह एक दिन आईआईटीयन बन सकेंगे। उनकी ज़िंदगी इसी स्वप्न के चारों ओर घूमती रहती है कि दो साल बाद वे अपने स्वप्न के कॉलेज के प्रांगण में घूमने लायक हो सकेंगे । कितनी मेहनत करनी पड़ेगी, यह मापा नहीं जा सकता । लेकिन मेहनत कितनी और कैसे करें, कुछ छात्रों के लिए, उनके माँ-बाप बताते हैं, कुछ के दोस्त यार और कुछ के संबंधी । जो छात्र अपनी इच्छा से आई आई टी की तैयारी करते हैं, वे सारे बहस, चर्चाएँ और बातचीत

में दिलचस्पी लेते हैं । वे हर समस्या को चुनौती समझ कर स्वीकार करते हैं और उसका मुकाबला भी साहस के साथ करते हैं । वे आईआईटी के सफल हुए छात्रों की सफलता के विचारों और कहानियों को ध्यान से सुनकर, अपना आत्मविश्वास बढ़ाते है तथा प्रोत्साहित होते हैं ।

इसके विपरीत जो छात्र इस चूहे की दौड़ में अपने सम्बन्धियों या माँ-बाप द्वारा ढकेल दिए जाते हैं, उन्हें हर टेस्ट की तैयारी करने में, पास करने में या टॉप करने में एंडी चोटी का जोर लगाना पड़ता है । हो सकता है कि उनका प्रिय विषय कुछ और रहा हो जैसे खेल, संगीत, कला आदि, जहां वे सफल हो सकते थे । उनकी आशा और उनके क्षमता के बीच बने हुए खाई को भरने के लिए, उन्हें बहुत अधिक दबाव का सामना करना पड़ता है ताकि वे उन आशाओं पर खरे उतर सकें । उनमे आत्मसम्मान और आत्मविश्वास की कमी दिखायी देती है । कभी कभी तो ऐसे छात्र, डिप्रेशन या अवसाद में चले जाते हैं, जिससे पार पाना बड़ा मुश्किल होता है ।

मैं भाग्यशाली हूँ कि जेईई के लिए निर्णय मेरा था और इसमें मेरा रुझान भी है । मेरे माँ बाप सम्बन्धियों आदि से कोई दबाव नहीं रहा कि मैं इस के लिए तैयारी करूं, अतः उनकी आशाएं भी उस स्तर की नही हैं कि मुझ पर कोई दबाव डाल सकें । उन्होंने मुझे हमेशा समर्थन दिया है अतः मैं अपनी तैयारी करने में खुशी महसूस करती हूँ । अगर आईआईटी नहीं भी हुआ, तो भी मुझे आशा है कि मैं किसी अच्छे कॉलेज में दाखिला पा ही जाऊँगी और अपनी मेहनत पर सफल होऊंगी । फिर भी, जो छात्र जेईई के दाखिला पाने की तैयारी का वसीयतनामा तैयार कर रहे हैं, वे अपने जीवन में बहुत कुछ बदलाव पाते हैं । वे चाहे किसी प्रतिष्ठित कॉलेज में दाखिला पाए या ना पाए, उनका मन दृढ़ अवश्य हो जाता है और जीवन के किसी भी चुनौती का सामना करने को तैयार रहते हैं ।

मैं महसूस करती हूँ कि जेईई में दाखिला पाने के लिए तैयारी करना एक ज़रूरत है जो हमारी आशा को जीवित रखती है ।

राज तरुणकुमार जयस्वाल

इंजीनियरिंग

1) आज का युवा जीवन के हर क्षेत्र में सफलता पाने के दबाव को संभलने की कोशिश करने के लिए संघर्ष करता है लेकिन बहुत कम युवा समय के प्रभावशाली प्रबंधन को समझ कर समय का सदुपयोग करते हैं

२) आज का युवा वर्ग भौतिक वस्तुओं को ही सुखी और संतुष्ट होने का मापदंड समझता है और इसीलिए वस्तुओं और विचारों को खरीद कर अपने पास इकट्ठा करने के लिए संघर्ष करता रहता है । इससे उसे सच्चा सुख तो नहीं मिलता लेकिन नकारात्मकता और असंतोष उभरता है ।

३) सोशल मीडिया के कारण, आज का युवक, उद्दंडता के माहौल में बसा हुआ है और यह चुनौती भी लड़ रहा है । इससे समाज में अराजकता और उद्दंडता और भी फैल रही है ।

4) शिक्षा संबंधी समस्याएं भी आज कल के युवा में चुनौतियां बन कर बसी हुई हैं । कॉलेज में फेल हो जाना, सारे विषयों में सफल होना, अधिक से अधिक अंक लाने की होड़ आदि समस्याएं, युवा को दिन ब दिन चिंतित रखती हैं । अधिकतर युवा किसी अच्छे कॉलेज में प्रवेश पाने के लिए कड़ी मेहनत करते हैं और अपनी डिग्री पूरी करने से पहले अपनी मानसिक और शारीरिक ऊर्जा को लगातार जलाते रहते हैं ।

५) एक समस्या यह भी है आज का युवा, अकेला महसूस करता है । कुछ परिस्थितियाँ उन्हें अपनों से अलग रखती हैं । वे किसी अकेले रहने के लिए मजबूर हो जाते हैं ।

६) कुछ और चुनौतियां आज के युवा वर्ग में भावनात्मक असन्तुलन का होना है । इसके कारण वे शराब, नशीली दवाइयां, आत्महत्या की प्रवृत्ति तथा ऐसी ही अनेक मानसिक बीमारियों का शिकार हो जाते हैं ।

समीक्षा

अब तक आप ने बहुत कुछ पढ़ा, लेकिन अब वह क्षण आ गया है कि यह वचन लिया जाये कि युवा वर्ग को हम सिर्फ नकारात्मकता से नहीं देखेंगे, बल्कि उन्हें अपनेपन के माहौल में रख कर आशाओं के साथ सकारात्मक बातें करंगे। वे जब अहसास करेंगे और जब अपनापन महसूस करेंगे, वे अपनी ज़िंदगी को नया मोड दे सकेंगे और निराशाओं के साए से निकल कर पूरे प्रयास के साथ आशाओं और सकारात्मक सोच के पहलू में आ जाएंगे। युवा वर्ग, के कन्धों पर देश का भार है। उनकी सकारात्मकता और आशावादी सोच, देश को नए मुकाम पर पहुँचाने में बहुत सहायक होगी।

किशोर, तरुण और युवकों को नीचे की तालिका, अपने दिनचर्या में अवश्य शामिल करना चाहिए:

- व्यायाम, योग, प्राणायाम और ध्यान

- समय से सात्विक आहार (सब्जियां, फल, मेवे पर्याप्त मात्रा में)

- विज्ञान, टेक्नोलॉजी, कानून, अर्थनीति, इतिहास, दर्शन और सामन्य ज्ञान आदि के कुछ पन्नों को पढ़ना

- मैदान में खेलना, मोबाइल और कंप्यूटर के वीडियो गेम्स से बचना

- पूरे दिन की योजना बनाना, समय पर अध्ययन, कार्यों को पूरा करना, प्रोजेक्ट और लक्ष्य को पूरा करना

- संगीत और रचनात्मक कार्यों के लिए कुछ समय निकालना

- अपने माँबाप के साथ और भाई बहनों के साथ अच्छे से समय बिताना-

- ईश्वर, समाज और प्रिय लोगों के प्रति कृतज्ञता ज़ाहिर करना

यह आप का जीवन है । यह आप का समय है । जीवन सुधारने के लिए समय का उचित सदुपयोग, आप को सुखी बनाता है

इस तरह गाओ रे मन ! सुनता न हो जैसे कोई

प्रेम बरसाओ, कि दु:ख ना, देता हो जैसे कोई,

इस तरह नाचो कि जैसे, सामने है सिर्फ ईश्वर

और जियो यों, स्वर्ग पृथ्वी सा न हो जैसे कोई । । ।

"ज़िंदगी जीना, सायकिल चलाने जैसा है । संतुलन बनाने के लिए चलाना ज़रूरी है"

- एल्बर्ट आइंस्टीन

सन्दर्भ निर्देशिका

- https://www.bustle.com/articles/137865-8-reasons-meat-is-bad-for-you-yes-even-chicken
- https://www.mayoclinic.org/diseases-conditions/suicide/symptoms-causes/syc-20378048
- https://greatergood.berkeley.edu/article/item/how_gratitude_changes_you_and_your_brain
- https://www.helpguide.org/articles/addictions/drug-abuse-and-addiction.htm
- https://blog.firstcrayon.com/the-essential-guide-to-vedic-education-in-india-cedc2eeee0ea?gi=f7b86f4daf2c
- https://timesofindia.indiatimes.com/blogs/desires-of-a-modern-indian/the-importance-of-the-gurukul-system-and-why-indian-education-needs-it/
- https://www.inspirationalife.com/inspirational-and-motivational-stories-with-moral/
- https://www.investors.com/news/technology/top-10-steve-jobs-achievements/
- https://www.spiritualresearchfoundation.org/spiritual-practice/spiritual-paths/what-is-spirituality/?gclid=CjwKCAjwgbLzBRBsEiwAXVIygJrAHNZuTVqapVTJ4qFmOqqVoASNJE7ro1TXeV6p26mvQ92iduzg-hoCEsEQAvD_BwE
- https://journals.plos.org/plosone/article?id=10.1371/journal.pone.0219468
- https://www.helpguide.org/articles/healthy-living/how-to-improve-your-memory.htm

- https://mymemorymatters.org/spirituality/
- https://www.powerofpositivity.com/9-signs-youre-letting-ego-run-life/
- https://heartfulness.org/en/what-is-meditation/?utm_source=google&utm_medium=cpc&utm_campaign=website%20traffic&utm_term=meditation&gclid=Cj0KCQjw09HzBRDrARIsAG60GP_zCKVRIqSLqqrACpcPEMF7Slo_coZyWbzl9nv_2RNJAQ7g_Djw3xEaAgu-EALw_wcB
- http://www.historydiscussion.net/history-of-india/12-major-qualities-of-shivaji-explained/2864
- http://knowstartup.com/2017/03/10-success-lessons-from-ratan-tata/
- www.erinpavlina.com
- https://motivationgrid.com/steve-jobs-rules-for-success/
- https://www.investors.com/news/technology/top-10-steve-jobs-achievements/
- http://asiteducation.com/apj-abdul-kalam-life-and-achievements/
- https://myhero.com/pele2_dnhs_US_2011_ul
- https://www.kreyonmedia.com/post/?p=1412
- www.nelsonmandela.org
- www.nps.gov